BIELORRUSSO

VOCABULÁRIO

PORTUGUÊS BRASILEIRO

PORTUGUÊS BIELORRUSSO

Para alargar o seu léxico e apurar
as suas competências linguísticas

7000 palavras

Vocabulário Português Brasileiro-Bielorrusso - 7000 palavras

Por Andrey Taranov

Os vocabulários da T&P Books destinam-se a ajudar a aprender, a memorizar, e a rever palavras estrangeiras. O dicionário é dividido em temas, cobrindo todas as principais esferas de atividades quotidianas, negócios, ciência, cultura, etc.

O processo de aprendizagem, utilizando os dicionários baseados em temáticas da T&P Books dá-lhe as seguintes vantagens:

- Informação de origem corretamente agrupada predetermina o sucesso em fases subsequentes da memorização de palavras
- Disponibilização de palavras derivadas da mesma raiz, o que permite a memorização de unidades de texto (em vez de palavras separadas)
- Pequenas unidades de palavras facilitam o processo de estabelecimento de vínculos associativos necessários para a consolidação do vocabulário
- O nível de conhecimento da língua pode ser estimado pelo número de palavras aprendidas

T&P Books Publishing
www.tpbooks.com

ISBN: 978-1-78767-318-2

Este livro também está disponível em formato E-book.
Por favor visite www.tpbooks.com ou as principais livrarias on-line.

VOCABULÁRIO BIELORRUSSO
palavras mais úteis

Os vocabulários da T&P Books destinam-se a ajudar a aprender, a memorizar, e a rever palavras estrangeiras. O vocabulário contém mais de 7000 palavras de uso comum organizadas tematicamente.

O vocabulário contém as palavras mais comummente usadas
Recomendado como adicional para qualquer curso de línguas
Satisfaz as necessidades dos iniciados e dos alunos avançados de línguas estrangeiras
Conveniente para o uso diário, sessões de revisão e atividades de auto-teste
Permite avaliar o seu vocabulário

Características especias do vocabulário

*   As palavras estão organizadas de acordo com o seu significado, e não por ordem alfabética
*   As palavras são apresentadas em três colunas para facilitar os processos de revisão e auto-teste
*   As palavras compostas são divididas em pequenos blocos para facilitar o processo de aprendizagem
*   O vocabulário oferece uma transcrição simples e adequada de cada palavra estrangeira

O vocabulário contém 198 tópicos incluindo:

Conceitos básicos, Números, Cores, Meses, Estações do ano, Unidades de medida, Roupas & Acessórios, Alimentos & Nutrição, Restaurante, Membros da Família, Parentes, Caráter, Sentimentos, Emoções, Doenças, Cidade, Passeios, Compras, Dinheiro, Casa, Lar, Escritório, Trabalho no Escritório, Importação & Exportação, Marketing, Pesquisa de Emprego, Esportes, Educação, Computador, Internet, Ferramentas, Natureza, Países, Nacionalidades e muito mais ...

TABELA DE CONTEÚDOS

GUIA DE PRONUNCIAÇÃO

Letra	Exemplo Bielorrusso	Alfabeto fonético T&P	Exemplo Português
A a	Англія	[a]	chamar
Б б	бульба	[b]	barril
В в	вечар	[v]	fava
Г г	галава	[ɦ]	agora
Д д	дзіця	[d]	dentista
Дж дж	джаз	[dʒ]	adjetivo
E e	метр	[ɛ]	mesquita
Ё ё	вясёлы	[jɔ]	ioga
Ж ж	жыццё	[ʒ]	talvez
З з	заўтра	[z]	sésamo
I i	нізкі	[i]	sinônimo
Й й	англійскі	[j]	Vietnã
К к	красавік	[k]	aquilo
Л л	лінія	[l]	libra
М м	камень	[m]	magnólia
Н н	Новы год	[n]	natureza
О о	опера	[ɔ]	emboço
П п	піва	[p]	presente
Р р	морква	[r]	riscar
С с	соль	[s]	sanita
Т т	трус	[t]	tulipa
У у	ізумруд	[u]	bonita
Ў ў	каўбаса	[w]	página web
Ф ф	футра	[f]	safári
Х х	захад	[h]	[h] aspirada
Ц ц	цэнтр	[ts]	tsé-tsé
Ч ч	пачатак	[tʃ], [ɕ]	Tchau!
Ш ш	штодня	[ʃ]	mês
Ь ь	попельніца	[ʲ]	sinal suave
Ы ы	рыжы	[ɨ]	sinônimo
'	сузор'е	[ʔ]	sinal forte
Э э	Грэцыя	[ɛ]	mesquita
Ю ю	плюс	[ʉ]	nacional
Я я	трусяня	[ja], [ʲa]	Himalaias

Combinações de letras

дз	дзень	[dz]	pizza
дзь	лебедзь	[dʑ]	tajique
дж	джаз	[dʒ]	adjetivo

ABREVIATURAS
usadas no vocabulário

Abreviaturas do Português

adj	-	adjetivo
adv	-	advérbio
anim.	-	animado
conj.	-	conjunção
desp.	-	esporte
etc.	-	Etcetera
ex.	-	por exemplo
f	-	nome feminino
f pl	-	feminino plural
fem.	-	feminino
inanim.	-	inanimado
m	-	nome masculino
m pl	-	masculino plural
m, f	-	masculino, feminino
masc.	-	masculino
mat.	-	matemática
mil.	-	militar
pl	-	plural
prep.	-	preposição
pron.	-	pronome
sb.	-	sobre
sing.	-	singular
v aux	-	verbo auxiliar
vi	-	verbo intransitivo
vi, vt	-	verbo intransitivo, transitivo
vr	-	verbo reflexivo
vt	-	verbo transitivo

Abreviaturas do Bielorrusso

ж	-	nome feminino
ж мн	-	feminino plural
м	-	nome masculino
м мн	-	masculino plural
м, ж	-	masculino, feminino
мн	-	plural
н	-	neutro
н мн	-	neutro plural

11

CONCEITOS BÁSICOS

Conceitos básicos. Parte 1

1. Pronomes

eu	я	[ˈa]
você	ты	[ti]
ele	ён	[ˈon]
ela	яна	[ˈaˈna]
ele, ela (neutro)	яно	[ˈaˈnɔ]
nós	мы	[ˈmi]
vocês	вы	[ˈvi]
eles, elas	яны	[ˈaˈni]

2. Cumprimentos. Saudações. Despedidas

Oi!	Вітаю!	[viˈtaʉ]
Olá!	Вітаю вас!	[viˈtaʉ vas]
Bom dia!	Добрай раніцы!	[dɔbraj ˈranitsi]
Boa tarde!	Добры дзень!	[dɔbri ˈdzenʲ]
Boa noite!	Добры вечар!	[dɔbri ˈvetʃar]
cumprimentar (vt)	вітацца	[viˈtatsa]
Oi!	Прывітанне!	[priviˈtanne]
saudação (f)	прывітанне (н)	[priviˈtanne]
saudar (vt)	вітаць	[viˈtatsʲ]
Tudo bem?	Як маецеся?	[ˈak ˈmaetsesʲa]
E aí, novidades?	Што новага?	[ʃtɔ ˈnɔvaɦa]
Tchau! Até logo!	Да пабачэння!	[da pabaˈtʃɛnnʲa]
Tchau!	Да пабачэння!	[da pabaˈtʃɛnnʲa]
Até logo!	Бывай!	[biˈvaj]
Até breve!	Да хуткай сустрэчы!	[da ˈhutkaj susˈtrɛtʃi]
Adeus! (sing.)	Бывай!	[biˈvaj]
Adeus! (pl)	Бывайце!	[biˈvajtse]
despedir-se (dizer adeus)	развітацца	[razˈvitvatsa]
Até mais!	Пакуль!	[paˈkulʲ]
Obrigado! -a!	Дзякуй!	[ˈdzʲakuj]
Muito obrigado! -a!	Вялікі дзякуй!	[vʲaˈliki ˈdzʲakuj]
De nada	Калі ласка.	[kaˈli ˈlaska]
Não tem de quê	Не варта падзякі	[nʲa ˈvarta paˈdzʲaki]
Não foi nada!	Няма за што.	[nʲaˈma za ˈʃtɔ]
Desculpa!	Прабач!	[praˈbatʃ]

Desculpe!	Прабачце!	[pra'batʃse]
desculpar (vt)	прабачаць	[praba'tʃatsʲ]
desculpar-se (vr)	прасіць прабачэння	[pra'sitsʲ praba'tʃɛnnʲa]
Me desculpe	Прашу прабачэння	[pra'ʃu praba'tʃɛnnʲa]
Desculpe!	Выбачайце!	[vɨba'tʃajtse]
perdoar (vt)	выбачаць	[vɨba'tʃatsʲ]
Não faz mal	Нічога страшнага.	[ni'tʃoɣa 'straʃnaɣa]
por favor	калі ласка	[ka'li 'laska]
Não se esqueça!	Не забудзьце!	[ne za'butsʲe]
Com certeza!	Вядома!	[vʲa'doma]
Claro que não!	Вядома, не!	[vʲa'doma, 'ne]
Está bem! De acordo!	Згодзен!	['zɦodzen]
Chega!	Хопіць!	['ɦopitsʲ]

3. Números cardinais. Parte 1

zero	нуль (м)	['nulʲ]
um	адзін	[a'dzin]
dois	два	['dva]
três	тры	['tri]
quatro	чатыры	[tʃa'tiri]
cinco	пяць	['pʲatsʲ]
seis	шэсць	['ʃɛstsʲ]
sete	сем	['sem]
oito	восем	['vosem]
nove	дзевяць	['dzevʲatsʲ]
dez	дзесяць	['dzesʲatsʲ]
onze	адзінаццаць	[adzi'natsatsʲ]
doze	дванаццаць	[dva'natsatsʲ]
treze	трынаццаць	[tri'natsatsʲ]
catorze	чатырнаццаць	[tʃatir'natsatsʲ]
quinze	пятнаццаць	[pʲat'natsatsʲ]
dezesseis	шаснаццаць	[ʃas'natsatsʲ]
dezessete	семнаццаць	[sʲam'natsatsʲ]
dezoito	васемнаццаць	[vasʲam'natsatsʲ]
dezenove	дзевятнаццаць	[dzevʲat'natsatsʲ]
vinte	дваццаць	['dvatsatsʲ]
vinte e um	дваццаць адзін	[dvatsatsʲ a'dzin]
vinte e dois	дваццаць два	[dvatsatsʲ 'dva]
vinte e três	дваццаць тры	[dvatsatsʲ 'tri]
trinta	трыццаць	['tritsatsʲ]
trinta e um	трыццаць адзін	[tritsatsʲ a'dzin]
trinta e dois	трыццаць два	[tritsatsʲ 'dva]
trinta e três	трыццаць тры	[tritsatsʲ 'tri]
quarenta	сорак	['sorak]
quarenta e um	сорак адзін	[sorak a'dzin]

quarenta e dois	сорак два	[sɔrak 'dva]
quarenta e três	сорак тры	[sɔrak 'tri]
cinquenta	пяцьдзесят	[pʲadzʲa'sʲat]
cinquenta e um	пяцьдзесят адзін	[pʲadzʲa'sʲat a'dzin]
cinquenta e dois	пяцьдзесят два	[pʲadzʲa'sʲat 'dva]
cinquenta e três	пяцьдзесят тры	[pʲadzʲa'sʲat 'tri]
sessenta	шэсцьдзесят	['ʃɛzʲdzesʲat]
sessenta e um	шэсцьдзесят адзін	[ʃɛzʲdzesʲat a'dzin]
sessenta e dois	шэсцьдзесят два	[ʃɛzʲdzesʲat 'dva]
sessenta e três	шэсцьдзесят тры	[ʃɛzʲdzesʲat 'tri]
setenta	семдзесят	['semdzesʲat]
setenta e um	семдзесят адзін	[semdzesʲat a'dzin]
setenta e dois	семдзесят два	[semdzesʲat 'dva]
setenta e três	семдзесят тры	[semdzesʲat 'tri]
oitenta	восемдзесят	['vɔsemdzesʲat]
oitenta e um	восемдзесят адзін	[vɔsemdzesʲat a'dzin]
oitenta e dois	восемдзесят два	[vɔsemdzesʲat 'dva]
oitenta e três	восемдзесят тры	[vɔsemdzesʲat 'tri]
noventa	дзевяноста	[dzevʲa'nɔsta]
noventa e um	дзевяноста адзін	[dzevʲa'nɔsta a'dzin]
noventa e dois	дзевяноста два	[dzevʲa'nɔsta 'dva]
noventa e três	дзевяноста тры	[dzevʲa'nɔsta 'tri]

4. Números cardinais. Parte 2

cem	сто	['stɔ]
duzentos	дзвесце	[dzj'vesʲtse]
trezentos	трыста	['trista]
quatrocentos	чатырыста	[tʃa'tirista]
quinhentos	пяцьсот	[pʲatsʲ'sɔt]
seiscentos	шэсцьсот	[ʃɛstsʲ'sɔt]
setecentos	семсот	[sem'sɔt]
oitocentos	восемсот	[vɔsem'sɔt]
novecentos	дзевяцьсот	[dzevʲatsʲ'sɔt]
mil	тысяча	['tisʲatʃa]
dois mil	дзве тысячы	['dzʲve 'tisʲatʃi]
três mil	тры тысячы	['tri 'tisʲatʃi]
dez mil	дзесяць тысяч	['dzesʲatsʲ 'tisʲatʃ]
cem mil	сто тысяч	['stɔ 'tisʲatʃ]
um milhão	мільён (м)	[mi'lʲɔn]
um bilhão	мільярд (м)	[mi'lʲart]

5. Números. Frações

fração (f)	дроб (м)	['drɔp]
um meio	адна другая	[ad'na dru'ɦaʲa]

um terço	адна трэцяя	[ad'na 'trɛtsæʲa]
um quarto	адна чацвёртая	[ad'na ʧaʦ'vʲortaʲa]
um oitavo	адна восьмая	[ad'na 'vosʲmaʲa]
um décimo	адна дзесятая	[ad'na dzʲa'sʲataʲa]
dois terços	дзве трэція	['dzʲve 'trɛtsiʲa]
três quartos	тры чацвёртыя	['tri ʧaʦ'vʲortiʲa]

6. Números. Operações básicas

subtração (f)	адніманне (н)	[adni'manne]
subtrair (vi, vt)	аднімаць	[adni'maʦʲ]
divisão (f)	дзяленне (н)	[dzʲa'lenne]
dividir (vt)	дзяліць	[dzʲa'litsʲ]
adição (f)	складанне (н)	[skla'danne]
somar (vt)	скласці	['sklasʲiʦi]
adicionar (vt)	прыбаўляць	[pribaw'lʲatsʲ]
multiplicação (f)	множанне (н)	['mnoʒanne]
multiplicar (vt)	памнажаць	[pamna'ʒatsʲ]

7. Números. Diversos

algarismo, dígito (m)	лічба (ж)	['lidʒba]
número (m)	лік (м)	['lik]
numeral (m)	лічэбнік (м)	[li'ʧɛbnik]
menos (m)	мінус (м)	['minus]
mais (m)	плюс (м)	['plʉs]
fórmula (f)	формула (ж)	['fɔrmula]
cálculo (m)	вылічэнне (н)	[vili'ʧɛnne]
contar (vt)	лічыць	[li'ʧiʦʲ]
calcular (vt)	падлічваць	[pad'liʧvatsʲ]
comparar (vt)	параўноўваць	[paraw'nɔwvatsʲ]
Quanto, -os, -as?	Колькі?	['kɔlʲki]
soma (f)	сума (ж)	['suma]
resultado (m)	вынік (м)	['vinik]
resto (m)	астача (ж)	[as'taʧa]
alguns, algumas …	некалькі	['nekalʲki]
pouco (~ tempo)	нямнога	[nʲam'noɦa]
resto (m)	астатняе (н)	[as'tatnʲae]
um e meio	паўтара	[pawta'ra]
dúzia (f)	тузін (м)	['tuzin]
ao meio	напалову	[napa'lɔvu]
em partes iguais	пароўну	[pa'rɔwnu]
metade (f)	палова (ж)	[pa'lɔva]
vez (f)	раз (м)	['ras]

8. Os verbos mais importantes. Parte 1

abrir (vt)	адчыняць	[atʃiˈnʲatsʲ]
acabar, terminar (vt)	заканчваць	[zaˈkantʃvatsʲ]
aconselhar (vt)	раіць	[ˈraitsʲ]
adivinhar (vt)	адгадаць	[adɦaˈdatsʲ]
advertir (vt)	папярэджваць	[papʲaˈrɛdʒvatsʲ]

ajudar (vt)	дапамагаць	[dapamaˈɦatsʲ]
almoçar (vi)	абедаць	[aˈbedatsʲ]
alugar (~ um apartamento)	наймаць	[najˈmatsʲ]
amar (pessoa)	кахаць	[kaˈhatsʲ]
ameaçar (vt)	пагражаць	[paɦraˈʒatsʲ]

anotar (escrever)	запісваць	[zaˈpisvatsʲ]
apressar-se (vr)	спяшацца	[spʲaˈʃatsa]
arrepender-se (vr)	шкадаваць	[ʃkadaˈvatsʲ]
assinar (vt)	падпісваць	[patˈpisvatsʲ]
brincar (vi)	жартаваць	[ʒartaˈvatsʲ]

brincar, jogar (vi, vt)	гуляць	[ɦuˈlʲatsʲ]
buscar (vt)	шукаць ...	[ʃuˈkatsʲ ...]
caçar (vi)	паляваць	[palʲaˈvatsʲ]
cair (vi)	падаць	[ˈpadatsʲ]
cavar (vt)	капаць	[kaˈpatsʲ]
chamar (~ por socorro)	клікаць	[ˈklikatsʲ]

chegar (vi)	прыязджаць	[prʲaʒˈdʒatsʲ]
chorar (vi)	плакаць	[ˈplakatsʲ]
começar (vt)	пачынаць	[patʃiˈnatsʲ]
comparar (vt)	параўноўваць	[parawˈnɔwvatsʲ]
concordar (dizer "sim")	згаджацца	[zɦaˈdʒatsa]

confiar (vt)	давяраць	[davʲaˈratsʲ]
confundir (equivocar-se)	блытаць	[ˈblitatsʲ]
conhecer (vt)	ведаць	[ˈvedatsʲ]
contar (fazer contas)	лічыць	[liˈtʃitsʲ]
contar com ...	разлічваць на ...	[razˈlitʃvatsʲ na ...]
continuar (vt)	працягваць	[praˈtsʲaɦvatsʲ]

controlar (vt)	кантраляваць	[kantralʲaˈvatsʲ]
convidar (vt)	запрашаць	[zapraˈʃatsʲ]
correr (vi)	бегчы	[ˈbeɦtʃi]
criar (vt)	стварыць	[stvaˈritsʲ]
custar (vt)	каштаваць	[kaʃtaˈvatsʲ]

9. Os verbos mais importantes. Parte 2

dar (vt)	даваць	[daˈvatsʲ]
dar uma dica	падказаць	[patkaˈzatsʲ]
decorar (enfeitar)	упрыгожваць	[upriˈɦɔʒvatsʲ]
defender (vt)	абараняць	[abaraˈnʲatsʲ]
deixar cair (vt)	упускаць	[upusˈkatsʲ]

descer (para baixo)	спускацца	[spu'skatsa]
desculpar (vt)	прабачаць	[praba'tʃatsʲ]
desculpar-se (vr)	прасіць прабачэння	[pra'sitsʲ praba'tʃɛnnʲa]
dirigir (~ uma empresa)	кіраваць	[kira'vatsʲ]
discutir (notícias, etc.)	абмяркоўваць	[abmʲar'kɔwvatsʲ]

disparar, atirar (vi)	страляць	[stra'lʲatsʲ]
dizer (vt)	сказаць	[ska'zatsʲ]
duvidar (vt)	сумнявацца	[sumnʲa'vatsa]
encontrar (achar)	знаходзіць	[zna'hɔdzitsʲ]
enganar (vt)	падманваць	[pad'manvatsʲ]

entender (vt)	разумець	[razu'metsʲ]
entrar (na sala, etc.)	уваходзіць	[uva'hɔdzitsʲ]
enviar (uma carta)	адпраўляць	[atpraw'lʲatsʲ]
errar (enganar-se)	памыляцца	[pami'lʲatsa]
escolher (vt)	выбіраць	[vibi'ratsʲ]

esconder (vt)	хаваць	[ha'vatsʲ]
escrever (vt)	пісаць	[pi'satsʲ]
esperar (aguardar)	чакаць	[tʃa'katsʲ]
esperar (ter esperança)	спадзявацца	[spadzʲa'vatsa]
esquecer (vt)	забываць	[zabɨ'vatsʲ]

estudar (vt)	вывучаць	[vivu'tʃatsʲ]
exigir (vt)	патрабаваць	[patraba'vatsʲ]
existir (vi)	існаваць	[isna'vatsʲ]
explicar (vt)	тлумачыць	[tlu'matʃɨtsʲ]

falar (vi)	гаварыць	[hava'rɨtsʲ]
faltar (a la escuela, etc.)	прапускаць	[prapus'katsʲ]
fazer (vt)	рабіць	[ra'bitsʲ]
ficar em silêncio	маўчаць	[maw'tʃatsʲ]
gabar-se (vr)	выхваляцца	[vihva'lʲatsa]

gostar (apreciar)	падабацца	[pada'batsa]
gritar (vi)	крычаць	[kri'tʃatsʲ]
guardar (fotos, etc.)	захоўваць	[za'hɔwvatsʲ]
informar (vt)	інфармаваць	[infarma'vatsʲ]
insistir (vi)	настойваць	[na'stɔjvatsʲ]

insultar (vt)	абражаць	[abra'ʒatsʲ]
interessar-se (vr)	цікавіцца ...	[tsi'kavitsa ...]
ir (a pé)	ісці	[is'tsi]
ir nadar	купацца	[ku'patsa]
jantar (vi)	вячэраць	[vʲa'tʃɛratsʲ]

10. Os verbos mais importantes. Parte 3

ler (vt)	чытаць	[tʃɨ'tatsʲ]
libertar, liberar (vt)	вызваляць	[vizva'lʲatsʲ]
matar (vt)	забіваць	[zabi'vatsʲ]
mencionar (vt)	згадваць	['zɦadvatsʲ]
mostrar (vt)	паказваць	[pa'kazvatsʲ]

mudar (modificar)	змяніць	[zmʲa'nitsʲ]
nadar (vi)	плаваць	['plavatsʲ]
negar-se a ... (vr)	адмаўляцца	[admaw'lʲatsa]
objetar (vt)	пярэчыць	[pʲa'rɛtʃitsʲ]

observar (vt)	назіраць	[nazi'ratsʲ]
ordenar (mil.)	загадваць	[za'ɦadvatsʲ]
ouvir (vt)	чуць	['tʃutsʲ]
pagar (vt)	плаціць	[pla'tsitsʲ]
parar (vi)	спыняцца	[spɨ'nʲatsa]

parar, cessar (vt)	спыняць	[spɨ'nʲatsʲ]
participar (vi)	удзельнічаць	[u'dzelʲnitʃatsʲ]
pedir (comida, etc.)	заказваць	[za'kazvatsʲ]
pedir (um favor, etc.)	прасіць	[pra'sitsʲ]
pegar (tomar)	браць	['bratsʲ]

pegar (uma bola)	лавіць	[la'vitsʲ]
pensar (vi, vt)	думаць	['dumatsʲ]
perceber (ver)	заўважаць	[zawva'ʒatsʲ]
perdoar (vt)	выбачаць	[viba'tʃatsʲ]
perguntar (vt)	пытаць	[pɨ'tatsʲ]

permitir (vt)	дазваляць	[dazva'lʲatsʲ]
pertencer a ... (vi)	належаць	[na'leʒatsʲ]
planejar (vt)	планаваць	[plana'vatsʲ]
poder (~ fazer algo)	магчы	[maɦ'tʃi]
possuir (uma casa, etc.)	валодаць	[va'lɔdatsʲ]

preferir (vt)	аддаваць перавагу	[adda'vatsʲ pera'vaɦu]
preparar (vt)	гатаваць	[ɦata'vatsʲ]
prever (vt)	прадбачыць	[prad'batʃitsʲ]
prometer (vt)	абяцаць	[abʲa'tsatsʲ]
pronunciar (vt)	вымаўляць	[vimaw'lʲatsʲ]

propor (vt)	прапаноўваць	[prapa'nɔwvatsʲ]
punir (castigar)	караць	[ka'ratsʲ]
quebrar (vt)	ламаць	[la'matsʲ]
queixar-se de ...	скардзіцца	['skardzitsa]
querer (desejar)	хацець	[ha'tsetsʲ]

11. Os verbos mais importantes. Parte 4

ralhar, repreender (vt)	лаяць	['laʲatsʲ]
recomendar (vt)	рэкамендаваць	[rɛkamenda'vatsʲ]
repetir (dizer outra vez)	паўтараць	[pawta'ratsʲ]
reservar (~ um quarto)	рэзерваваць	[rɛzerva'vatsʲ]
responder (vt)	адказваць	[at'kazvatsʲ]

rezar, orar (vi)	маліцца	[ma'litsa]
rir (vi)	смяяцца	[smæ'ʲatsa]
roubar (vt)	красці	['krasʲtsi]
saber (vt)	ведаць	['vedatsʲ]
sair (~ de casa)	выходзіць	[vɨ'ɦodzitsʲ]

salvar (resgatar)	ратаваць	[rata'vatsʲ]
seguir (~ alguém)	накіроўвацца ...	[naki'rɔwvatsa ...]
sentar-se (vr)	садзіцца	[sa'dzitsa]
ser necessário	патрабавацца	[patraba'vatsa]

ser, estar	быць	['bitsʲ]
significar (vt)	азначаць	[azna'tʃatsʲ]
sorrir (vi)	усміхацца	[usmi'hatsa]
subestimar (vt)	недаацэньваць	[nedaa'tsɛnʲvatsʲ]
surpreender-se (vr)	здзіўляцца	[zʲdziw'lʲatsa]

tentar (~ fazer)	спрабаваць	[spraba'vatsʲ]
ter (vt)	мець	['metsʲ]
ter fome	хацець есці	[ha'tsetsʲ 'esʲtsi]

ter medo	баяцца	[ba'ʲatsa]
ter sede	хацець піць	[ha'tsetsʲ 'pitsʲ]
tocar (com as mãos)	кранаць	[kra'natsʲ]
tomar café da manhã	снедаць	['snedatsʲ]
trabalhar (vi)	працаваць	[pratsa'vatsʲ]
traduzir (vt)	перакладаць	[perakla'datsʲ]

unir (vt)	аб'ядноўваць	[abʲʲad'nɔwvatsʲ]
vender (vt)	прадаваць	[prada'vatsʲ]
ver (vt)	бачыць	['batʃitsʲ]
virar (~ para a direita)	паварочваць	[pava'rɔtʃvatsʲ]
voar (vi)	ляцець	[lʲa'tsetsʲ]

12. Cores

cor (f)	колер (м)	['kɔler]
tom (m)	адценне (н)	[a'tsenne]
tonalidade (m)	тон (м)	['tɔn]
arco-íris (m)	вясёлка (ж)	[vʲa'sʲɔlka]

branco (adj)	белы	['beli]
preto (adj)	чорны	['tʃɔrni]
cinza (adj)	шэры	['ʃɛri]

verde (adj)	зялёны	[zʲa'lʲoni]
amarelo (adj)	жоўты	['ʒɔwti]
vermelho (adj)	чырвоны	[tʃir'vɔni]

azul (adj)	сіні	['sini]
azul claro (adj)	блакітны	[bla'kitni]
rosa (adj)	ружовы	[ru'ʒɔvi]
laranja (adj)	аранжавы	[a'ranʒavi]
violeta (adj)	фіялетавы	[fiʲa'letavi]
marrom (adj)	карычневы	[ka'ritʃnevi]

dourado (adj)	залаты	[zala'ti]
prateado (adj)	серабрысты	[sera'bristi]
bege (adj)	бэжавы	['bɛʒavi]
creme (adj)	крэмавы	['krɛmavi]

turquesa (adj)	бірузовы	[biru'zɔvi]
vermelho cereja (adj)	вішнёвы	[viʃ'nʲovi]
lilás (adj)	ліловы	[li'lɔvi]
carmim (adj)	малінавы	[ma'linavi]
claro (adj)	светлы	['svetli]
escuro (adj)	цёмны	['tsʲomni]
vivo (adj)	яркі	[ʲarki]
de cor	каляровы	[kalʲa'rɔvi]
a cores	каляровы	[kalʲa'rɔvi]
preto e branco (adj)	чорна-белы	[tʃɔrna 'beli]
unicolor (de uma só cor)	аднакаляровы	[adnakalʲa'rɔvi]
multicolor (adj)	рознакаляровы	[rɔznakalʲa'rɔvi]

13. Questões

Quem?	Хто?	['htɔ]
O que?	Што?	['ʃtɔ]
Onde?	Дзе?	['dze]
Para onde?	Куды?	[ku'di]
De onde?	Адкуль?	[at'kulʲ]
Quando?	Калі?	[ka'li]
Para quê?	Навошта?	[na'vɔʃta]
Por quê?	Чаму?	[tʃa'mu]
Para quê?	Для чаго?	[dlʲa tʃa'hɔ]
Como?	Як?	[ʲak]
Qual (~ é o problema?)	Які?	[ʲa'ki]
Qual (~ deles?)	Каторы?	[ka'tɔri]
A quem?	Каму?	[ka'mu]
De quem?	Пра каго?	[pra ka'hɔ]
Do quê?	Пра што?	[pra 'ʃtɔ]
Com quem?	З кім?	[s kim]
Quanto, -os, -as?	Колькі?	['kɔlʲki]
De quem? (masc.)	Чый?	['tʃij]
De quem são …?	Чые?	[tʃie?]

14. Palavras funcionais. Advérbios. Parte 1

Onde?	Дзе?	['dze]
aqui	тут	['tut]
lá, ali	там	['tam]
em algum lugar	дзесьці	['dzesʲtsi]
em lugar nenhum	нідзе	[ni'dze]
perto de …	ля …	[lʲa …]
perto da janela	ля акна	[lʲa ak'na]
Para onde?	Куды?	[ku'di]

aqui	сюды	[sʉ'dɨ]
para lá	туды	[tu'dɨ]
daqui	адсюль	[a'tsʉlʲ]
de lá, dali	адтуль	[at'tulʲ]
perto	блізка	['bliska]
longe	далёка	[da'lʲoka]
perto de …	каля	[ka'lʲa]
à mão, perto	побач	['pobatʃ]
não fica longe	недалёка	[neda'lʲoka]
esquerdo (adj)	левы	['levɨ]
à esquerda	злева	['zleva]
para a esquerda	налева	[na'leva]
direito (adj)	правы	['pravɨ]
à direita	справа	['sprava]
para a direita	направа	[na'prava]
em frente	спераду	['speradu]
da frente	пярэдні	[pʲa'rɛdni]
adiante (para a frente)	наперад	[na'perat]
atrás de …	ззаду	['zzadu]
de trás	ззаду	['zzadu]
para trás	назад	[na'zat]
meio (m), metade (f)	сярэдзіна (ж)	[sʲa'rɛdzina]
no meio	пасярэдзіне	[pasʲa'rɛdzine]
do lado	збоку	['zbɔku]
em todo lugar	усюды	[u'sʉdɨ]
por todos os lados	навакол	[nava'kɔl]
de dentro	знутры	[znu'trɨ]
para algum lugar	кудысьці	[ku'disʲtsi]
diretamente	наўпрост	[naw'prɔst]
de volta	назад	[na'zat]
de algum lugar	адкуль-небудзь	[at'kulʲ 'nebutsʲ]
de algum lugar	аднекуль	[ad'nekulʲ]
em primeiro lugar	па-першае	[pa 'perʃae]
em segundo lugar	па-другое	[pa dru'hɔe]
em terceiro lugar	па-трэцяе	[pa 'trɛtsʲae]
de repente	раптам	['raptam]
no início	напачатку	[napa'tʃatku]
pela primeira vez	упершыню	[uperʃi'nʉ]
muito antes de …	задоўга да …	[za'dɔwɦa da …]
de novo	нанава	['nanava]
para sempre	назусім	[nazu'sim]
nunca	ніколі	[ni'kɔli]
de novo	зноўку	['znɔwku]

agora	цяпер	[tsʲa'per]
frequentemente	часта	['tʃasta]
então	тады	[ta'di]
urgentemente	тэрмінова	[tɛrmi'nɔva]
normalmente	звычайна	[zvi'tʃajna]

a propósito, ...	дарэчы, ...	[da'rɛtʃi, ...]
é possível	магчыма	[mafʲ'tʃima]
provavelmente	напэўна	[na'pɛwna]
talvez	мабыць	['mabitsʲ]
além disso, ...	акрамя таго, ...	[akra'mʲa ta'ɦɔ, ...]
por isso ...	таму ...	[ta'mu ...]
apesar de ...	нягледзячы на ...	[nʲaɦ'ledzʲatʃi na ...]
graças a ...	дзякуючы ...	['dzʲakuʉtʃi ...]

que (pron.)	што	['ʃtɔ]
que (conj.)	што	['ʃtɔ]
algo	нешта	['neʃta]
alguma coisa	што-небудзь	[ʃtɔ'nebutsʲ]
nada	нічога	[ni'tʃɔɦa]

quem	хто	['htɔ]
alguém (~ que ...)	хтосьці	['htɔsʲtsi]
alguém (com ~)	хто-небудзь	[htɔ'nebutsʲ]

ninguém	ніхто	[nih'tɔ]
para lugar nenhum	нікуды	[ni'kudi]
de ninguém	нічый	[ni'tʃij]
de alguém	чый-небудзь	[tʃij'nebutsʲ]

tão	так	['tak]
também (gostaria ~ de ...)	таксама	[tak'sama]
também (~ eu)	таксама	[tak'sama]

15. Palavras funcionais. Advérbios. Parte 2

Por quê?	Чаму?	[tʃa'mu]
por alguma razão	чамусьці	[tʃa'musʲtsi]
porque ...	бо ...	[bɔ ...]
por qualquer razão	наштосьці	[naʃ'tɔsʲtsi]

e (tu ~ eu)	і	[i]
ou (ser ~ não ser)	або	[a'bɔ]
mas (porém)	але	[a'le]
para (~ a minha mãe)	для	['dlʲa]

muito, demais	занадта	[za'natta]
só, somente	толькі	['tɔlʲki]
exatamente	дакладна	[da'kladna]
cerca de (~ 10 kg)	каля	[ka'lʲa]

aproximadamente	прыблізна	[prib'lizna]
aproximado (adj)	прыблізны	[prib'liznɨ]
quase	амаль	[a'malʲ]

resto (m)	астатняе (н)	[as'tatn'ae]
o outro (segundo)	другі	[dru'ɦi]
outro (adj)	другі, іншы	[dru'ɦi, in'ʃi]
cada (adj)	кожны	['kɔʒni]
qualquer (adj)	любы	[lʉ'bi]
muito, muitos, muitas	шмат	['ʃmat]
muitas pessoas	многія	['mnɔɦi'a]
todos	усе	[u'se]

em troca de ...	у абмен на ...	[u ab'men na ...]
em troca	наўзамен	[nawza'men]
à mão	уручную	[urutʃ'nuʉ]
pouco provável	наўрад ці	[naw'raʦi]

provavelmente	пэўна	['pɛwna]
de propósito	знарок	[zna'rɔk]
por acidente	выпадкова	[vipat'kɔva]

muito	вельмі	['vel'mi]
por exemplo	напрыклад	[na'priklat]
entre	між	['miʃ]
entre (no meio de)	сярод	[s'a'rɔt]
tanto	столькі	['stol'ki]
especialmente	асабліва	[asa'bliva]

Conceitos básicos. Parte 2

16. Opostos

| rico (adj) | багаты | [ba'ɦati] |
| pobre (adj) | бедны | ['bedni] |

| doente (adj) | хворы | ['hvɔri] |
| bem (adj) | здаровы | [zda'rɔvi] |

| grande (adj) | вялікі | [vʲa'liki] |
| pequeno (adj) | маленькі | [ma'lenʲki] |

| rapidamente | хутка | ['hutka] |
| lentamente | павольна | [pa'vɔlʲna] |

| rápido (adj) | хуткі | ['hutki] |
| lento (adj) | павольны | [pa'vɔlʲni] |

| alegre (adj) | вясёлы | [vʲa'sʲoli] |
| triste (adj) | сумны | ['sumni] |

| juntos (ir ~) | разам | ['razam] |
| separadamente | асобна | [a'sɔbna] |

| em voz alta (ler ~) | угалас | [u'ɦolas] |
| para si (em silêncio) | сам сабе | [sam sa'be] |

| alto (adj) | высокі | [vi'sɔki] |
| baixo (adj) | нізкі | ['niski] |

| profundo (adj) | глыбокі | [ɦli'bɔki] |
| raso (adj) | мелкі | ['melki] |

| sim | так | ['tak] |
| não | не | [ne] |

| distante (adj) | далёкі | [da'lʲoki] |
| próximo (adj) | блізкі | ['bliski] |

| longe | далёка | [da'lʲoka] |
| à mão, perto | побач | ['pɔbatʃ] |

| longo (adj) | доўгі | ['dɔwɦi] |
| curto (adj) | кароткі | [ka'rɔtki] |

| bom (bondoso) | добры | ['dɔbri] |
| mal (adj) | злы | ['zli] |

| casado (adj) | жанаты | [ʒa'nati] |

solteiro (adj)	халасты	[halas'ti]
proibir (vt)	забараніць	[zabara'nitsʲ]
permitir (vt)	дазволіць	[daz'volitsʲ]
fim (m)	канец (м)	[ka'nets]
início (m)	пачатак (м)	[pa'tʃatak]
esquerdo (adj)	левы	['levi]
direito (adj)	правы	['pravi]
primeiro (adj)	першы	['perʃi]
último (adj)	апошні	[a'poʃni]
crime (m)	злачынства (н)	[zla'tʃinstva]
castigo (m)	пакаранне (н)	[paka'ranne]
ordenar (vt)	загадаць	[zaha'datsʲ]
obedecer (vt)	падпарадкавацца	[patparatka'vatsa]
reto (adj)	прамы	[pra'mi]
curvo (adj)	крывы	[kri'vi]
paraíso (m)	рай (м)	['raj]
inferno (m)	пекла (н)	['pekla]
nascer (vi)	нарадзіцца	[nara'dzitsa]
morrer (vi)	памерці	[pa'mertsi]
forte (adj)	моцны	['motsni]
fraco, débil (adj)	слабы	['slabi]
velho, idoso (adj)	стары	[sta'ri]
jovem (adj)	малады	[mala'di]
velho (adj)	стары	[sta'ri]
novo (adj)	новы	['novi]
duro (adj)	цвёрды	['tsvʲordi]
macio (adj)	мяккі	['mʲakki]
quente (adj)	цёплы	['tsʲopli]
frio (adj)	халодны	[ha'lodni]
gordo (adj)	тоўсты	['towsti]
magro (adj)	худы	[hu'di]
estreito (adj)	вузкі	['vuski]
largo (adj)	шырокі	[ʃi'roki]
bom (adj)	добры	['dobri]
mau (adj)	дрэнны	['drɛnni]
valente, corajoso (adj)	адважны	[ad'vaʒni]
covarde (adj)	баязлівы	[baʲaz'livi]

17. Dias da semana

segunda-feira (f)	панядзелак (м)	[panʲa'dzelak]
terça-feira (f)	аўторак (м)	[aw'tɔrak]
quarta-feira (f)	серада (ж)	[sera'da]
quinta-feira (f)	чацвер (м)	[tʃats'ver]
sexta-feira (f)	пятніца (ж)	['pʲatnitsa]
sábado (m)	субота (ж)	[su'bɔta]
domingo (m)	нядзеля (ж)	[nʲa'dzelʲa]

hoje	сёння	['sʲonnʲa]
amanhã	заўтра	['zawtra]
depois de amanhã	паслязаўтра	[paslʲa'zawtra]
ontem	учора	[u'tʃɔra]
anteontem	заўчора	[zaw'tʃɔra]

dia (m)	дзень (м)	['dzenʲ]
dia (m) de trabalho	працоўны дзень (м)	[pra'tsɔwnɨ 'dzenʲ]
feriado (m)	святочны дзень (м)	[svʲa'tɔtʃnɨ 'dzenʲ]
dia (m) de folga	выхадны дзень (м)	[vihad'nɨ 'dzenʲ]
fim (m) de semana	выхадныя (м мн)	[vihad'nʲʲa]

o dia todo	увесь дзень	[u'vezʲ 'dzenʲ]
no dia seguinte	на наступны дзень	[na na'stupnɨ 'dzenʲ]
há dois dias	два дні таму	[dva 'dni ta'mu]
na véspera	напярэдадні	[napʲa'rɛdadni]
diário (adj)	штодзённы	[ʃtɔ'dzʲonnɨ]
todos os dias	штодня	[ʃtɔ'dnʲa]

semana (f)	тыдзень (м)	['tidzenʲ]
na semana passada	на мінулым тыдні	[na mi'nulɨm 'tidni]
semana que vem	на наступным тыдні	[na na'stupnim 'tidni]
semanal (adj)	штотыднёвы	[ʃtɔtid'nʲovɨ]
toda semana	штотыдзень	[ʃtɔ'tidzenʲ]
duas vezes por semana	два разы на тыдзень	[dva ra'zɨ na 'tidzenʲ]
toda terça-feira	штоаўторак	[ʃtɔa'wtɔrak]

18. Horas. Dia e noite

manhã (f)	ранак (м)	['ranak]
de manhã	ранкам	['rankam]
meio-dia (m)	поўдзень (м)	['pɔwdzenʲ]
à tarde	пасля абеду	[pa'slʲa a'bedu]

tardinha (f)	вечар (м)	['vetʃar]
à tardinha	увечар	[u'vetʃar]
noite (f)	ноч (ж)	['nɔtʃ]
à noite	уначы	[una'tʃɨ]
meia-noite (f)	поўнач (ж)	['pɔwnatʃ]

segundo (m)	секунда (ж)	[se'kunda]
minuto (m)	хвіліна (ж)	[hvi'lina]
hora (f)	гадзіна (ж)	[ɦa'dzina]

meia hora (f)	паўгадзіны	[pawɦa'dzini]
quarto (m) de hora	чвэрць (ж) гадзіны	[tʃvɛrtsʲ ɦa'dzini]
quinze minutos	пятнаццаць хвілін	[pʲat'natsatsʲ hvi'lin]
vinte e quatro horas	суткі (мн)	['sutki]
nascer (m) do sol	узыход (м) сонца	[uzi'hot 'sɔntsa]
amanhecer (m)	світанак (м)	[svi'tanak]
madrugada (f)	ранічка (ж)	['ranitʃka]
pôr-do-sol (m)	захад (м)	['zahat]
de madrugada	ранічкаю	['ranitʃkaʉ]
esta manhã	сёння ранкам	[sʲonnʲa 'rankam]
amanhã de manhã	заўтра ранкам	['zawtra 'rankam]
esta tarde	сёння ўдзень	[sʲonnʲa u'dzenʲ]
à tarde	пасля абеду	[pa'slʲa a'bedu]
amanhã à tarde	заўтра пасля абеду	['zawtra pa'slʲa a'bedu]
esta noite, hoje à noite	сёння ўвечары	[sʲonnʲa u'wetʃari]
amanhã à noite	заўтра ўвечары	[zawtra u'wetʃari]
às três horas em ponto	роўна а трэцяй гадзіне	[rowna a 'trɛtsʲaj ɦa'dzine]
por volta das quatro	каля чацвёртай гадзіны	[ka'lʲa tʃats'vʲortaj ɦa'dzini]
às doze	пад дванаццатую гадзіну	[pad dva'natsatuʉ ɦa'dzinu]
em vinte minutos	праз дваццаць хвілін	[praz 'dvatsatsʲ hvi'lin]
em uma hora	праз гадзіну	[praz ɦa'dzinu]
a tempo	своечасова	[svɔetʃa'sɔva]
... um quarto para	без чвэрці ...	['bʲaʃ 'tʃvɛrtsi ...]
dentro de uma hora	на працягу гадзіны	[na pra'tsʲaɦu ɦa'dzini]
a cada quinze minutos	кожныя пятнаццаць хвілін	['kɔʒnʲʲa pʲat'natsatsʲ hvi'lin]
as vinte e quatro horas	круглыя суткі (мн)	['kruɦlʲʲa 'sutki]

19. Meses. Estações

janeiro (m)	студзень (м)	['studzenʲ]
fevereiro (m)	люты (м)	['lʉti]
março (m)	сакавік (м)	[saka'vik]
abril (m)	красавік (м)	[krasa'vik]
maio (m)	май (м)	['maj]
junho (m)	чэрвень (м)	['tʃɛrvenʲ]
julho (m)	ліпень (м)	['lipenʲ]
agosto (m)	жнівень (м)	['ʒnivenʲ]
setembro (m)	верасень (м)	['verasenʲ]
outubro (m)	кастрычнік (м)	[kas'tritʃnik]
novembro (m)	лістапад (м)	[lista'pat]
dezembro (m)	снежань (м)	['sneʒanʲ]
primavera (f)	вясна (ж)	[vʲas'na]
na primavera	увесну	[u'vesnu]
primaveril (adj)	вясновы	[vʲas'nɔvɨ]

verão (m)	лета (н)	['leta]
no verão	улетку	[u'letku]
de verão	летні	['letni]
outono (m)	восень (ж)	['vɔsenʲ]
no outono	увосень	[u'vɔsenʲ]
outonal (adj)	восеньскі	['vɔsenʲski]
inverno (m)	зіма (ж)	[zi'ma]
no inverno	узімку	[u'zimku]
de inverno	зімовы	[zi'mɔvi]
mês (m)	месяц (м)	['mesʲaʦ]
este mês	у гэтым месяцы	[u 'ɦɛtim 'mesʲaʦi]
mês que vem	у наступным месяцы	[u nas'tupnim 'mesʲaʦi]
no mês passado	у мінулым месяцы	[u mi'nulim 'mesʲaʦi]
um mês atrás	месяц таму	[mesʲaʦ ta'mu]
em um mês	праз месяц	[praz 'mesʲaʦ]
em dois meses	праз два месяцы	[praz 'dva 'mesʲaʦi]
todo o mês	увесь месяц	[u'vesʲ 'mesʲaʦ]
um mês inteiro	цэлы месяц	[ʦɛli 'mesʲaʦ]
mensal (adj)	штомесячны	[ʃtɔ'mesʲatʃni]
mensalmente	штомесяц	[ʃtɔ'mesʲaʦ]
todo mês	штомесяц	[ʃtɔ'mesʲaʦ]
duas vezes por mês	два разы на месяц	[dva ra'zi na 'mesʲaʦ]
ano (m)	год (м)	['ɦɔt]
este ano	сёлета	['sʲoleta]
ano que vem	налета	[na'leta]
no ano passado	летась	['letasʲ]
há um ano	год таму	[ɦɔt ta'mu]
em um ano	праз год	[praz 'ɦɔt]
dentro de dois anos	праз два гады	[praz 'dva ɦa'di]
todo o ano	увесь год	[u'vezʲ 'ɦɔt]
um ano inteiro	цэлы год	[ʦɛli 'ɦɔt]
cada ano	штогод	[ʃtɔ'ɦɔt]
anual (adj)	штогадовы	[ʃtɔɦa'dɔvi]
anualmente	штогод	[ʃtɔ'ɦɔt]
quatro vezes por ano	чатыры разы на год	[tʃa'tiri ra'zi na 'ɦɔt]
data (~ de hoje)	дзень (м)	['dzenʲ]
data (ex. ~ de nascimento)	дата (ж)	['data]
calendário (m)	каляндар (м)	[kalʲan'dar]
meio ano	паўгода	[paw'ɦɔda]
seis meses	паўгоддзе (н)	[paw'ɦɔdze]
estação (f)	сезон (м)	[se'zɔn]
século (m)	стагоддзе (н)	[sta'ɦɔdze]

20. Tempo. Diversos

tempo (m)	час (м)	['ʧas]
momento (m)	міг (м)	['miɦ]
instante (m)	імгненне (н)	[im'ɦnenne]
instantâneo (adj)	імгненны	[im'ɦnennɨ]
lapso (m) de tempo	адрэзак (м)	[at'rɛzak]
vida (f)	жыццё (н)	[ʒɨ'tsʲo]
eternidade (f)	вечнасць (ж)	['veʧnastsʲ]

época (f)	эпоха (ж)	[ɛ'poha]
era (f)	эра (ж)	['ɛra]
ciclo (m)	цыкл (м)	['tsɨkl]
período (m)	перыяд (м)	[pe'rʲiat]
prazo (m)	тэрмін (м)	['tɛrmin]

futuro (m)	будучыня (ж)	['buduʧinʲa]
futuro (adj)	будучы	['buduʧi]
da próxima vez	наступным разам	[na'stupnɨm 'razam]
passado (m)	мінуўшчына (ж)	[mi'nuwʃɕina]
passado (adj)	мінулы	[mi'nulɨ]
na última vez	мінулым разам	[mi'nulɨm 'razam]

mais tarde	пазней	[paz'nej]
depois de ...	пасля	[pa'slʲa]
atualmente	цяпер	[tsʲa'per]
agora	цяпер	[tsʲa'per]
imediatamente	неадкладна	[neat'kladna]
em breve	неўзабаве	[newza'bawe]
de antemão	загадзя	['zaɦadzʲa]

há muito tempo	даўно	[daw'nɔ]
recentemente	нядаўна	[nʲa'dawna]
destino (m)	лёс (м)	['lʲos]
recordações (f pl)	памяць (ж)	['pamʲatsʲ]
arquivo (m)	архіў (м)	[ar'hiw]

durante ...	падчас ...	[pa'ʧas ...]
durante muito tempo	доўга	['dowɦa]
pouco tempo	нядоўга	[nʲa'dowɦa]
cedo (levantar-se ~)	рана	['rana]
tarde (deitar-se ~)	позна	['pɔzna]

para sempre	назаўжды	[nazawʒ'dɨ]
começar (vt)	пачынаць	[paʧɨ'natsʲ]
adiar (vt)	перанесці	[pera'nesʲtsi]

ao mesmo tempo	адначасова	[adnaʧa'sɔva]
permanentemente	заўсёды	[zaw'sʲodɨ]
constante (~ ruído, etc.)	заўсёдны	[zaw'sʲodnɨ]
temporário (adj)	часовы	[ʧa'sɔvɨ]

às vezes	часам	['ʧasam]
raras vezes, raramente	рэдка	['rɛtka]
frequentemente	часта	['ʧasta]

21. Linhas e formas

quadrado (m)	квадрат (м)	[kvad'rat]
quadrado (adj)	квадратны	[kvad'ratnʲ]
círculo (m)	круг (м)	['kruɦ]
redondo (adj)	круглы	['kruɦlʲ]
triângulo (m)	трохвугольнік (м)	[trɔhvu'ɦɔlʲnik]
triangular (adj)	трохвугольны	[trɔhvu'ɦɔlʲnʲ]
oval (f)	авал (м)	[a'val]
oval (adj)	авальны	[a'valʲnʲ]
retângulo (m)	прамавугольнік (м)	[pramavu'ɦɔlʲnik]
retangular (adj)	прамавугольны	[pramavu'ɦɔlʲnʲ]
pirâmide (f)	піраміда (ж)	[pira'mida]
losango (m)	ромб (м)	['rɔmp]
trapézio (m)	трапецыя (ж)	[tra'petsʲʲa]
cubo (m)	куб (м)	['kup]
prisma (m)	прызма (ж)	['prizma]
circunferência (f)	акружнасць (ж)	[ak'ruʒnastsʲ]
esfera (f)	сфера (ж)	['sfera]
globo (m)	шар (м)	['ʃar]
diâmetro (m)	дыяметр (м)	[diʲ'ametr]
raio (m)	радыус (м)	['radius]
perímetro (m)	перыметр (м)	[pe'rimetr]
centro (m)	цэнтр (м)	['tsɛntr]
horizontal (adj)	гарызантальны	[ɦarizan'talʲnʲ]
vertical (adj)	вертыкальны	[vertiʲ'kalʲnʲ]
paralela (f)	паралель (ж)	[para'lelʲ]
paralelo (adj)	паралельны	[para'lelʲnʲ]
linha (f)	лінія (ж)	['liniʲa]
traço (m)	рыса (ж)	['risa]
reta (f)	прамая (ж)	[pra'maʲa]
curva (f)	крывая (ж)	[kri'vaʲa]
fino (linha ~a)	тонкі	['tɔnki]
contorno (m)	контур (м)	['kɔntur]
interseção (f)	перасячэнне (н)	[perasʲa'tʃɛnne]
ângulo (m) reto	прамы вугал (м)	[pra'mɨ 'vuɦal]
segmento (m)	сегмент (м)	[seɦ'ment]
setor (m)	сектар (м)	['sektar]
lado (de um triângulo, etc.)	старана (ж)	[stara'na]
ângulo (m)	вугал (м)	['vuɦal]

22. Unidades de medida

peso (m)	вага (ж)	[va'ɦa]
comprimento (m)	даўжыня (ж)	[dawʒi'nʲa]
largura (f)	шырыня (ж)	[ʃiri'nʲa]
altura (f)	вышыня (ж)	[viʃi'nʲa]

profundidade (f)	глыбіня (ж)	[ɦlʲibʲiˈnʲa]
volume (m)	аб'ём (m)	[aˈbʲjom]
área (f)	плошча (ж)	[ˈpɫɔʂʲʲa]

grama (m)	грам (m)	[ˈɦram]
miligrama (m)	міліграм (m)	[mʲiliˈɦram]
quilograma (m)	кілаграм (m)	[kʲilaˈɦram]
tonelada (f)	тона (ж)	[ˈtɔna]
libra (453,6 gramas)	фунт (m)	[ˈfunt]
onça (f)	унцыя (ж)	[ˈunʦʲʲa]

metro (m)	метр (m)	[ˈmetr]
milímetro (m)	міліметр (m)	[mʲiliˈmetr]
centímetro (m)	сантыметр (m)	[santʲiˈmetr]
quilômetro (m)	кіламетр (m)	[kʲilaˈmetr]
milha (f)	міля (ж)	[ˈmʲilʲa]

polegada (f)	цаля (ж)	[ˈʦalʲa]
pé (304,74 mm)	фут (m)	[ˈfut]
jarda (914,383 mm)	ярд (m)	[ˈjart]

| metro (m) quadrado | квадратны метр (m) | [kvadˈratnʲi ˈmetr] |
| hectare (m) | гектар (m) | [ɦekˈtar] |

litro (m)	літр (m)	[ˈlitr]
grau (m)	градус (m)	[ˈɦradus]
volt (m)	вольт (m)	[ˈvɔlʲt]
ampère (m)	ампер (m)	[amˈper]
cavalo (m) de potência	конская сіла (ж)	[ˈkɔnskaʲa ˈsila]

quantidade (f)	колькасць (ж)	[ˈkɔlʲʲkasʦʲ]
um pouco de ...	нямнога ...	[nʲamˈnɔɦa ...]
metade (f)	палова (ж)	[paˈlɔva]
dúzia (f)	тузін (m)	[ˈtuzin]
peça (f)	штука (ж)	[ˈʂtuka]

| tamanho (m), dimensão (f) | памер (m) | [paˈmer] |
| escala (f) | маштаб (m) | [maʂˈtap] |

mínimo (adj)	мінімальны	[mʲiniˈmalʲnʲi]
menor, mais pequeno	найменшы	[najˈmenʂi]
médio (adj)	сярэдні	[sʲaˈrɛdnʲi]
máximo (adj)	максімальны	[maksiˈmalʲnʲi]
maior, mais grande	найбольшы	[najˈbɔlʲʂi]

23. Recipientes

pote (m) de vidro	слоік (m)	[ˈsɫɔik]
lata (~ de cerveja)	бляшанка (ж)	[blʲaˈʃanka]
balde (m)	вядро (н)	[vʲaˈdrɔ]
barril (m)	бочка (ж)	[ˈbɔtʂka]

| bacia (~ de plástico) | таз (m) | [ˈtas] |
| tanque (m) | бак (m) | [ˈbak] |

cantil (m) de bolso	біклажка (ж)	[bik'laʃka]
galão (m) de gasolina	каністра (ж)	[ka'nistra]
cisterna (f)	цыстэрна (ж)	[tsis'tɛrna]

caneca (f)	кубак (м)	['kubak]
xícara (f)	кубак (м)	['kubak]
pires (m)	сподак (м)	['spɔdak]
copo (m)	шклянка (ж)	['ʃklʲanka]
taça (f) de vinho	келіх (м)	['kelih]
panela (f)	рондаль (м)	['rɔndalʲ]

garrafa (f)	бутэлька (ж)	[bu'tɛlʲka]
gargalo (m)	рыльца (н)	['rilʲtsa]

jarra (f)	графін (м)	[ɦra'fin]
jarro (m)	збан (м)	['zban]
recipiente (m)	пасудзіна (ж)	[pa'sudzina]
pote (m)	гаршчок (м)	[ɦar'ʃɕɔk]
vaso (m)	ваза (ж)	['vaza]

frasco (~ de perfume)	флакон (м)	[fla'kɔn]
frasquinho (m)	бутэлечка (ж)	[bu'tɛletʃka]
tubo (m)	цюбік (м)	['tsʉbik]

saco (ex. ~ de açúcar)	мяшок (м)	[mʲa'ʃok]
sacola (~ plastica)	пакет (м)	[pa'ket]
maço (de cigarros, etc.)	пачак (м)	['patʃak]

caixa (~ de sapatos, etc.)	каробка (ж)	[ka'rɔpka]
caixote (~ de madeira)	скрынка (ж)	['skrinka]
cesto (m)	кош (м)	['kɔʃ]

24. Materiais

material (m)	матэрыял (м)	[matɛri'ʲal]
madeira (f)	дрэва (н)	['drɛva]
de madeira	драўляны	[draw'lʲani]

vidro (m)	шкло (н)	['ʃklɔ]
de vidro	шкляны	[ʃklʲa'ni]

pedra (f)	камень (м)	['kamenʲ]
de pedra	каменны	[ka'menni]

plástico (m)	пластык (м)	['plastik]
plástico (adj)	пластмасавы	[plast'masavi]

borracha (f)	гума (ж)	['ɦuma]
de borracha	гумовы	[ɦu'mɔvi]

tecido, pano (m)	тканіна (ж)	[tka'nina]
de tecido	з тканіны	[s tka'nini]
papel (m)	папера (ж)	[pa'pera]
de papel	папяровы	[papʲa'rɔvi]

papelão (m)	кардон (м)	[kar'dɔn]
de papelão	кардонны	[kar'dɔnnʲ]
polietileno (m)	поліэтылен (м)	[poliɛti'len]
celofane (m)	цэлафан (м)	[tsɛla'fan]
madeira (f) compensada	фанера (ж)	[fa'nera]
porcelana (f)	фарфор (м)	[far'fɔr]
de porcelana	фарфоравы	[far'fɔravʲ]
argila (f), barro (m)	гліна (ж)	['ɦlina]
de barro	гліняны	[ɦli'nʲanʲ]
cerâmica (f)	кераміка (ж)	[ke'ramika]
de cerâmica	керамічны	[kera'mitʃnʲ]

25. Metais

metal (m)	метал (м)	[me'tal]
metálico (adj)	металічны	[meta'litʃnʲ]
liga (f)	сплаў (м)	['splaw]
ouro (m)	золата (н)	['zɔlata]
de ouro	залаты	[zala'tʲ]
prata (f)	срэбра (н)	['srɛbra]
de prata	срэбны	['srɛbnʲ]
ferro (m)	жалеза (н)	[ʒa'leza]
de ferro	жалезны	[ʒa'leznʲ]
aço (m)	сталь (ж)	['stalʲ]
de aço (adj)	сталёвы	[sta'lʲovʲ]
cobre (m)	медзь (ж)	['medzʲ]
de cobre	медны	['mednʲ]
alumínio (m)	алюміній (м)	[alʉ'minij]
de alumínio	алюмініевы	[alʉ'minievʲ]
bronze (m)	бронза (ж)	['brɔnza]
de bronze	бронзавы	['brɔnzavʲ]
latão (m)	латунь (ж)	[la'tunʲ]
níquel (m)	нікель (м)	['nikelʲ]
platina (f)	плаціна (ж)	['platsina]
mercúrio (m)	ртуць (ж)	['rtutsʲ]
estanho (m)	волава (н)	['vɔlava]
chumbo (m)	свінец (м)	[svi'nets]
zinco (m)	цынк (м)	['tsɨnk]

O SER HUMANO

O ser humano. O corpo

26. Humanos. Conceitos básicos

ser (m) humano	чалавек (м)	[ʧala'vek]
homem (m)	мужчына (м)	[mu'ʃɕina]
mulher (f)	жанчына (ж)	[ʒan'ʧina]
criança (f)	дзіця (н)	[ʣi'tsʲa]
menina (f)	дзяўчынка (ж)	[ʣʲaw'ʧinka]
menino (m)	хлопчык (м)	['hlɔpʧik]
adolescente (m)	падлетак (м)	[pad'letak]
velho (m)	стары (м)	[sta'ri]
velha (f)	старая (ж)	[sta'raʲa]

27. Anatomia humana

organismo (m)	арганізм (м)	[arɦa'nizm]
coração (m)	сэрца (н)	['sɛrtsa]
sangue (m)	кроў (ж)	['krɔw]
artéria (f)	артэрыя (ж)	[ar'tɛriʲa]
veia (f)	вена (ж)	['vena]
cérebro (m)	мозг (м)	['mɔsk]
nervo (m)	нерв (м)	['nerv]
nervos (m pl)	нервы (м мн)	['nervi]
vértebra (f)	пазванок (м)	[pazva'nɔk]
coluna (f) vertebral	пазваночнік (м)	[pazva'nɔʧnik]
estômago (m)	страўнік (м)	['strawnik]
intestinos (m pl)	кішэчнік (м)	[ki'ʃɛʧnik]
intestino (m)	кішка (ж)	['kiʃka]
fígado (m)	печань (ж)	['peʧanʲ]
rim (m)	нырка (ж)	['nirka]
osso (m)	косць (ж)	['kɔstsʲ]
esqueleto (m)	шкілет (м)	[ʃki'let]
costela (f)	рабро (н)	[rab'rɔ]
crânio (m)	чэрап (м)	['ʧɛrap]
músculo (m)	цягліца (ж)	[tsʲaɦ'litsa]
bíceps (m)	біцэпс (м)	['bitsɛps]
tríceps (m)	трыцэпс (м)	['tritsɛps]
tendão (m)	сухажылле (н)	[suha'ʒille]
articulação (f)	сустаў (м)	[sus'taw]

pulmões (m pl)	лёгкія (н мн)	[ˈlʲóŋkiʲa]
órgãos (m pl) genitais	палавыя органы (м мн)	[pala'vʲʲa ˈorɦaɲi]
pele (f)	скура (ж)	[ˈskura]

28. Cabeça

cabeça (f)	галава (ж)	[ɦala'va]
rosto, cara (f)	твар (м)	[ˈtvar]
nariz (m)	нос (м)	[ˈnɔs]
boca (f)	рот (м)	[ˈrɔt]
olho (m)	вока (н)	[ˈvɔka]
olhos (m pl)	вочы (н мн)	[ˈvotʃi]
pupila (f)	зрэнка (ж)	[ˈzrɛnka]
sobrancelha (f)	брыво (н)	[bri'vɔ]
cílio (f)	вейка (ж)	[ˈvejka]
pálpebra (f)	павека (н)	[pa'veka]
língua (f)	язык (м)	[ʲa'zik]
dente (m)	зуб (м)	[ˈzup]
lábios (m pl)	губы (ж мн)	[ˈɦubi]
maçãs (f pl) do rosto	скулы (ж мн)	[ˈskuli]
gengiva (f)	дзясна (ж)	[dzʲas'na]
palato (m)	паднябенне (н)	[padnʲa'benne]
narinas (f pl)	ноздры (ж мн)	[ˈnɔzdri]
queixo (m)	падбародак (м)	[padba'rɔdak]
mandíbula (f)	сківіца (ж)	[ˈskivitsa]
bochecha (f)	шчака (ж)	[ʃʧa'ka]
testa (f)	лоб (м)	[ˈlɔp]
têmpora (f)	скронь (ж)	[ˈskrɔɲʲ]
orelha (f)	вуха (н)	[ˈvuha]
costas (f pl) da cabeça	патыліца (ж)	[pa'tilitsa]
pescoço (m)	шыя (ж)	[ˈʃʲʲa]
garganta (f)	горла (н)	[ˈɦɔrla]
cabelo (m)	валасы (м мн)	[vala'sʲ]
penteado (m)	прычоска (ж)	[pri'tʃɔska]
corte (m) de cabelo	стрыжка (ж)	[ˈstriʃka]
peruca (f)	парык (м)	[pa'rik]
bigode (m)	вусы (м мн)	[ˈvusi]
barba (f)	барада (ж)	[bara'da]
ter (~ barba, etc.)	насіць	[na'sitsʲ]
trança (f)	каса (ж)	[ka'sa]
suíças (f pl)	бакенбарды (мн)	[baken'bardi]
ruivo (adj)	рыжы	[ˈriʒi]
grisalho (adj)	сівы	[si'vʲ]
careca (adj)	лысы	[ˈlisi]
calva (f)	лысіна (ж)	[ˈlisina]
rabo-de-cavalo (m)	хвост (м)	[ˈhvɔst]
franja (f)	чубок (м)	[tʃu'bɔk]

29. Corpo humano

mão (f)	кісць (ж)	['kistsʲ]
braço (m)	рука (ж)	[ru'ka]
dedo (m)	палец (м)	['palets]
dedo (m) do pé	палец (м)	['palets]
polegar (m)	вялікі палец (м)	[vʲa'liki 'palets]
dedo (m) mindinho	мезенец (м)	['mezenets]
unha (f)	пазногаць (м)	[paz'noɦatsʲ]
punho (m)	кулак (м)	[ku'lak]
palma (f)	далонь (ж)	[da'lɔnʲ]
pulso (m)	запясце (н)	[za'pʲasʲtse]
antebraço (m)	перадплечча (н)	[perat'pletʃa]
cotovelo (m)	локаць (м)	['lɔkatsʲ]
ombro (m)	плячо (н)	[plʲa'tʃɔ]
perna (f)	нага (ж)	[na'ɦa]
pé (m)	ступня (ж)	[stup'nʲa]
joelho (m)	калена (н)	[ka'lena]
panturrilha (f)	лытка (ж)	['lɨtka]
quadril (m)	сцягно (н)	[stsʲaɦ'nɔ]
calcanhar (m)	пятка (ж)	['pʲatka]
corpo (m)	цела (н)	['tsela]
barriga (f), ventre (m)	жывот (м)	[ʒɨ'vɔt]
peito (m)	грудзі (мн)	['ɦrudzi]
seio (m)	грудзі (мн)	['ɦrudzi]
lado (m)	бок (м)	['bɔk]
costas (dorso)	спіна (ж)	['spina]
região (f) lombar	паясніца (ж)	[paʲas'nitsa]
cintura (f)	талія (ж)	['taliʲa]
umbigo (m)	пупок (м)	[pu'pɔk]
nádegas (f pl)	ягадзіцы (ж мн)	['ʲaɦadzitsɨ]
traseiro (m)	зад (м)	['zat]
sinal (m), pinta (f)	радзімка (ж)	[ra'dzimka]
sinal (m) de nascença	радзімая пляма (ж)	[ra'dzimaʲa 'plʲama]
tatuagem (f)	татуіроўка (ж)	[tatui'rowka]
cicatriz (f)	шрам (м)	['ʃram]

Vestuário & Acessórios

30. Roupa exterior. Casacos

roupa (f)	адзенне (н)	[a'dzenne]
roupa (f) exterior	вопратка (ж)	['vɔpratka]
roupa (f) de inverno	зімовая вопратка (ж)	[zi'mɔvaʲa 'vɔpratka]
sobretudo (m)	паліто (н)	[pali'tɔ]
casaco (m) de pele	футра (н)	['futra]
jaqueta (f) de pele	паўкажушак (м)	[pawka'ʒwʃak]
casaco (m) acolchoado	пухавік (м)	[puha'vik]
casaco (m), jaqueta (f)	куртка (ж)	['kurtka]
impermeável (m)	плашч (м)	['plaʃɕ]
a prova d'água	непрамакальны	[neprama'kalʲnʲi]

31. Vestuário de homem & mulher

camisa (f)	кашуля (ж)	[ka'ʃulʲa]
calça (f)	штаны (мн)	[ʃta'nʲi]
jeans (m)	джынсы (мн)	['dʒinsʲi]
paletó, terno (m)	пінжак (м)	[pin'ʒak]
terno (m)	касцюм (м)	[kas'tsʉm]
vestido (ex. ~ de noiva)	сукенка (ж)	[su'kenka]
saia (f)	спадніца (ж)	[spad'nitsa]
blusa (f)	блузка (ж)	['bluska]
casaco (m) de malha	кофта (ж)	['kɔfta]
casaco, blazer (m)	жакет (м)	[ʒa'ket]
camiseta (f)	футболка (ж)	[fud'bɔlka]
short (m)	шорты (мн)	['ʃɔrtʲi]
training (m)	спартыўны касцюм (м)	[spar'tiwnʲi kas'tsʉm]
roupão (m) de banho	халат (м)	[ha'lat]
pijama (m)	піжама (ж)	[pi'ʒama]
suéter (m)	світэр (м)	['svitɛr]
pulôver (m)	пуловер (м)	[pu'lɔver]
colete (m)	камізэлька (ж)	[kami'zɛlʲka]
fraque (m)	фрак (м)	['frak]
smoking (m)	смокінг (м)	['smɔkinɦ]
uniforme (m)	форма (ж)	['fɔrma]
roupa (f) de trabalho	працоўнае адзенне (н)	[pra'tsɔwnae a'dzenne]
macacão (m)	камбінезон (м)	[kambine'zɔn]
jaleco (m), bata (f)	халат (м)	[ha'lat]

32. Vestuário. Roupa interior

roupa (f) íntima	бялізна (ж)	[bʲa'lizna]
cueca boxer (f)	трусы (мн)	[tru'sɨ]
calcinha (f)	трусікі (мн)	['trusiki]
camiseta (f)	майка (ж)	['majka]
meias (f pl)	шкарпэткі (ж мн)	[ʃkar'pɛtki]
camisola (f)	начная кашуля (ж)	[natʃ'naʲa ka'ʃulʲa]
sutiã (m)	бюстгальтар (м)	[bʉst'halʲtar]
meias longas (f pl)	гольфы (мн)	['ɦolʲfɨ]
meias-calças (f pl)	калготкі (мн)	[kal'ɦotki]
meias (~ de nylon)	панчохі (ж мн)	[pan'tʃohi]
maiô (m)	купальнік (м)	[ku'palʲnik]

33. Adereços de cabeça

chapéu (m), touca (f)	шапка (ж)	['ʃapka]
chapéu (m) de feltro	капялюш (м)	[kapʲa'lʉʃ]
boné (m) de beisebol	бейсболка (ж)	[bejz'bolka]
boina (~ italiana)	кепка (ж)	['kepka]
boina (ex. ~ basca)	берэт (м)	[bʲa'rɛt]
capuz (m)	капюшон (м)	[kapʉ'ʃon]
chapéu panamá (m)	панамка (ж)	[pa'namka]
touca (f)	вязаная шапачка (ж)	[vʲazanaʲa 'ʃapatʃka]
lenço (m)	хустка (ж)	['hustka]
chapéu (m) feminino	капялюшык (м)	[kapʲa'lʉʃik]
capacete (m) de proteção	каска (ж)	['kaska]
bibico (m)	пілотка (ж)	[pi'lotka]
capacete (m)	шлем (м)	['ʃlem]
chapéu-coco (m)	кацялок (м)	[katsʲa'lok]
cartola (f)	цыліндр (м)	[tsɨ'lindr]

34. Calçado

calçado (m)	абутак (м)	[a'butak]
botinas (f pl), sapatos (m pl)	чаравікі (м мн)	[tʃara'viki]
sapatos (de salto alto, etc.)	туфлі (м мн)	['tufli]
botas (f pl)	боты (м мн)	['botɨ]
pantufas (f pl)	тапачкі (ж мн)	['tapatʃki]
tênis (~ Nike, etc.)	красоўкі (ж мн)	[kra'sowki]
tênis (~ Converse)	кеды (м мн)	['kedɨ]
sandálias (f pl)	сандалі (ж мн)	[san'dali]
sapateiro (m)	шавец (м)	[ʃa'vets]
salto (m)	абцас (м)	[ap'tsas]

par (m)	пара (ж)	['para]
cadarço (m)	шнурок (м)	[ʃnu'rɔk]
amarrar os cadarços	шнураваць	[ʃnura'vatsʲ]
calçadeira (f)	ражок (м)	[ra'ʒɔk]
graxa (f) para calçado	крэм (м) для абутку	['krɛm dlʲa a'butku]

35. Têxtil. Tecidos

algodão (m)	бавоўна (ж)	[ba'vɔwna]
de algodão	з бавоўны	[z ba'vɔwnʲi]
linho (m)	лён (м)	['lʲon]
de linho	з лёну	[zʲ 'lʲonu]

seda (f)	шоўк (м)	['ʃowk]
de seda	шаўковы	[ʃaw'kɔvʲi]
lã (f)	шэрсць (ж)	['ʃɛrstsʲ]
de lã	шарсцяны	[ʃarstsʲa'nʲi]

veludo (m)	аксаміт (м)	[aksa'mit]
camurça (f)	замша (ж)	['zamʃa]
veludo (m) cotelê	вельвет (м)	[velʲ'vet]

nylon (m)	нейлон (м)	[nej'lɔn]
de nylon	з нейлону	[zʲ nej'lɔnu]
poliéster (m)	паліэстэр (м)	[pali'ɛstɛr]
de poliéster	паліэстэравы	[pali'ɛstɛravi]

couro (m)	скура (ж)	['skura]
de couro	са скуры	[sa 'skurʲi]
pele (f)	футра (н)	['futra]
de pele	футравы	['futravʲi]

36. Acessórios pessoais

luva (f)	пальчаткі (ж мн)	[palʲ'tʃatki]
mitenes (f pl)	рукавіцы (ж мн)	[ruka'vʲitsʲi]
cachecol (m)	шалік (м)	['ʃalik]

óculos (m pl)	акуляры (мн)	[aku'lʲarʲi]
armação (f)	аправа (ж)	[a'prava]
guarda-chuva (m)	парасон (м)	[para'sɔn]
bengala (f)	палка (ж)	['palka]
escova (f) para o cabelo	шчотка (ж) для валасоў	['ʃ͡ɕɔtka dlʲa vala'sɔw]
leque (m)	веер (м)	['veer]

gravata (f)	гальштук (м)	['ɦalʲʃtuk]
gravata-borboleta (f)	гальштук-мушка (ж)	['ɦalʲʃtuk 'muʃka]
suspensórios (m pl)	шлейкі (мн)	['ʃlejki]
lenço (m)	насоўка (ж)	[na'sɔwka]

| pente (m) | грабянец (м) | [ɦrabʲa'nets] |
| fivela (f) para cabelo | заколка (ж) | [za'kɔlka] |

| grampo (m) | шпілька (ж) | ['ʃpilʲka] |
| fivela (f) | спражка (ж) | ['spraʃka] |

| cinto (m) | пояс (м) | ['pɔʲas] |
| alça (f) de ombro | рэмень (м) | ['rɛmenʲ] |

bolsa (f)	сумка (ж)	['sumka]
bolsa (feminina)	сумачка (ж)	['sumatʃka]
mochila (f)	рукзак (м)	[rug'zak]

37. Vestuário. Diversos

moda (f)	мода (ж)	['mɔda]
na moda (adj)	модны	['mɔdni]
estilista (m)	мадэльер (м)	[madɛ'lʲer]

colarinho (m)	каўнер (м)	[kaw'ner]
bolso (m)	кішэня (ж)	[ki'ʃɛnʲa]
de bolso	кішэнны	[ki'ʃɛnni]
manga (f)	рукаў (м)	[ru'kaw]
ganchinho (m)	вешалка (ж)	['veʃalka]
bragueta (f)	прарэх (м)	[pra'rɛh]

zíper (m)	маланка (ж)	[ma'lanka]
colchete (m)	зашпілька (ж)	[za'ʃpilʲka]
botão (m)	гузік (м)	['ɦuzik]
botoeira (casa de botão)	прарэшак (м)	[pra'rɛʃak]
soltar-se (vr)	адарвацца	[adar'vatsa]

costurar (vi)	шыць	['ʃitsʲ]
bordar (vt)	вышываць	[viʃi'vatsʲ]
bordado (m)	вышыўка (ж)	['viʃiwka]
agulha (f)	іголка (ж)	[i'ɦɔlka]
fio, linha (f)	нітка (ж)	['nitka]
costura (f)	шво (н)	['ʃvɔ]

sujar-se (vr)	запэцкацца	[za'pɛtskatsa]
mancha (f)	пляма (ж)	['plʲama]
amarrotar-se (vr)	памяцца	[pa'mʲatsa]
rasgar (vt)	падраць	[pad'ratsʲ]
traça (f)	моль (ж)	['mɔlʲ]

38. Cuidados pessoais. Cosméticos

pasta (f) de dente	зубная паста (ж)	[zub'naʲa 'pasta]
escova (f) de dente	зубная шчотка (ж)	[zub'naʲa 'ʃɕotka]
escovar os dentes	чысціць зубы	[tʃisʲtsitsʲ zu'bi]

gilete (f)	брытва (ж)	['britva]
creme (m) de barbear	крэм (м) для галення	['krɛm dlʲa ɦa'lɛnnʲa]
barbear-se (vr)	галіцца	[ɦa'litsa]
sabonete (m)	мыла (н)	['miła]

xampu (m)	шампунь (м)	[ʃam'punʲ]
tesoura (f)	нажніцы (мн)	[naʒ'nitsi]
lixa (f) de unhas	пілачка (ж) для пазногцяў	['pilatʃka dlʲa paz'nɔhtsʲaw]
corta-unhas (m)	шчыпчыкі (мн)	['ʃɕiptʃiki]
pinça (f)	пінцэт (м)	[pin'tsɛt]
cosméticos (m pl)	касметыка (ж)	[kas'metika]
máscara (f)	маска (ж)	['maska]
manicure (f)	манікюр (м)	[mani'kʉr]
fazer as unhas	рабіць манікюр	[ra'bitsʲ mani'kʉr]
pedicure (f)	педыкюр (м)	[pedi'kʉr]
bolsa (f) de maquiagem	касметычка (ж)	[kasme'titʃka]
pó (de arroz)	пудра (ж)	['pudra]
pó (m) compacto	пудраніца (ж)	['pudranitsa]
blush (m)	румяны (мн)	[ru'mʲani]
perfume (m)	парфума (ж)	[par'fuma]
água-de-colônia (f)	туалетная вада (ж)	[tua'letnaʲa va'da]
loção (f)	ласьён (м)	[la'sjɔn]
colônia (f)	адэкалон (м)	[adɛka'lɔn]
sombra (f) de olhos	цені (м мн) для павек	['tseni dlʲa pa'vek]
delineador (m)	аловак (м) для вачэй	[a'lɔvah dlʲa va'tʃɛj]
máscara (f), rímel (m)	туш (ж)	['tuʃ]
batom (m)	губная памада (ж)	[hub'naʲa pa'mada]
esmalte (m)	лак (м) для пазногцяў	['lah dlʲa paz'nɔhtsʲaw]
laquê (m), spray fixador (m)	лак (м) для валасоў	['lah dlʲa vala'sɔw]
desodorante (m)	дэзадарант (м)	[dɛzada'rant]
creme (m)	крэм (м)	['krɛm]
creme (m) de rosto	крэм (м) для твару	['krɛm dlʲa 'tvaru]
creme (m) de mãos	крэм (м) для рук	['krɛm dlʲa 'ruk]
creme (m) antirrugas	крэм (м) супраць зморшчын	['krɛm 'supratsʲ 'zmɔrʃɕin]
creme (m) de dia	дзённы крэм (м)	['dzʲɔnni 'krɛm]
creme (m) de noite	начны крэм (м)	[natʃʲni 'krɛm]
de dia	дзённы	['dzʲɔnni]
da noite	начны	[natʃʲni]
absorvente (m) interno	тампон (м)	[tam'pɔn]
papel (m) higiênico	туалетная папера (ж)	[tua'letnaʲa pa'pera]
secador (m) de cabelo	фен (м)	['fen]

39. Joalheria

joias (f pl)	каштоўнасці (ж мн)	[kaʃ'townasʲtsi]
precioso (adj)	каштоўны	[kaʃ'towni]
marca (f) de contraste	проба (ж)	['prɔba]
anel (m)	пярсцёнак (м)	[pʲars'tsʲonak]
aliança (f)	заручальны пярсцёнак (м)	[zaru'tʃalʲni pʲars'tsʲonak]
pulseira (f)	бранзалет (м)	[branza'let]

brincos (m pl)	завушніцы (ж мн)	[zavuʃˈnitsi]
colar (m)	каралі (мн)	[kaˈrali]
coroa (f)	карона (ж)	[kaˈrɔna]
colar (m) de contas	пацеркі (ж мн)	[ˈpatserki]

diamante (m)	брыльянт (м)	[briˈlʲant]
esmeralda (f)	ізумруд (м)	[izumˈrut]
rubi (m)	рубін (м)	[ruˈbin]
safira (f)	сапфір (м)	[sapˈfir]
pérola (f)	жэмчуг (м)	[ˈʒɛmtʃuɦ]
âmbar (m)	бурштын (м)	[burˈʃtin]

40. Relógios de pulso. Relógios

relógio (m) de pulso	гадзіннік (м)	[ɦaˈdzinnik]
mostrador (m)	цыферблат (м)	[tsiferˈblat]
ponteiro (m)	стрэлка (ж)	[ˈstrɛlka]
bracelete (em aço)	бранзалет (м)	[branzaˈlet]
bracelete (em couro)	раменьчык (м)	[raˈmenʲtʃik]

pilha (f)	батарэйка (ж)	[bataˈrɛjka]
acabar (vi)	сесці	[ˈsesʲtsi]
trocar a pilha	памяняць батарэйку	[pamʲaˈnʲatsʲ bataˈrɛjku]
estar adiantado	спяшацца	[spʲaˈʃatsa]
estar atrasado	адставаць	[atstaˈvatsʲ]

relógio (m) de parede	гадзіннік (м) насценны	[ɦaˈdzinnik nasˈtsenni]
ampulheta (f)	гадзіннік (м) пясочны	[ɦaˈdzinnik pʲaˈsɔtʃni]
relógio (m) de sol	гадзіннік (м) сонечны	[ɦaˈdzinnik ˈsɔnetʃni]
despertador (m)	будзільнік (м)	[buˈdzilʲnik]
relojoeiro (m)	гадзіншчык (м)	[ɦaˈdzinʃɕik]
reparar (vt)	рамантаваць	[ramantaˈvatsʲ]

Alimentação. Nutrição

41. Comida

carne (f)	мяса (н)	['mʲasa]
galinha (f)	курыца (ж)	['kuritsa]
frango (m)	кураня (н)	[kura'nʲa]
pato (m)	качка (ж)	['katʃka]
ganso (m)	гусь (ж)	['ɦusʲ]
caça (f)	дзічына (ж)	[dzi'tʃina]
peru (m)	індычка (ж)	[in'ditʃka]
carne (f) de porco	свініна (ж)	[svi'nina]
carne (f) de vitela	цяляціна (ж)	[tsʲa'lʲatsina]
carne (f) de carneiro	бараніна (ж)	[ba'ranina]
carne (f) de vaca	ялавічына (ж)	['ʲalavitʃina]
carne (f) de coelho	трус (м)	['trus]
linguiça (f), salsichão (m)	каўбаса (ж)	[kawba'sa]
salsicha (f)	сасіска (ж)	[sa'siska]
bacon (m)	бекон (м)	[be'kɔn]
presunto (m)	вяндліна (ж)	[vʲand'lina]
pernil (m) de porco	кумпяк (м)	[kum'pʲak]
patê (m)	паштэт (м)	[paʃ'tɛt]
fígado (m)	печань (ж)	['petʃanʲ]
guisado (m)	фарш (м)	['farʃ]
língua (f)	язык (м)	[ʲa'zik]
ovo (m)	яйка (н)	['ʲajka]
ovos (m pl)	яйкі (н мн)	['ʲajki]
clara (f) de ovo	бялок (м)	[bʲa'lɔk]
gema (f) de ovo	жаўток (м)	[ʒaw'tɔk]
peixe (m)	рыба (ж)	['riba]
mariscos (m pl)	морапрадукты (м мн)	[mɔrapra'dukti]
crustáceos (m pl)	ракападобныя (мн)	[rakapa'dobnʲʲa]
caviar (m)	ікра (ж)	[ik'ra]
caranguejo (m)	краб (м)	['krap]
camarão (m)	крэветка (ж)	[krɛ'vetka]
ostra (f)	вустрыца (ж)	['vustritsa]
lagosta (f)	лангуст (м)	[lan'ɦust]
polvo (m)	васьміног (м)	[vasʲmi'nɔɦ]
lula (f)	кальмар (м)	[kalʲ'mar]
esturjão (m)	асятрына (ж)	[asʲa'trina]
salmão (m)	ласось (м)	[la'sɔsʲ]
halibute (m)	палтус (м)	['paltus]
bacalhau (m)	траска (ж)	[tras'ka]

cavala, sarda (f)	скумбрыя (ж)	['skumbri‍a]
atum (m)	тунец (м)	[tu'neʦ]
enguia (f)	вугор (м)	[vu'ɦɔr]
truta (f)	стронга (ж)	['strɔnɦa]
sardinha (f)	сардзіна (ж)	[sar'ʣina]
lúcio (m)	шчупак (м)	[ʃɕu'pak]
arenque (m)	селядзец (м)	[sel‍a'ʣeʦ]
pão (m)	хлеб (м)	['hlep]
queijo (m)	сыр (м)	['sir]
açúcar (m)	цукар (м)	['ʦukar]
sal (m)	соль (ж)	['sɔl‍]
arroz (m)	рыс (м)	['ris]
massas (f pl)	макарона (ж)	[maka'rɔna]
talharim, miojo (m)	локшына (ж)	['lɔkʃina]
manteiga (f)	масла (н)	['masla]
óleo (m) vegetal	алей (м)	[a'lej]
óleo (m) de girassol	сланечнікавы алей (м)	[sla'neʧnikavi a'lej]
margarina (f)	маргарын (м)	[marɦa'rin]
azeitonas (f pl)	алівы (ж мн)	[a'livi]
azeite (m)	алей (м) аліўкавы	[a'lej a'liwkavi]
leite (m)	малако (н)	[mala'kɔ]
leite (m) condensado	згушчанае малако (н)	['zɦuʃɕanae mala'kɔ]
iogurte (m)	ёгурт (м)	['‍oɦurt]
creme (m) azedo	смятана (ж)	[sm‍a'tana]
creme (m) de leite	вяршкі (мн)	[v‍ar'ʃki]
maionese (f)	маянэз (м)	[ma‍a'nɛs]
creme (m)	крэм (м)	['krɛm]
grãos (m pl) de cereais	крупы (мн)	['krupi]
farinha (f)	мука (ж)	[mu'ka]
enlatados (m pl)	кансервы (ж мн)	[kan'servi]
flocos (m pl) de milho	кукурузныя шматкі (м мн)	[kuku'ruzni‍a ʃmat'ki]
mel (m)	мёд (м)	['m‍ot]
geleia (m)	джэм (м)	['ʤɛm]
chiclete (m)	жавальная гумка (ж)	[ʒa'val‍na‍a 'ɦumka]

42. Bebidas

água (f)	вада (ж)	[va'da]
água (f) potável	пітная вада (ж)	[pit'na‍a va'da]
água (f) mineral	мінеральная вада (ж)	[mine'ral‍na‍a va'da]
sem gás (adj)	без газу	[b‍az 'ɦazu]
gaseificada (adj)	газіраваны	[ɦazira'vani]
com gás	з газам	[z 'ɦazam]
gelo (m)	лёд (м)	['l‍ot]

com gelo	з лёдам	[z^j 'l^jodam]
não alcoólico (adj)	безалкагольны	[bezalka'ɦɔl^jnɨ]
refrigerante (m)	безалкагольны напітак (m)	[bezalka'ɦɔl^jnɨ na'pitak]
refresco (m)	прахаладжальны напітак (m)	[prahala'dʒal^jnɨ na'pitak]
limonada (f)	ліманад (m)	[lima'nat]
bebidas (f pl) alcoólicas	алкагольныя напіткі (m мн)	[alka'ɦɔl^jnɨ̯a na'pitki]
vinho (m)	віно (н)	[vi'nɔ]
vinho (m) branco	белае віно (н)	['belae vi'nɔ]
vinho (m) tinto	чырвонае віно (н)	[tʃɨr'vɔnae vi'nɔ]
licor (m)	лікёр (m)	[li'k^jor]
champanhe (m)	шампанскае (н)	[ʃam'panskae]
vermute (m)	вермут (m)	['vermut]
uísque (m)	віскі (н)	['viski]
vodca (f)	гарэлка (ж)	[ɦa'rɛlka]
gim (m)	джын (m)	['dʒin]
conhaque (m)	каньяк (m)	[ka'n^jak]
rum (m)	ром (m)	['rɔm]
café (m)	кава (ж)	['kava]
café (m) preto	чорная кава (ж)	['tʃɔrna^ja 'kava]
café (m) com leite	кава (ж) з малаком	['kava z mala'kɔm]
cappuccino (m)	кава (ж) з вяршкамі	['kava z^j v^jarʃ'kami]
café (m) solúvel	растваральная кава (ж)	[rastva'ral^jna^ja 'kava]
leite (m)	малако (н)	[mala'kɔ]
coquetel (m)	кактэйль (m)	[kak'tɛjl^j]
batida (f), milkshake (m)	малочны кактэйль (m)	[ma'lɔtʃnɨ kak'tɛjl^j]
suco (m)	сок (m)	['sɔk]
suco (m) de tomate	таматны сок (m)	[ta'matnɨ 'sɔk]
suco (m) de laranja	апельсінавы сок (m)	[apel^j'sinavɨ 'sɔk]
suco (m) fresco	свежавыціснуты сок (m)	[sveʒa'vɨtsisnutɨ 'sɔk]
cerveja (f)	піва (н)	['piva]
cerveja (f) clara	светлае піва (н)	['svetlae 'piva]
cerveja (f) preta	цёмнае піва (н)	['tsʲomnae 'piva]
chá (m)	чай (m)	['tʃaj]
chá (m) preto	чорны чай (m)	['tʃɔrnɨ 'tʃaj]
chá (m) verde	зялёны чай (m)	[z^ja'l^jonɨ 'tʃaj]

43. Vegetais

vegetais (m pl)	гародніна (ж)	[ɦa'rɔdnina]
verdura (f)	зеляніна (ж)	[zel^ja'nina]
tomate (m)	памідор (m)	[pami'dɔr]
pepino (m)	агурок (m)	[aɦu'rɔk]
cenoura (f)	морква (ж)	['mɔrkva]
batata (f)	бульба (ж)	['bul^jba]

| cebola (f) | цыбуля (ж) | [tsi'bulʲa] |
| alho (m) | часнок (м) | [t͡ʃas'nɔk] |

couve (f)	капуста (ж)	[ka'pusta]
couve-flor (f)	квяцістая капуста (ж)	[kvʲa'tsistaʲa ka'pusta]
couve-de-bruxelas (f)	брусельская капуста (ж)	[bru'selʲskaʲa ka'pusta]
brócolis (m pl)	капуста (ж) браколі	[ka'pusta bra'kɔli]

beterraba (f)	бурак (м)	[bu'rak]
berinjela (f)	баклажан (м)	[bakla'ʒan]
abobrinha (f)	кабачок (м)	[kaba't͡ʃɔk]
abóbora (f)	гарбуз (м)	[ħar'bus]
nabo (m)	рэпа (ж)	['rɛpa]

salsa (f)	пятрушка (ж)	[pʲat'ruʃka]
endro, aneto (m)	кроп (м)	['krɔp]
alface (f)	салата (ж)	[sa'lata]
aipo (m)	сельдэрэй (м)	[selʲdɛ'rɛj]
aspargo (m)	спаржа (ж)	['sparʒa]
espinafre (m)	шпінат (м)	[ʃpi'nat]

ervilha (f)	гарох (м)	[ħa'rɔh]
feijão (~ soja, etc.)	боб (м)	['bɔp]
milho (m)	кукуруза (ж)	[kuku'ruza]
feijão (m) roxo	фасоля (ж)	[fa'sɔlʲa]

pimentão (m)	перац (м)	['perats]
rabanete (m)	радыска (ж)	[ra'diska]
alcachofra (f)	артышок (м)	[arti'ʃɔk]

44. Frutos. Nozes

fruta (f)	фрукт (м)	['frukt]
maçã (f)	яблык (м)	['ʲablik]
pera (f)	груша (ж)	['ħruʃa]
limão (m)	лімон (м)	[li'mɔn]
laranja (f)	апельсін (м)	[apelʲ'sin]
morango (m)	клубніцы (ж мн)	[klub'nitsi]

tangerina (f)	мандарын (м)	[manda'rin]
ameixa (f)	сліва (ж)	['sliva]
pêssego (m)	персік (м)	['persik]
damasco (m)	абрыкос (м)	[abri'kɔs]
framboesa (f)	маліны (ж мн)	[ma'lini]
abacaxi (m)	ананас (м)	[ana'nas]

banana (f)	банан (м)	[ba'nan]
melancia (f)	кавун (м)	[ka'vun]
uva (f)	вінаград (м)	[vina'ħrat]
ginja (f)	вішня (ж)	['viʃnʲa]
cereja (f)	чарэшня (ж)	[t͡ʃa'rɛʃnʲa]
melão (m)	дыня (ж)	['dinʲa]
toranja (f)	грэйпфрут (м)	[ħrɛjp'frut]
abacate (m)	авакада (н)	[ava'kada]

mamão (m)	папайя (ж)	[pa'paɹa]
manga (f)	манга (н)	['manĥa]
romã (f)	гранат (м)	[ĥra'nat]

groselha (f) vermelha	чырвоныя парэчкі (ж мн)	[tʲir'vonʲɹa pa'rɛtʃki]
groselha (f) negra	чорныя парэчкі (ж мн)	['tʲornʲɹa pa'rɛtʃki]
groselha (f) espinhosa	агрэст (м)	[aĥ'rɛst]
mirtilo (m)	чарніцы (ж мн)	[tʲar'nitsi]
amora (f) silvestre	ажыны (ж мн)	[a'ʒinʲ]

passa (f)	разынкі (ж мн)	[ra'zinki]
figo (m)	інжыр (м)	[in'ʒir]
tâmara (f)	фінік (м)	['finik]

amendoim (m)	арахіс (м)	[a'rahis]
amêndoa (f)	міндаль (м)	[min'dalʲ]
noz (f)	арэх (м)	[a'rɛh]
avelã (f)	арэх (м)	[a'rɛh]
coco (m)	арэх (м) какосавы	[a'rɛh ka'kosavɹ]
pistaches (m pl)	фісташкі (ж мн)	[fis'taʃki]

45. Pão. Bolaria

pastelaria (f)	кандытарскія вырабы (м мн)	[kan'ditarskiɹa 'virabi]
pão (m)	хлеб (м)	['hlep]
biscoito (m), bolacha (f)	печыва (н)	['petʃiva]

chocolate (m)	шакалад (м)	[ʃaka'lat]
de chocolate	шакаладны	[ʃaka'ladnɹ]
bala (f)	цукерка (ж)	[tsu'kerka]
doce (bolo pequeno)	пірожнае (н)	[pi'roʒnae]
bolo (m) de aniversário	торт (м)	['tort]

torta (f)	пірог (м)	[pi'roĥ]
recheio (m)	начынка (ж)	[na'tʃinka]

geleia (m)	варэнне (н)	[va'rɛnne]
marmelada (f)	мармелад (м)	[marme'lat]
wafers (m pl)	вафлі (ж мн)	['vafli]
sorvete (m)	марожанае (н)	[ma'roʒanae]

46. Pratos cozinhados

prato (m)	страва (ж)	['strava]
cozinha (~ portuguesa)	кухня (ж)	['kuhnɹa]
receita (f)	рэцэпт (м)	[rɛ'tsɛpt]
porção (f)	порцыя (ж)	['portsɹa]

salada (f)	салата (ж)	[sa'lata]
sopa (f)	суп (м)	['sup]
caldo (m)	булён (м)	[bu'lʲon]

sanduíche (m)	бутэрброд (м)	[butɛr'brɔt]
ovos (m pl) fritos	яечня (ж)	[ʲa'etʃnʲa]

hambúrguer (m)	гамбургер (м)	['ɦamburɦer]
bife (m)	біфштэкс (м)	[bif'ʃtɛks]

acompanhamento (m)	гарнір (м)	[ɦar'nir]
espaguete (m)	спагеці (мн)	[spa'ɦetsi]
purê (m) de batata	бульб'яное пюрэ (н)	[bulʲbʲa'nɔe pʉ'rɛ]
pizza (f)	піца (ж)	['pitsa]
mingau (m)	каша (ж)	['kaʃa]
omelete (f)	амлет (м)	[am'let]

fervido (adj)	вараны	['varani]
defumado (adj)	вэнджаны	['vɛndʒani]
frito (adj)	смажаны	['smaʒani]
seco (adj)	сушаны	['suʃani]
congelado (adj)	замарожаны	[zama'rɔʒani]
em conserva (adj)	марынаваны	[marina'vani]

doce (adj)	салодкі	[sa'lɔtki]
salgado (adj)	салёны	[sa'lʲoni]
frio (adj)	халодны	[ha'lɔdni]
quente (adj)	гарачы	[ɦa'ratʃi]
amargo (adj)	горкі	['ɦɔrki]
gostoso (adj)	смачны	['smatʃni]

cozinhar em água fervente	варыць	[va'ritsʲ]
preparar (vt)	гатаваць	[ɦata'vatsʲ]
fritar (vt)	смажыць	['smaʒitsʲ]
aquecer (vt)	разаграваць	[razaɦra'vatsʲ]

salgar (vt)	саліць	[sa'litsʲ]
apimentar (vt)	перчыць	['pertʃitsʲ]
ralar (vt)	драць	['dratsʲ]
casca (f)	лупіна (ж)	[lu'pina]
descascar (vt)	абіраць	[abi'ratsʲ]

47. Especiarias

sal (m)	соль (ж)	['sɔlʲ]
salgado (adj)	салёны	[sa'lʲoni]
salgar (vt)	саліць	[sa'litsʲ]

pimenta-do-reino (f)	чорны перац (м)	['tʃɔrni 'perats]
pimenta (f) vermelha	чырвоны перац (м)	[tʃir'vɔni 'perats]
mostarda (f)	гарчыца (ж)	[ɦar'tʃitsa]
raiz-forte (f)	хрэн (м)	['hrɛn]

condimento (m)	прыправа (ж)	[prip'rava]
especiaria (f)	духмяная спецыя (ж)	[duh'mʲanaʲa 'spetsiʲa]
molho (~ inglês)	соус (м)	['sɔus]
vinagre (m)	воцат (м)	['vɔtsat]
anis estrelado (m)	аніс (м)	[a'nis]

manjericão (m)	базілік (м)	[bazi'lik]
cravo (m)	гваздзіка (ж)	[ɦvazʲ'ʣika]
gengibre (m)	імбір (м)	[im'bir]
coentro (m)	каляндра (ж)	[ka'lʲandra]
canela (f)	карыца (ж)	[ka'ritsa]

gergelim (m)	кунжут (м)	[kun'ʒut]
folha (f) de louro	лаўровы ліст (м)	[law'rovɨ 'list]
páprica (f)	папрыка (ж)	['paprika]
cominho (m)	кмен (м)	['kmen]
açafrão (m)	шафран (м)	[ʃaf'ran]

48. Refeições

| comida (f) | ежа (ж) | ['eʒa] |
| comer (vt) | есці | ['esʲtsi] |

café (m) da manhã	сняданак (м)	[snʲa'danak]
tomar café da manhã	снедаць	['snedatsʲ]
almoço (m)	абед (м)	[a'bet]
almoçar (vi)	абедаць	[a'bedatsʲ]
jantar (m)	вячэра (ж)	[vʲa'tʃɛra]
jantar (vi)	вячэраць	[vʲa'tʃɛratsʲ]

| apetite (m) | апетыт (м) | [ape'tit] |
| Bom apetite! | Смачна есці! | [smatʃna 'esʲtsi] |

abrir (~ uma lata, etc.)	адкрываць	[atkri'vatsʲ]
derramar (~ líquido)	разліць	[raz'litsʲ]
derramar-se (vr)	разліцца	[raz'litsa]

ferver (vi)	кіпець	[ki'petsʲ]
ferver (vt)	кіпяціць	[kipʲa'tsitsʲ]
fervido (adj)	кіпячоны	[kipʲa'tʃonɨ]
esfriar (vt)	астудзіць	[astu'ʣitsʲ]
esfriar-se (vr)	астуджвацца	[as'tuʤvatsa]

| sabor, gosto (m) | смак (м) | ['smak] |
| fim (m) de boca | прысмак (м) | ['prismak] |

emagrecer (vi)	худзець	[hu'ʣetsʲ]
dieta (f)	дыета (ж)	[di'eta]
vitamina (f)	вітамін (м)	[vita'min]
caloria (f)	калорыя (ж)	[ka'lorʲa]

| vegetariano (m) | вегетарыянец (м) | [veɦetariʲanets] |
| vegetariano (adj) | вегетарыянскі | [veɦetariʲanski] |

gorduras (f pl)	тлушчы (м мн)	[tlu'ʃɕi]
proteínas (f pl)	бялкі (м мн)	[bʲal'ki]
carboidratos (m pl)	вугляводы (м мн)	[vuɦlʲa'vodɨ]
fatia (~ de limão, etc.)	лустачка (ж)	['lustatʃka]
pedaço (~ de bolo)	кавалак (м)	[ka'valak]
migalha (f), farelo (m)	крошка (ж)	['kroʃka]

49. Por a mesa

colher (f)	лыжка (ж)	['liʃka]
faca (f)	нож (м)	['nɔʃ]
garfo (m)	відэлец (м)	[vi'dɛlets]

xícara (f)	кубак (м)	['kubak]
prato (m)	талерка (ж)	[ta'lerka]
pires (m)	сподак (м)	['spɔdak]
guardanapo (m)	сурвэтка (ж)	[sur'vɛtka]
palito (m)	зубачыстка (ж)	[zuba'tʃistka]

50. Restaurante

restaurante (m)	рэстаран (м)	[rɛsta'ran]
cafeteria (f)	кавярня (ж)	[ka'vʲarnʲa]
bar (m), cervejaria (f)	бар (м)	['bar]
salão (m) de chá	чайны салон (м)	['tʃajnɨ sa'lɔn]

garçom (m)	афіцыянт (м)	[afitsɨ'ʲant]
garçonete (f)	афіцыянтка (ж)	[afitsɨ'ʲantka]
barman (m)	бармэн (м)	[bar'mɛn]

cardápio (m)	меню (н)	[me'nʉ]
lista (f) de vinhos	карта (ж) вінаў	['karta 'vinaw]
reservar uma mesa	забраніраваць столік	[zabra'niravatsʲ 'stɔlik]

prato (m)	страва (ж)	['strava]
pedir (vt)	заказаць	[zaka'zatsʲ]
fazer o pedido	зрабіць заказ	[zra'bitsʲ za'kas]

aperitivo (m)	аперытыў (м)	[aperɨ'tɨw]
entrada (f)	закуска (ж)	[za'kuska]
sobremesa (f)	дэсерт (м)	[dɛ'sert]

conta (f)	рахунак (м)	[ra'hunak]
pagar a conta	аплаціць рахунак	[apla'tsitsʲ ra'hunak]
dar o troco	даць рэшту	['datsʲ 'rɛʃtu]
gorjeta (f)	чаявыя (мн)	[tʃaʲa'vʲʲa]

Família, parentes e amigos

51. Informação pessoal. Formulários

nome (m)	імя (н)	[i'mʲa]
sobrenome (m)	прозвішча (н)	['prozʲviʃɕa]
data (f) de nascimento	дата (ж) нараджэння	['data nara'dʒɛnnʲa]
local (m) de nascimento	месца (н) нараджэння	['mesʲtsa nara'dʒɛnnʲa]
nacionalidade (f)	нацыянальнасць (ж)	[natsʲiʲa'nalʲnastsʲ]
lugar (m) de residência	месца (н) жыхарства	['mesʲtsa ʒiʲ'harstva]
país (m)	краіна (ж)	[kra'ina]
profissão (f)	прафесія (ж)	[pra'fesiʲa]
sexo (m)	пол (м)	['pol]
estatura (f)	рост (м)	['rost]
peso (m)	вага (ж)	[va'ɦa]

52. Membros da família. Parentes

mãe (f)	маці (ж)	['matsi]
pai (m)	бацька (м)	['batsʲka]
filho (m)	сын (м)	['sin]
filha (f)	дачка (ж)	[datʃ'ka]
caçula (f)	малодшая дачка (ж)	[ma'lotʃaʲa datʃ'ka]
caçula (m)	малодшы сын (м)	[ma'lotʃɨ 'sin]
filha (f) mais velha	старэйшая дачка (ж)	[sta'rɛjʃaʲa datʃ'ka]
filho (m) mais velho	старэйшы сын (м)	[sta'rɛjʃɨ 'sin]
irmão (m)	брат (м)	['brat]
irmão (m) mais velho	старшы брат (м)	['starʃɨ 'brat]
irmão (m) mais novo	меншы брат (м)	['menʃɨ 'brat]
irmã (f)	сястра (ж)	[sʲast'ra]
irmã (f) mais velha	старшая сястра (ж)	['starʃaʲa sʲas'tra]
irmã (f) mais nova	малодшая сястра (ж)	[ma'lotʃaʲa sʲas'tra]
primo (m)	стрыечны брат (м)	[stri'etʃnɨ 'brat]
prima (f)	стрыечная сястра (ж)	[stri'etʃnaʲa sʲas'tra]
mamãe (f)	мама (ж)	['mama]
papai (m)	тата (м)	['tata]
pais (pl)	бацькі (мн)	[batsʲ'ki]
criança (f)	дзіця (н)	[dzi'tsʲa]
crianças (f pl)	дзеці (н мн)	['dzetsi]
avó (f)	бабуля (ж)	[ba'bulʲa]
avô (m)	дзядуля (м)	[dzʲa'dulʲa]
neto (m)	унук (м)	[u'nuk]

neta (f)	унучка (ж)	[u'nutʃka]
netos (pl)	унукі (м мн)	[u'nuki]
tio (m)	дзядзька (м)	['dzʲatsʲka]
tia (f)	цётка (ж)	['tsʲotka]
sobrinho (m)	пляменнік (м)	[plʲa'mennik]
sobrinha (f)	пляменніца (ж)	[plʲa'mennitsa]
sogra (f)	цешча (ж)	['tseʃça]
sogro (m)	свёкар (м)	['svʲokar]
genro (m)	зяць (м)	['zʲatsʲ]
madrasta (f)	мачаха (ж)	['matʃaha]
padrasto (m)	айчым (м)	[aj'tʃim]
criança (f) de colo	грудное дзіця (н)	[ɦrud'nɔe dzi'tsʲa]
bebê (m)	немаўля (н)	[nemaw'lʲa]
menino (m)	малыш (м)	[ma'liʃ]
mulher (f)	жонка (ж)	['ʒɔnka]
marido (m)	муж (м)	['muʃ]
esposo (m)	муж (м)	['muʃ]
esposa (f)	жонка (ж)	['ʒɔnka]
casado (adj)	жанаты	[ʒa'nati]
casada (adj)	замужняя	[za'muʒnæʲa]
solteiro (adj)	халасты	[halas'ti]
solteirão (m)	халасцяк (м)	[halas'tsʲak]
divorciado (adj)	разведзены	[raz'vedzeni]
viúva (f)	удава (ж)	[u'dava]
viúvo (m)	удавец (м)	[uda'vets]
parente (m)	сваяк (м)	[sva'ʲak]
parente (m) próximo	блізкі сваяк (м)	[bliski sva'ʲak]
parente (m) distante	далёкі сваяк (м)	[da'lʲoki sva'ʲak]
parentes (m pl)	сваякі (м мн)	[svaʲa'ki]
órfão (m), órfã (f)	сірата (м, ж)	[sira'ta]
tutor (m)	апякун (м)	[apʲa'kun]
adotar (um filho)	усынавіць	[usina'vitsʲ]
adotar (uma filha)	удачарыць	[udatʃa'ritsʲ]

53. Amigos. Colegas de trabalho

amigo (m)	сябар (м)	['sʲabar]
amiga (f)	сяброўка (ж)	[sʲab'rowka]
amizade (f)	сяброўства (н)	[sʲab'rɔwstva]
ser amigos	сябраваць	[sʲabra'vatsʲ]
amigo (m)	прыяцель (м)	['priʲatselʲ]
amiga (f)	прыяцелька (ж)	['priʲatselʲka]
parceiro (m)	партнёр (м)	[part'nʲor]
chefe (m)	шэф (м)	['ʃɛf]
superior (m)	начальнік (м)	[na'tʃalʲnik]

proprietário (m)	уладальнік (м)	[ula'dalʲnik]
subordinado (m)	падначалены (м)	[padna'tʃaleni]
colega (m, f)	калега (м, ж)	[ka'leɦa]

conhecido (m)	знаёмы (м)	[zna'ⁱomi]
companheiro (m) de viagem	спадарожнік (м)	[spada'rɔʒnik]
colega (m) de classe	аднакласнік (м)	[adna'klasnik]

vizinho (m)	сусед (м)	[su'set]
vizinha (f)	суседка (ж)	[su'setka]
vizinhos (pl)	суседзі (м мн)	[su'sedzi]

54. Homem. Mulher

mulher (f)	жанчына (ж)	[ʒan'tʃina]
menina (f)	дзяўчына (ж)	[dzʲaw'tʃina]
noiva (f)	нявеста (ж)	[nʲa'vesta]

bonita, bela (adj)	прыгожая	[pri'ɦɔʒaʲa]
alta (adj)	высокая	[vi'sɔkaʲa]
esbelta (adj)	стройная	['strɔjnaʲa]
baixa (adj)	невысокага росту	[nevi'sɔkaɦa 'rɔstu]

loira (f)	бландзінка (ж)	[blan'dzinka]
morena (f)	брунетка (ж)	[bru'netka]

de senhora	дамскі	['damski]
virgem (f)	нявінніца (ж)	[nʲa'vinnitsa]
grávida (adj)	цяжарная	[tsʲa'ʒarnaʲa]

homem (m)	мужчына (м)	[mu'ʃɕina]
loiro (m)	бландзін (м)	[blan'dzin]
moreno (m)	брунет (м)	[bru'net]
alto (adj)	высокі	[vi'sɔki]
baixo (adj)	невысокага росту	[nevi'sɔkaɦa 'rɔstu]

rude (adj)	грубы	['ɦrubi]
atarracado (adj)	каржакаваты	[karʒaka'vati]
robusto (adj)	дужы	['duʒi]
forte (adj)	моцны	['mɔtsni]
força (f)	сіла (ж)	['sila]

gordo (adj)	поўны	['pɔwni]
moreno (adj)	смуглы	['smuɦli]
esbelto (adj)	стройны	['strɔjni]
elegante (adj)	элегантны	[ɛle'ɦantni]

55. Idade

idade (f)	узрост (м)	[uz'rɔst]
juventude (f)	юнацтва (н)	[ɥ'natstva]
jovem (adj)	малады	[mala'di]

| mais novo (adj) | маладзейшы за | [mala'dzejʃi za] |
| mais velho (adj) | старэйшы за | [sta'rɛjʃi za] |

jovem (m)	юнак (м)	[ʉ'nak]
adolescente (m)	падлетак (м)	[pad'letak]
rapaz (m)	хлопец (м)	['hlɔpeʦ]

| velho (m) | стары (м) | [sta'ri] |
| velha (f) | старая (ж) | [sta'raʲa] |

adulto	дарослы	[da'rɔsli]
de meia-idade	сярэдніх гадоў	[sʲa'rɛdnih ha'dɔw]
idoso, de idade (adj)	пажылы	[paʒi'li]
velho (adj)	стары	[sta'ri]

aposentadoria (f)	пенсія (ж)	['pensiʲa]
aposentar-se (vr)	пайсці на пенсію	[pajs'ʦi na 'pensiʉ]
aposentado (m)	пенсіянер (м)	[pensiʲa'ner]

56. Crianças

criança (f)	дзіця (н)	[dzi'ʦʲa]
crianças (f pl)	дзеці (н мн)	['dzeʦi]
gêmeos (m pl), gêmeas (f pl)	блізняты (н мн)	[bliz'nʲati]

berço (m)	калыска (ж)	[ka'liska]
chocalho (m)	бразготка (ж)	[braz'hɔtka]
fralda (f)	падгузак (м)	[pad'ɦuzak]

chupeta (f), bico (m)	соска (ж)	['sɔska]
carrinho (m) de bebê	каляска (ж)	[ka'lʲaska]
jardim (m) de infância	дзіцячы сад (м)	[dzi'ʦʲatʃi 'sat]
babysitter, babá (f)	нянька (ж)	['nʲanʲka]

infância (f)	дзяцінства (н)	[dzʲa'ʦinstva]
boneca (f)	лялька (ж)	['lʲalʲka]
brinquedo (m)	цацка (ж)	['ʦaʦka]
jogo (m) de montar	канструктар (м)	[kan'struktar]

bem-educado (adj)	выхаваны	['vihavani]
malcriado (adj)	нявыхаваны	[nʲa'vihavani]
mimado (adj)	распешчаны	[ras'peʃʦani]

ser travesso	дурэць	[du'rɛʦʲ]
travesso, traquinas (adj)	дураслівы	[duras'livi]
travessura (f)	свавольства (н)	[sva'vɔlʲstva]
criança (f) travessa	гарэза (ж)	[ɦa'rɛza]

| obediente (adj) | паслухмяны | [pasluh'mʲani] |
| desobediente (adj) | непаслухмяны | [nepasluh'mʲani] |

dócil (adj)	разумны	[ra'zumni]
inteligente (adj)	разумны	[ra'zumni]
prodígio (m)	вундэркінд (м)	[vundɛr'kint]

57. Casais. Vida de família

beijar (vt)	цалаваць	[tsala'vatsʲ]
beijar-se (vr)	цалавацца	[tsala'vatsa]
família (f)	сям'я (ж)	[sʲa'mʲʲa]
familiar (vida ~)	сямейны	[sʲa'mejni]
casal (m)	пара (ж)	['para]
matrimônio (m)	шлюб (м)	['ʃlʉp]
lar (m)	хатні ачаг (м)	['hatni a'tʃaɦ]
dinastia (f)	дынастыя (ж)	[di'nastiʲa]

| encontro (m) | спатканне (н) | [spat'kanne] |
| beijo (m) | пацалунак (м) | [patsa'lunak] |

amor (m)	каханне (н)	[ka'hanne]
amar (pessoa)	кахаць	[ka'hatsʲ]
amado, querido (adj)	каханы	[ka'hani]

ternura (f)	пяшчота (ж)	[pʲa'ʃɕɔta]
afetuoso (adj)	пяшчотны	[pʲa'ʃɕɔtni]
fidelidade (f)	вернасць (ж)	['vernastsʲ]
fiel (adj)	верны	['verni]
cuidado (m)	клопат (м)	['klɔpat]
carinhoso (adj)	клапатлівы	[klapat'livi]

recém-casados (pl)	маладыя (мн)	[mala'diʲa]
lua (f) de mel	мядовы месяц (м)	[mʲa'dɔvi 'mesʲats]
casar-se (com um homem)	выйсці замуж	[vijsʲtsi 'zamuʃ]
casar-se (com uma mulher)	ажаніцца	[aʒa'nitsa]

casamento (m)	вяселле (н)	[vʲa'selle]
bodas (f pl) de ouro	залатое вяселле (н)	[zala'tɔe vʲa'selle]
aniversário (m)	гадавіна (ж)	[ɦada'vina]

| amante (m) | палюбоўнік (м) | [palʉ'bɔwnik] |
| amante (f) | палюбоўніца (ж) | [palʉ'bɔwnitsa] |

adultério (m), traição (f)	здрада (ж)	['zdrada]
cometer adultério	здрадзіць	['zdradzitsʲ]
ciumento (adj)	раўнівы	[raw'nivi]
ser ciumento, -a	раўнаваць	[rawna'vatsʲ]
divórcio (m)	развод (м)	[raz'vɔt]
divorciar-se (vr)	развесціся	[raz'vesʲtsisʲa]

brigar (discutir)	сварыцца	[sva'ritsa]
fazer as pazes	мірыцца	[mi'ritsa]
juntos (ir ~)	разам	['razam]
sexo (m)	сэкс (м)	['sɛks]

felicidade (f)	шчасце (н)	['ʃɕasʲtse]
feliz (adj)	шчаслівы	[ʃɕas'livi]
infelicidade (f)	няшчасце (н)	[nʲa'ʃɕasʲtse]
infeliz (adj)	няшчасны	[nʲa'ʃɕasni]

Caráter. Sentimentos. Emoções

58. Sentimentos. Emoções

sentimento (m)	пачуццё (н)	[paˈtʃuˈtsʲo]
sentimentos (m pl)	пачуцці (н мн)	[paˈtʃutsi]
sentir (vt)	адчуваць	[atʃuˈvatsʲ]
fome (f)	голад (м)	[ˈɦɔlat]
ter fome	хацець есці	[haˈtsetsʲ ˈesʲtsi]
sede (f)	смага (ж)	[ˈsmaɦa]
ter sede	хацець піць	[haˈtsetsʲ ˈpitsʲ]
sonolência (f)	санлівасць (ж)	[sanˈlivastsʲ]
estar sonolento	хацець спаць	[haˈtsetsʲ ˈspatsʲ]
cansaço (m)	стомленасць (ж)	[ˈstɔmlenastsʲ]
cansado (adj)	стомлены	[ˈstɔmlenɨ]
ficar cansado	стаміцца	[staˈmitsa]
humor (m)	настрой (м)	[naˈstrɔj]
tédio (m)	сум (м)	[ˈsum]
entediar-se (vr)	сумаваць	[sumaˈvatsʲ]
reclusão (isolamento)	самота (ж)	[saˈmɔta]
isolar-se (vr)	адасобіцца	[adaˈsɔbitsa]
preocupar (vt)	непакоіць	[nepaˈkɔitsʲ]
estar preocupado	непакоіцца	[nepaˈkɔitsa]
preocupação (f)	неспакой (м)	[nespaˈkɔj]
ansiedade (f)	трывога (ж)	[triˈvɔɦa]
preocupado (adj)	заклапочаны	[zaklaˈpɔtʃanɨ]
estar nervoso	нервавацца	[nervaˈvatsa]
entrar em pânico	панікаваць	[panikaˈvatsʲ]
esperança (f)	надзея (ж)	[naˈdzeʲa]
esperar (vt)	спадзявацца	[spadzʲaˈvatsa]
certeza (f)	упэўненасць (ж)	[uˈpɛwnenastsʲ]
certo, seguro de ...	упэўнены	[uˈpɛwnenɨ]
indecisão (f)	няўпэўненасць (ж)	[nʲawˈpɛwnenastsʲ]
indeciso (adj)	няўпэўнены	[nʲawˈpɛwnenɨ]
bêbado (adj)	п'яны	[ˈpʲʲanɨ]
sóbrio (adj)	цвярозы	[tsvʲaˈrɔzi]
fraco (adj)	слабы	[ˈslabɨ]
feliz (adj)	шчаслівы	[ʃʧasˈlivɨ]
assustar (vt)	напалохаць	[napaˈlɔhatsʲ]
fúria (f)	шаленства (н)	[ʃaˈlenstva]
ira, raiva (f)	лютасць (ж)	[ˈlʲutastsʲ]
depressão (f)	дэпрэсія (ж)	[dɛˈprɛsiʲa]
desconforto (m)	дыскамфорт (м)	[diskamˈfɔrt]

conforto (m)	камфорт (м)	[kam'fɔrt]
arrepender-se (vr)	шкадаваць	[ʃkada'vatsʲ]
arrependimento (m)	шкадаванне (н)	[ʃkada'vanne]
azar (m), má sorte (f)	нешанцаванне (н)	[neʃantsa'vanne]
tristeza (f)	засмучэнне (н)	[zasmu'ʧɛnne]

vergonha (f)	сорам (м)	['sɔram]
alegria (f)	весялосць (ж)	[vesʲa'lɔstsʲ]
entusiasmo (m)	энтузіязм (м)	[ɛntuziʲazm]
entusiasta (m)	энтузіяст (м)	[ɛntuziʲast]
mostrar entusiasmo	праявіць энтузіязм	[praʲa'vitsʲ ɛntuziʲazm]

59. Caráter. Personalidade

caráter (m)	характар (м)	[ha'raktar]
falha (f) de caráter	недахоп (м)	[neda'hɔp]
mente, razão (f)	розум (м)	['rɔzum]

consciência (f)	сумленне (н)	[sum'lenne]
hábito, costume (m)	звычка (ж)	['zviʧka]
habilidade (f)	здольнасць (ж)	['zdolʲnastsʲ]
saber (~ nadar, etc.)	умець	[u'metsʲ]

paciente (adj)	цярплівы	[tsʲarp'livi]
impaciente (adj)	нецярплівы	[netsʲarp'livi]
curioso (adj)	цікаўны	[tsi'kawni]
curiosidade (f)	цікаўнасць (ж)	[tsi'kawnastsʲ]

modéstia (f)	сціпласць (ж)	['sʲtsiplastsʲ]
modesto (adj)	сціплы	['sʲtsipli]
imodesto (adj)	нясціплы	[nʲa'sʲtsipli]

preguiça (f)	лянота (ж)	[lʲa'nɔta]
preguiçoso (adj)	гультаяваты	[ɦulʲtaʲa'vati]
preguiçoso (m)	гультай (м)	[ɦulʲ'taj]

astúcia (f)	хітрасць (ж)	['hitrastsʲ]
astuto (adj)	хітры	['hitri]
desconfiança (f)	недавер (м)	[neda'ver]
desconfiado (adj)	недаверлівы	[neda'verlivi]

generosidade (f)	шчодрасць (ж)	['ʃʧɔdrastsʲ]
generoso (adj)	шчодры	['ʃʧɔdri]
talentoso (adj)	таленавіты	[talena'viti]
talento (m)	талент (м)	['talent]

corajoso (adj)	смелы	['smeli]
coragem (f)	смеласць (ж)	['smelastsʲ]
honesto (adj)	сумленны	[sum'lenni]
honestidade (f)	сумленнасць (ж)	[sum'lennastsʲ]

prudente, cuidadoso (adj)	асцярожны	[astsʲa'rɔʒni]
valoroso (adj)	адважны	[ad'vaʒni]
sério (adj)	сур'ёзны	[su'rʲʲɔzni]

severo (adj)	строгі	['strɔɦi]
decidido (adj)	рашучы	[ra'ʃutʃi]
indeciso (adj)	нерашучы	[nera'ʃutʃi]
tímido (adj)	нясмелы	[nʲa'smeli]
timidez (f)	нясмеласць (ж)	[nʲa'smelastsʲ]

confiança (f)	давер (м)	[da'ver]
confiar (vt)	верыць	['veritsʲ]
crédulo (adj)	даверлівы	[da'verlivi]

sinceramente	чыстасардэчна	[tʃistasar'dɛtʃna]
sincero (adj)	чыстасардэчны	[tʃistasar'dɛtʃni]
sinceridade (f)	чыстасардэчнасць (ж)	[tʃistasar'dɛtʃnastsʲ]
aberto (adj)	адкрыты	[at'kriti]

calmo (adj)	ціхі	['tsihi]
franco (adj)	шчыры	['ʃɕiri]
ingênuo (adj)	наіўны	[na'iwni]
distraído (adj)	рассеяны	[ras'seʲani]
engraçado (adj)	смешны	['smeʃni]

ganância (f)	прагнасць (ж)	['praɦnastsʲ]
ganancioso (adj)	прагны	['praɦni]
avarento, sovina (adj)	скупы	[sku'pi]
mal (adj)	злы	['zli]
teimoso (adj)	упарты	[u'parti]
desagradável (adj)	непрыемны	[nepri'emni]

egoísta (m)	эгаіст (м)	[ɛɦa'ist]
egoísta (adj)	эгаістычны	[ɛɦais'titʃni]
covarde (m)	баязлівец (м)	[baʲaz'livets]
covarde (adj)	баязлівы	[baʲaz'livi]

60. O sono. Sonhos

dormir (vi)	спаць	['spatsʲ]
sono (m)	сон (м)	['sɔn]
sonho (m)	сон (м)	['sɔn]
sonhar (ver sonhos)	сніць сны	[snitsʲ 'sni]
sonolento (adj)	сонны	['sɔnni]

cama (f)	ложак (м)	['lɔʒak]
colchão (m)	матрац (м)	[mat'rats]
cobertor (m)	коўдра (ж)	['kɔwdra]
travesseiro (m)	падушка (ж)	[pa'duʃka]
lençol (m)	прасціна (ж)	[prasʲtsi'na]

insônia (f)	бяссонніца (ж)	[bʲas'sɔnnitsa]
sem sono (adj)	бяссонны	[bʲas'sɔnni]
sonífero (m)	снатворнае (н)	[snat'vɔrnae]
tomar um sonífero	прыняць снатворнае	[pri'nʲatsʲ snat'vɔrnae]

| estar sonolento | хацець спаць | [ha'tsetsʲ 'spatsʲ] |
| bocejar (vi) | пазяхаць | [pazʲa'hatsʲ] |

ir para a cama	ісці спаць	[is'tsi 'spatsʲ]
fazer a cama	слаць пасцель	[slatsʲ pas'tselʲ]
adormecer (vi)	заснуць	[zas'nutsʲ]

pesadelo (m)	кашмар (м)	[kaʃ'mar]
ronco (m)	храп (м)	['hrap]
roncar (vi)	храпці	[hrap'tsi]

despertador (m)	будзільнік (м)	[bu'dzilʲnik]
acordar, despertar (vt)	разбудзіць	[razbu'dzitsʲ]
acordar (vi)	прачынацца	[pratʃi'natsa]
levantar-se (vr)	уставаць	[usta'vatsʲ]
lavar-se (vr)	умывацца	[umi'vatsa]

61. Humor. Riso. Alegria

humor (m)	гумар (м)	['humar]
senso (m) de humor	пачуццё (н)	[patʃu'tsʲo]
divertir-se (vr)	весяліцца	[vesʲa'litsa]
alegre (adj)	вясёлы	[vʲa'sʲoli]
diversão (f)	весялосць (ж)	[vesʲa'lostsʲ]

sorriso (m)	усмешка (ж)	[us'meʃka]
sorrir (vi)	усміхацца	[usmi'hatsa]
começar a rir	засмяяцца	[zasmæ'ʲatsa]
rir (vi)	смяяцца	[smæ'ʲatsa]
riso (m)	смех (м)	['smeh]

anedota (f)	анекдот (м)	[aneh'dot]
engraçado (adj)	смешны	['smeʃni]
ridículo, cômico (adj)	смешны	['smeʃni]

brincar (vi)	жартаваць	[ʒarta'vatsʲ]
piada (f)	жарт (м)	['ʒart]
alegria (f)	радасць (ж)	['radastsʲ]
regozijar-se (vr)	радавацца	['radavatsa]
alegre (adj)	радасны	['radasni]

62. Discussão, conversação. Parte 1

comunicação (f)	зносіны (мн)	['znɔsini]
comunicar-se (vr)	мець зносіны	['metsʲ 'znɔsini]

conversa (f)	размова (ж)	[raz'mɔva]
diálogo (m)	дыялог (м)	[dʲa'lɔh]
discussão (f)	дыскусія (ж)	[dis'kusʲa]
debate (m)	спрэчка (ж)	['sprɛtʃka]
debater (vt)	спрачацца	[spra'tʃatsa]

interlocutor (m)	суразмоўца (м)	[suraz'mɔwtsa]
tema (m)	тэма (ж)	['tɛma]
ponto (m) de vista	пункт (м) погляду	['punkt 'pɔhlʲadu]

opinião (f)	меркаванне (н)	[merka'vanne]
discurso (m)	прамова (ж)	[pra'mɔva]
discussão (f)	абмеркаванне (н)	[abmerka'vanne]
discutir (vt)	абмяркоўваць	[abmʲar'kɔwvatsʲ]
conversa (f)	гутарка (ж)	['ɦutarka]
conversar (vi)	гутарыць	['ɦutaritsʲ]
reunião (f)	сустрэча (ж)	[sus'trɛtʃa]
encontrar-se (vr)	сустракацца	[sustra'katsa]
provérbio (m)	прыказка (ж)	['prikaska]
ditado, provérbio (m)	прымаўка (ж)	['primawka]
adivinha (f)	загадка (ж)	[za'ɦatka]
dizer uma adivinha	загадваць загадку	[za'ɦadvatsʲ za'ɦatku]
senha (f)	пароль (м)	[pa'rɔlʲ]
segredo (m)	сакрэт (м)	[sak'rɛt]
juramento (m)	клятва (ж)	['klʲatva]
jurar (vi)	клясціся	['klʲastsisʲa]
promessa (f)	абяцанне (н)	[abʲa'tsanne]
prometer (vt)	абяцаць	[abʲa'tsatsʲ]
conselho (m)	парада (ж)	[pa'rada]
aconselhar (vt)	раіць	['raitsʲ]
seguir o conselho	прытрымлівацца парады	[pri'trimlivatstsa pa'radi]
escutar (~ os conselhos)	слухацца …	['sluhatsa …]
novidade, notícia (f)	навіна (ж)	[navi'na]
sensação (f)	сенсацыя (ж)	[sen'satsiʲa]
informação (f)	звесткі (ж мн)	['zʲvestki]
conclusão (f)	выснова (ж)	[vis'nɔva]
voz (f)	голас (м)	['ɦɔlas]
elogio (m)	камплімент (м)	[kampli'ment]
amável, querido (adj)	ласкавы	[las'kavi]
palavra (f)	слова (н)	['slɔva]
frase (f)	фраза (ж)	['fraza]
resposta (f)	адказ (м)	[at'kas]
verdade (f)	праўда (ж)	['prawda]
mentira (f)	хлусня (ж)	[hlusʲ'nʲa]
pensamento (m)	думка (ж)	['dumka]
ideia (f)	ідэя (ж)	[i'dɛʲa]
fantasia (f)	фантазія (ж)	[fan'taziʲa]

63. Discussão, conversação. Parte 2

estimado, respeitado (adj)	паважаны	[pava'ʒani]
respeitar (vt)	паважаць	[pava'ʒatsʲ]
respeito (m)	павага (ж)	[pa'vaɦa]
Estimado …, Caro …	Паважаны …	[pava'ʒani …]
apresentar (alguém a alguém)	пазнаёміць	[pazna'ʲomitsʲ]

conhecer (vt)	пазнаёміцца	[pazna'ɪomitsa]
intenção (f)	намер (м)	[na'mer]
tencionar (~ fazer algo)	мець намер	['metsʲ na'mer]
desejo (de boa sorte)	пажаданне (н)	[paʒa'danne]
desejar (ex. ~ boa sorte)	пажадаць	[paʒa'datsʲ]

surpresa (f)	здзіўленне (н)	[zʲdziw'lenne]
surpreender (vt)	здзіўляць	[zʲdziw'lʲatsʲ]
surpreender-se (vr)	здзіўляцца	[zʲdziw'lʲatsa]

dar (vt)	даць	['datsʲ]
pegar (tomar)	узяць	[u'zʲatsʲ]
devolver (vt)	вярнуць	[vʲar'nutsʲ]
retornar (vt)	аддаць	[ad'datsʲ]

desculpar-se (vr)	прасіць прабачэння	[pra'sitsʲ praba'tʃɛnnʲa]
desculpa (f)	прабачэнне (н)	[praba'tʃɛnne]
perdoar (vt)	выбачаць	[viba'tʃatsʲ]

falar (vi)	размаўляць	[razmaw'lʲatsʲ]
escutar (vt)	слухаць	['sluhatsʲ]
ouvir até o fim	выслухаць	['visluhatsʲ]
entender (compreender)	зразумець	[zrazu'metsʲ]

mostrar (vt)	паказаць	[paka'zatsʲ]
olhar para ...	глядзець на ...	[hlʲa'dzetsʲ na ...]
chamar (alguém para ...)	паклікаць	[pa'klikatsʲ]
perturbar, distrair (vt)	турбаваць	[turba'vatsʲ]
perturbar (vt)	замінаць	[zami'natsʲ]
entregar (~ em mãos)	перадаць	[pera'datsʲ]

pedido (m)	просьба (ж)	['prozʲba]
pedir (ex. ~ ajuda)	прасіць	[pra'sitsʲ]
exigência (f)	патрабаванне (н)	[patraba'vanne]
exigir (vt)	патрабаваць	[patraba'vatsʲ]

insultar (chamar nomes)	дражніць	[draʒ'nitsʲ]
zombar (vt)	кпіць	['kpitsʲ]
zombaria (f)	кпіны (мн)	['kpini]
alcunha (f), apelido (m)	празванне (н)	[praz'vanne]

insinuação (f)	намёк (м)	[na'mʲok]
insinuar (vt)	намякаць	[namʲa'katsʲ]
querer dizer	мець на ўвазе	['metsʲ na w'vaze]

descrição (f)	апісанне (н)	[api'sanne]
descrever (vt)	апісаць	[api'satsʲ]
elogio (m)	пахвала (ж)	[pahva'la]
elogiar (vt)	пахваліць	[pahva'litsʲ]

desapontamento (m)	расчараванне (н)	[raʃɕara'vanne]
desapontar (vt)	расчараваць	[raʃɕara'vatsʲ]
desapontar-se (vr)	расчаравацца	[raʃɕara'vatsa]

suposição (f)	дапушчэнне (н)	[dapu'ʃɕɛnne]
supor (vt)	дапускаць	[dapus'katsʲ]

advertência (f)	перасцярога (ж)	[perasʦʲaˈrɔɦa]
advertir (vt)	перасцерагчы	[perasʲʦseraɦˈʧi]

64. Discussão, conversação. Parte 3

convencer (vt)	угаварыць	[uɦavaˈriʦʲ]
acalmar (vt)	супакойваць	[supaˈkɔjvaʦʲ]

silêncio (o ~ é de ouro)	маўчанне (н)	[mawˈʧanne]
ficar em silêncio	маўчаць	[mawˈʧaʦʲ]
sussurrar (vt)	шапнуць	[ʃapˈnuʦʲ]
sussurro (m)	шэпт (м)	[ˈʃɛpt]

francamente	шчыра	[ˈʃɕira]
na minha opinião ...	на маю думку ...	[na maˈʉ ˈdumku ...]

detalhe (~ da história)	падрабязнасць (ж)	[padraˈbʲaznasʦʲ]
detalhado (adj)	падрабязны	[padraˈbʲazni]
detalhadamente	падрабязна	[padraˈbʲazna]

dica (f)	падказка (ж)	[patˈkaska]
dar uma dica	падказаць	[patkaˈzaʦʲ]

olhar (m)	позірк (м)	[ˈpɔzirk]
dar uma olhada	зірнуць	[zirˈnuʦʲ]
fixo (olhada ~a)	нерухомы	[neruˈhɔmi]
piscar (vi)	міргаць	[mirˈɦaʦʲ]
piscar (vt)	мігнуць	[miɦˈnuʦʲ]
acenar com a cabeça	кіўнуць	[kiwˈnuʦʲ]

suspiro (m)	уздых (м)	[uzˈdiɦ]
suspirar (vi)	уздыхнуць	[uzdiɦˈnuʦʲ]
estremecer (vi)	уздрыгваць	[uzˈdriɦvaʦʲ]
gesto (m)	жэст (м)	[ˈʒɛst]
tocar (com as mãos)	дакрануцца	[dakraˈnuʦsa]
agarrar (~ pelo braço)	хапаць	[haˈpaʦʲ]
bater de leve	ляпаць	[ˈlʲapaʦʲ]

Cuidado!	Асцярожна!	[asʦʲaˈrɔʒna]
Sério?	Няўжо?	[nʲawˈʒɔ]
Tem certeza?	Ты ўпэўнены?	[ti uˈpɛwneni]
Boa sorte!	Удачы!	[uˈdaʧi]
Entendi!	Зразумела!	[zrazuˈmela]
Que pena!	Шкада!	[ʃkaˈda]

65. Acordo. Recusa

consentimento (~ mútuo)	згода (ж)	[ˈzɦɔda]
consentir (vi)	згаджацца	[zɦaˈdʒaʦsa]
aprovação (f)	ухвала (ж)	[uhˈvala]
aprovar (vt)	ухваліць	[uhvaˈliʦʲ]
recusa (f)	адмова (ж)	[adˈmɔva]

negar-se a …	адмаўляцца	[admaw'lʲatsa]
Ótimo!	Выдатна!	[vi'datna]
Tudo bem!	Згода!	['zɦoda]
Está bem! De acordo!	Добра!	['dobra]

proibido (adj)	забаронены	[zaba'roneni]
é proibido	нельга	['nelʲɦa]
é impossível	немагчыма	[nemaɦ'tʃima]
incorreto (adj)	няправільны	[nʲa'pravilʲni]

rejeitar (~ um pedido)	адхіліць	[athi'litsʲ]
apoiar (vt)	падтрымаць	[pattri'matsʲ]
aceitar (desculpas, etc.)	прыняць	[pri'nʲatsʲ]

confirmar (vt)	пацвердзіць	[pats'verdzitsʲ]
confirmação (f)	пацвярджэнне (н)	[patsvʲar'dʒɛnne]
permissão (f)	дазвол (м)	[daz'vol]
permitir (vt)	дазволіць	[daz'volitsʲ]
decisão (f)	рашэнне (н)	[ra'ʃɛnne]
não dizer nada	прамаўчаць	[pramaw'tʃatsʲ]

condição (com uma ~)	умова (ж)	[u'mova]
pretexto (m)	адгаворка (ж)	[adɦa'vorka]
elogio (m)	пахвала (ж)	[pahva'la]
elogiar (vt)	пахваліць	[pahva'litsʲ]

66. Sucesso. Boa sorte. Insucesso

êxito, sucesso (m)	поспех (м)	['pospeh]
com êxito	паспяхова	[paspʲa'hova]
bem sucedido (adj)	паспяховы	[paspʲa'hovi]

sorte (fortuna)	удача (ж)	[u'datʃa]
Boa sorte!	Удачы!	[u'datʃi]
de sorte	удалы	[u'dalɨ]
sortudo, felizardo (adj)	удачлівы	[u'datʃlivi]

fracasso (m)	няўдача (ж)	[nʲaw'datʃa]
pouca sorte (f)	няўдача (ж)	[nʲaw'datʃa]
azar (m), má sorte (f)	нешанцаванне (н)	[neʃantsa'vanne]

mal sucedido (adj)	няўдалы	[nʲaw'dalɨ]
catástrofe (f)	катастрофа (ж)	[kata'strofa]

orgulho (m)	гонар (м)	['ɦonar]
orgulhoso (adj)	горды	['ɦordi]
estar orgulhoso, -a	ганарыцца	[ɦana'ritsa]

vencedor (m)	пераможца (м)	[pera'moʃtsa]
vencer (vi, vt)	перамагчы	[peramaɦ'tʃi]
perder (vt)	прайграць	[praj'ɦratsʲ]
tentativa (f)	спроба (ж)	['sproba]
tentar (vt)	спрабаваць	[spraba'vatsʲ]
chance (m)	шанец (м)	['ʃanets]

67. Conflitos. Emoções negativas

Português	Bielorrusso	Pronúncia
grito (m)	крык (м)	['krik]
gritar (vi)	крычаць	[kri'tʃatsʲ]
começar a gritar	закрычаць	[zakri'tʃatsʲ]
discussão (f)	сварка (ж)	['svarka]
brigar (discutir)	сварыцца	[sva'ritsa]
escândalo (m)	скандал (м)	[skan'dal]
criar escândalo	скандаліць	[skan'dalitsʲ]
conflito (m)	канфлікт (м)	[kan'flikt]
mal-entendido (m)	непаразуменне (н)	[neparazu'menne]
insulto (m)	абраза (ж)	[ab'raza]
insultar (vt)	абражаць	[abra'ʒatsʲ]
insultado (adj)	абражаны	[ab'raʒani]
ofensa (f)	крыўда (ж)	['kriwda]
ofender (vt)	пакрыўдзіць	[pa'kriwdzitsʲ]
ofender-se (vr)	пакрыўдзіцца	[pa'kriwdzitsa]
indignação (f)	абурэнне (н)	[abu'rɛnne]
indignar-se (vr)	абурацца	[abu'ratsa]
queixa (f)	скарга (ж)	['skarɦa]
queixar-se (vr)	скардзіцца	['skardzitsa]
desculpa (f)	прабачэнне (н)	[praba'tʃɛnne]
desculpar-se (vr)	прасіць прабачэння	[pra'sitsʲ praba'tʃɛnnʲa]
pedir perdão	перапрашаць	[perapra'ʃatsʲ]
crítica (f)	крытыка (ж)	['kritika]
criticar (vt)	крытыкаваць	[kritika'vatsʲ]
acusação (f)	абвінавачванне (н)	[abvina'vatʃvanne]
acusar (vt)	абвінавачваць	[abvina'vatʃvatsʲ]
vingança (f)	помста (ж)	['pɔmsta]
vingar (vt)	помсціць	['pɔmsʲtsitsʲ]
vingar-se de	адплаціць	[atpla'tsitsʲ]
desprezo (m)	пагарда (ж)	[pa'ɦarda]
desprezar (vt)	пагарджаць	[paɦar'dʒatsʲ]
ódio (m)	нянавісць (ж)	[nʲa'navisʲtsʲ]
odiar (vt)	ненавідзець	[nena'vidzetsʲ]
nervoso (adj)	нервовы	[ner'vɔvi]
estar nervoso	нервавацца	[nerva'vatsa]
zangado (adj)	злосны	['zlɔsni]
zangar (vt)	раззлаваць	[razzla'vatsʲ]
humilhação (f)	прыніжэнне (ж)	[prini'ʒɛnne]
humilhar (vt)	прыніжаць	[prini'ʒatsʲ]
humilhar-se (vr)	прыніжацца	[prini'ʒatsa]
choque (m)	шок (м)	['ʃɔk]
chocar (vt)	шакіраваць	[ʃa'kiravatsʲ]
aborrecimento (m)	непрыемнасць (ж)	[nepri'emnasʲtsʲ]

desagradável (adj)	непрыемны	[nepri'emni]
medo (m)	страх (м)	['strah]
terrível (tempestade, etc.)	страшэнны	[stra'ʃɛnni]
assustador (ex. história ~a)	страшны	['straʃni]
horror (m)	жах (м)	['ʒah]
horrível (crime, etc.)	жахлівы	[ʒah'livi]

começar a tremer	задрыжаць	[zadri'ʒatsʲ]
chorar (vi)	плакаць	['plakatsʲ]
começar a chorar	заплакаць	[zap'lakatsʲ]
lágrima (f)	сляза (ж)	[slʲa'za]

falta (f)	віна (ж)	[vi'na]
culpa (f)	віна (ж)	[vi'na]
desonra (f)	ганьба (ж)	['hanʲba]
protesto (m)	пратэст (м)	[pra'tɛst]
estresse (m)	стрэс (м)	['strɛs]

perturbar (vt)	турбаваць	[turba'vatsʲ]
zangar-se com …	злавацца	[zla'vatsa]
zangado (irritado)	злы	['zlɨ]
terminar (vt)	спыняць	[spɨ'nʲatsʲ]
praguejar	лаяцца	['laʲatsa]

assustar-se	палохацца	[pa'lɔhatsa]
golpear (vt)	стукнуць	['stuknutsʲ]
brigar (na rua, etc.)	біцца	['bitsa]

resolver (o conflito)	урэгуляваць	[urɛhulʲa'vatsʲ]
descontente (adj)	незадаволены	[nezada'vɔleni]
furioso (adj)	люты	['lʉti]

Não está bem!	Гэта нядобра!	['hɛta nʲa'dɔbra]
É ruim!	Гэта дрэнна!	['hɛta 'drɛnna]

Medicina

68. Doenças

doença (f)	хвароба (ж)	[hva'rɔba]
estar doente	хварэць	[hva'rɛtsⁱ]
saúde (f)	здароўе (н)	[zda'rɔwe]
nariz (m) escorrendo	насмарк (м)	['nasmark]
amigdalite (f)	ангіна (ж)	[an'ĥina]
resfriado (m)	прастуда (ж)	[pra'studa]
ficar resfriado	прастудзіцца	[prastu'dzitsa]
bronquite (f)	бранхіт (м)	[bran'hit]
pneumonia (f)	запаленне (н) лёгкіх	[zapa'lenne 'lⁱoĥkih]
gripe (f)	грып (м)	['ĥrip]
míope (adj)	блізарукі	[bliza'ruki]
presbita (adj)	дальназоркі	[dalⁱna'zɔrki]
estrabismo (m)	касавокасць (ж)	[kasa'vɔkastsⁱ]
estrábico, vesgo (adj)	касавокі	[kasa'vɔki]
catarata (f)	катаракта (ж)	[kata'rakta]
glaucoma (m)	глаўкома (ж)	[ĥlaw'kɔma]
AVC (m), apoplexia (f)	інсульт (м)	[in'sulⁱt]
ataque (m) cardíaco	інфаркт (м)	[in'farkt]
enfarte (m) do miocárdio	інфаркт (м) міякарда	[in'farkt miⁱa'karda]
paralisia (f)	параліч (м)	[para'litʃ]
paralisar (vt)	паралізаваць	[paraliza'vatsⁱ]
alergia (f)	алергія (ж)	[aler'ĥiⁱa]
asma (f)	астма (ж)	['astma]
diabetes (f)	дыябет (м)	[diⁱa'bet]
dor (f) de dente	зубны боль (м)	[zub'nɨ 'bɔlⁱ]
cárie (f)	карыес (м)	['karies]
diarreia (f)	дыярэя (ж)	[diⁱa'rɛⁱa]
prisão (f) de ventre	запор (м)	[za'pɔr]
desarranjo (m) intestinal	расстройства (н) страўніка	[ras'strɔjstva 'strawnika]
intoxicação (f) alimentar	атручванне (н)	[a'trutʃvanne]
intoxicar-se	атруціцца	[atru'tsitsa]
artrite (f)	артрыт (м)	[art'rit]
raquitismo (m)	рахіт (м)	[ra'hit]
reumatismo (m)	рэўматызм (м)	[rɛwma'tizm]
arteriosclerose (f)	атэрасклероз (м)	[atɛraskle'rɔs]
gastrite (f)	гастрыт (м)	[ĥas'trit]
apendicite (f)	апендыцыт (м)	[apendɨ'tsit]

colecistite (f)	халецыстыт (м)	[haleʦis'tit]
úlcera (f)	язва (ж)	['ʲazva]
sarampo (m)	адзёр (м)	[a'dzʲor]
rubéola (f)	краснуха (ж)	[kras'nuha]
icterícia (f)	жаўтуха (ж)	[ʒaw'tuha]
hepatite (f)	гепатыт (м)	[ɦepa'tit]
esquizofrenia (f)	шызафрэнія (ж)	[ʃizafrɛ'niʲa]
raiva (f)	шаленства (н)	[ʃa'lenstva]
neurose (f)	неўроз (м)	[new'rɔs]
contusão (f) cerebral	страсенне (н) мазгоў	[stra'senne maz'ɦɔw]
câncer (m)	рак (м)	['rak]
esclerose (f)	склероз (м)	[skle'rɔs]
esclerose (f) múltipla	рассеяны склероз (м)	[ras'seʲani skle'rɔs]
alcoolismo (m)	алкагалізм (м)	[alkaɦa'lizm]
alcoólico (m)	алкаголік (м)	[alka'ɦɔlik]
sífilis (f)	сіфіліс (м)	['sifilis]
AIDS (f)	СНІД (м)	['snit]
tumor (m)	пухліна (ж)	[puh'lina]
maligno (adj)	злаякасная	[zla'ʲakasnaʲa]
benigno (adj)	дабраякасная	[dabra'ʲakasnaʲa]
febre (f)	ліхаманка (ж)	[liha'manka]
malária (f)	малярыя (ж)	[malʲa'riʲa]
gangrena (f)	гангрэна (ж)	[ɦan'ɦrɛna]
enjoo (m)	марская хвароба (ж)	[mar'skaʲa hva'rɔba]
epilepsia (f)	эпілепсія (ж)	[ɛpi'lepsiʲa]
epidemia (f)	эпідэмія (ж)	[ɛpi'dɛmiʲa]
tifo (m)	тыф (м)	['tif]
tuberculose (f)	сухоты (мн)	[su'hɔti]
cólera (f)	халера (ж)	[ha'lera]
peste (f) bubônica	чума (ж)	[ʧu'ma]

69. Sintomas. Tratamentos. Parte 1

sintoma (m)	сімптом (м)	[simp'tɔm]
temperatura (f)	тэмпература (ж)	[tɛmpera'tura]
febre (f)	высокая тэмпература (ж)	[vi'sɔkaʲa tɛmpera'tura]
pulso (m)	пульс (м)	['pulʲs]
vertigem (f)	галавакружэнне (н)	[ɦalava'kruʒɛnne]
quente (testa, etc.)	гарачы	[ɦa'raʧi]
calafrio (m)	дрыжыкі (мн)	['driʒiki]
pálido (adj)	бледны	['bledni]
tosse (f)	кашаль (м)	['kaʃalʲ]
tossir (vi)	кашляць	['kaʃlʲaʦʲ]
espirrar (vi)	чхаць	['ʧhaʦʲ]
desmaio (m)	непрытомнасць (ж)	[nepri'tomnasʦʲ]

desmaiar (vi)	страціць прытомнасць	[stratsits pri'tomnastsʲ]
mancha (f) preta	сіняк (м)	[si'nʲak]
galo (m)	гуз (м)	['ɦus]
machucar-se (vr)	стукнуцца	['stuknutsa]
contusão (f)	выцятае месца (н)	[vitsʲatae 'mestsa]
machucar-se (vr)	выцяцца	['vitsʲatsa]

mancar (vi)	кульгаць	[kulʲ'ɦatsʲ]
deslocamento (f)	звіх (м)	['zʲvih]
deslocar (vt)	звіхнуць	[zʲvih'nutsʲ]
fratura (f)	пералом (м)	[pera'lɔm]
fraturar (vt)	атрымаць пералом	[atri'matsʲ pera'lɔm]

corte (m)	парэз (м)	[pa'rɛs]
cortar-se (vr)	парэзацца	[pa'rɛzatsa]
hemorragia (f)	крывацёк (м)	[kriva'tsʲok]

queimadura (f)	апёк (м)	[a'pʲok]
queimar-se (vr)	апячыся	[apʲa'tʃisʲa]

picar (vt)	укалоць	[uka'lɔtsʲ]
picar-se (vr)	укалоцца	[uka'lɔtsa]
lesionar (vt)	пашкодзіць	[paʃ'kɔdzitsʲ]
lesão (m)	пашкоджанне (н)	[paʃ'kɔdʒanne]
ferida (f), ferimento (m)	рана (ж)	['rana]
trauma (m)	траўма (ж)	['trawma]

delirar (vi)	трызніць	['trizʲnitsʲ]
gaguejar (vi)	заікацца	[zai'katsa]
insolação (f)	сонечны ўдар (м)	['sɔnetʃni u'dar]

70. Sintomas. Tratamentos. Parte 2

dor (f)	боль (м)	['bɔlʲ]
farpa (no dedo, etc.)	стрэмка (ж)	['strɛmka]

suor (m)	пот (м)	['pɔt]
suar (vi)	пацець	[pa'tsetsʲ]
vômito (m)	ваніты (мн)	[va'niti]
convulsões (f pl)	сутаргі (ж мн)	['sutarɦi]

grávida (adj)	цяжарная	[tsʲa'ʒarnaʲa]
nascer (vi)	нарадзіцца	[nara'dzitsa]
parto (m)	роды (мн)	['rɔdi]
dar à luz	нараджаць	[nara'dʒatsʲ]
aborto (m)	аборт (м)	[a'bɔrt]

respiração (f)	дыханне (н)	[di'hanne]
inspiração (f)	удых (м)	[u'dih]
expiração (f)	выдых (м)	['vidih]
expirar (vi)	выдыхнуць	['vidihnutsʲ]
inspirar (vi)	зрабіць удых	[zra'bitsʲ u'dih]
inválido (m)	інвалід (м)	[inva'lit]
aleijado (m)	калека (м, ж)	[ka'leka]

drogado (m)	наркаман (м)	[narka'man]
surdo (adj)	глухі	[ɦlu'hi]
mudo (adj)	нямы	[nʲa'mɨ]
surdo-mudo (adj)	глуханямы	[ɦluhanʲa'mi]

louco, insano (adj)	звар'яцелы	[zvarʲa'tseli]
louco (m)	вар'ят (м)	[va'rʲat]
louca (f)	вар'ятка (ж)	[va'rʲatka]
ficar louco	звар'яцець	[zvarʲa'tsetsʲ]

gene (m)	ген (м)	['ɦen]
imunidade (f)	імунітэт (м)	[imuni'tɛt]
hereditário (adj)	спадчынны	['spatʃinnɨ]
congênito (adj)	прыроджаны	[pri'rɔdʒanɨ]

vírus (m)	вірус (м)	['virus]
micróbio (m)	мікроб (м)	[mik'rɔp]
bactéria (f)	бактэрыя (ж)	[bak'tɛriʲa]
infecção (f)	інфекцыя (ж)	[in'fektsiʲa]

71. Sintomas. Tratamentos. Parte 3

hospital (m)	бальніца (ж)	[balʲ'nitsa]
paciente (m)	пацыент (м)	[patsi'ent]

diagnóstico (m)	дыягназ (м)	[diʲ'aɦnas]
cura (f)	лячэнне (н)	[lʲa'ʧɛnne]
curar-se (vr)	лячыцца	[lʲa'ʧitsa]
tratar (vt)	лячыць	[lʲa'ʧitsʲ]
cuidar (pessoa)	даглядаць	[daɦlʲa'datsʲ]
cuidado (m)	догляд (м)	['dɔɦlʲat]

operação (f)	аперацыя (ж)	[ape'ratsiʲa]
enfaixar (vt)	перавязаць	[peravʲa'zatsʲ]
enfaixamento (m)	перавязванне (н)	[pera'vʲazvanne]

vacinação (f)	прышчэпка (ж)	[pri'ʃɕɛpka]
vacinar (vt)	рабіць прышчэпку	[ra'bitsʲ pri'ʃɕɛpku]
injeção (f)	укол (м)	[u'kɔl]
dar uma injeção	рабіць укол	[ra'bitsʲ u'kɔl]

ataque (~ de asma, etc.)	прыступ, прыпадак (м)	[pristup], [pri'padak]
amputação (f)	ампутацыя (ж)	[ampu'tatsiʲa]
amputar (vt)	ампутаваць	[amputa'vatsʲ]
coma (f)	кома (ж)	['kɔma]
estar em coma	быць у коме	[bitsʲ u 'kɔme]
reanimação (f)	рэанімацыя (ж)	[rɛani'matsiʲa]

recuperar-se (vr)	папраўляцца	[papraw'lʲatsa]
estado (~ de saúde)	стан (м)	['stan]
consciência (perder a ~)	прытомнасць (ж)	[pri'tɔmnastsʲ]
memória (f)	памяць (ж)	['pamʲatsʲ]
tirar (vt)	вырываць	[viri'vatsʲ]
obturação (f)	пломба (ж)	['plɔmba]

obturar (vt)	пламбіраваць	[plambira'vatsʲ]
hipnose (f)	гіпноз (m)	[ɦip'nɔs]
hipnotizar (vt)	гіпнатызаваць	[ɦipnatiza'vatsʲ]

72. Médicos

médico (m)	урач (м)	[u'ratʃ]
enfermeira (f)	медсястра (ж)	[metsʲas'tra]
médico (m) pessoal	асабісты ўрач (м)	[asa'bisti 'wratʃ]
dentista (m)	дантыст (м)	[dan'tist]
oculista (m)	акуліст (м)	[aku'list]
terapeuta (m)	тэрапеўт (м)	[tɛra'pewt]
cirurgião (m)	хірург (м)	[hi'rurɦ]
psiquiatra (m)	псіхіятр (м)	[psihiʲʲatr]
pediatra (m)	педыятр (м)	[pediʲʲatr]
psicólogo (m)	псіхолаг (м)	[psi'hɔlaɦ]
ginecologista (m)	гінеколаг (м)	[ɦine'kɔlaɦ]
cardiologista (m)	кардыёлаг (м)	[kardiʲʲolaɦ]

73. Medicina. Drogas. Acessórios

medicamento (m)	лякарства (н)	[lʲa'karstva]
remédio (m)	сродак (м)	['srɔdak]
receitar (vt)	прапісаць	[prapi'satsʲ]
receita (f)	рэцэпт (м)	[rɛ'tsɛpt]
comprimido (m)	таблетка (ж)	[tab'letka]
unguento (m)	мазь (ж)	['masʲ]
ampola (f)	ампула (ж)	['ampula]
solução, preparado (m)	мікстура (ж)	[miks'tura]
xarope (m)	сіроп (м)	[si'rɔp]
cápsula (f)	пілюля (ж)	[pi'lʲulʲa]
pó (m)	парашок (м)	[para'ʃɔk]
atadura (f)	бінт (м)	['bint]
algodão (m)	вата (ж)	['vata]
iodo (m)	ёд (м)	[ʲot]
curativo (m) adesivo	лейкапластыр (м)	[lejka'plastir]
conta-gotas (m)	піпетка (ж)	[pi'petka]
termômetro (m)	градуснік (м)	['ɦradusnik]
seringa (f)	шпрыц (м)	['ʃprits]
cadeira (f) de rodas	каляска (ж)	[ka'lʲaska]
muletas (f pl)	мыліцы (ж мн)	['militsi]
analgésico (m)	абязбольвальнае (н)	[abʲaz'bɔlʲvalʲnae]
laxante (m)	слабіцельнае (н)	[sla'bitselʲnae]
álcool (m)	спірт (м)	['spirt]
ervas (f pl) medicinais	трава (ж)	[tra'va]
de ervas (chá ~)	травяны	[travʲa'ni]

74. Fumar. Produtos tabágicos

tabaco (m)	тытунь (м)	[ti'tunʲ]
cigarro (m)	цыгарэта (ж)	[ʦiɦa'rɛta]
charuto (m)	цыгара (ж)	[ʦi'ɦara]
cachimbo (m)	люлька (ж)	['lʉlʲka]
maço (~ de cigarros)	пачак (м)	['paʧak]
fósforos (m pl)	запалкі (ж мн)	[za'palki]
caixa (f) de fósforos	запалкавы пачак (м)	[za'palkavi 'paʧak]
isqueiro (m)	запальніца (ж)	[zapalʲ'nitsa]
cinzeiro (m)	попельніца (ж)	['pɔpelʲnitsa]
cigarreira (f)	партабак (м)	[parta'bak]
piteira (f)	муштук (м)	[muʃ'tuk]
filtro (m)	фільтр (м)	['filʲtr]
fumar (vi, vt)	курыць	[ku'ritsʲ]
acender um cigarro	закурыць	[zaku'ritsʲ]
tabagismo (m)	курэнне (н)	[ku'rɛnne]
fumante (m)	курэц (м)	[ku'rɛʦ]
bituca (f)	недакурак (м)	[neda'kurak]
fumaça (f)	дым (м)	['dim]
cinza (f)	попел (м)	['pɔpel]

HABITAT HUMANO

Cidade

75. Cidade. Vida na cidade

cidade (f)	горад (м)	['ɦɔrat]
capital (f)	сталіца (ж)	[sta'liʦa]
aldeia (f)	вёска (ж)	['vʲɔska]
mapa (m) da cidade	план (м) горада	['plan 'ɦɔrada]
centro (m) da cidade	цэнтр (м) горада	['ʦɛntr 'ɦɔrada]
subúrbio (m)	прыгарад (м)	['priɦarat]
suburbano (adj)	прыгарадны	['priɦaradni]
periferia (f)	ускраіна (ж)	[us'kraina]
arredores (m pl)	наваколле (н)	[nava'kɔlle]
quarteirão (m)	квартал (м)	[kvar'tal]
quarteirão (m) residencial	жылы квартал (м)	[ʒi'li kvar'tal]
tráfego (m)	вулічны рух (м)	['vuliʧni 'ruh]
semáforo (m)	святлафор (м)	[svʲatla'fɔr]
transporte (m) público	гарадскі транспарт (м)	[ɦara'ʦki 'transpart]
cruzamento (m)	скрыжаванне (н)	[skriʒa'vanne]
faixa (f)	пешаходны пераход (м)	[peʃa'ɦɔdnɨ pera'ɦɔt]
túnel (m) subterrâneo	падземны пераход (м)	[pa'ʣemnɨ pera'ɦɔt]
cruzar, atravessar (vt)	пераходзіць	[pera'ɦɔʣiʦʲ]
pedestre (m)	пешаход (м)	[peʃa'ɦɔt]
calçada (f)	ходнік (м)	['ɦɔdnik]
ponte (f)	мост (м)	['mɔst]
margem (f) do rio	набярэжная (ж)	[nabʲa'rɛʒnaʲa]
fonte (f)	фантан (м)	[fan'tan]
alameda (f)	алея (ж)	[a'leʲa]
parque (m)	парк (м)	['park]
bulevar (m)	бульвар (м)	[bulʲ'var]
praça (f)	плошча (ж)	['plɔʃʧa]
avenida (f)	праспект (м)	[pras'pekt]
rua (f)	вуліца (ж)	['vuliʦa]
travessa (f)	завулак (м)	[za'vulak]
beco (m) sem saída	тупік (м)	[tu'pik]
casa (f)	дом (м)	['dɔm]
edifício, prédio (m)	будынак (м)	[bu'dinak]
arranha-céu (m)	хмарачос (м)	[hmara'ʧɔs]
fachada (f)	фасад (м)	[fa'sat]
telhado (m)	дах (м)	['dah]

janela (f)	акно (н)	[ak'nɔ]
arco (m)	арка (ж)	['arka]
coluna (f)	калона (ж)	[ka'lɔna]
esquina (f)	рог (м)	['rɔɦ]

vitrine (f)	вітрына (ж)	[vit'rina]
letreiro (m)	шыльда (ж)	['ʃiⁱda]
cartaz (do filme, etc.)	афіша (ж)	[a'fiʃa]
cartaz (m) publicitário	рэкламны плакат (м)	[rɛk'lamni pla'kat]
painel (m) publicitário	рэкламны шчыт (м)	[rɛk'lamni 'ʃɕit]

lixo (m)	смецце (н)	['smetse]
lata (f) de lixo	урна (ж)	['urna]
jogar lixo na rua	насмечваць	[nas'metʃvatsⁱ]
aterro (m) sanitário	сметнік (м)	['smetnik]

orelhão (m)	тэлефонная будка (ж)	[tɛle'fɔnnaⁱa 'butka]
poste (m) de luz	ліхтарны слуп (м)	[lih'tarni 'slup]
banco (m)	лаўка (ж)	['lawka]

polícia (m)	паліцэйскі (м)	[pali'tsɛjski]
polícia (instituição)	паліцыя (ж)	[pa'litsiⁱa]
mendigo, pedinte (m)	жабрак (м)	[ʒab'rak]
desabrigado (m)	беспрытульны (м)	[bespri'tulⁱni]

76. Instituições urbanas

loja (f)	крама (ж)	['krama]
drogaria (f)	аптэка (ж)	[ap'tɛka]
ótica (f)	оптыка (ж)	['ɔptika]
centro (m) comercial	гандлёвы цэнтр (м)	[ɦand'lⁱovi 'tsɛntr]
supermercado (m)	супермаркет (м)	[super'market]

padaria (f)	булачная (ж)	['bulatʃnaⁱa]
padeiro (m)	пекар (м)	['pekar]
pastelaria (f)	кандытарская (ж)	[kan'ditarskaⁱa]
mercearia (f)	бакалея (ж)	[baka'leⁱa]
açougue (m)	мясная крама (ж)	[mⁱas'naⁱa 'krama]

| fruteira (f) | крама (ж) гародніны | ['krama ɦa'rɔdnini] |
| mercado (m) | рынак (м) | ['rinak] |

cafeteria (f)	кавярня (ж)	[ka'vⁱarnⁱa]
restaurante (m)	рэстаран (м)	[rɛsta'ran]
bar (m)	піўная (ж)	[piw'naⁱa]
pizzaria (f)	піцэрыя (ж)	[pi'tsɛrⁱa]

salão (m) de cabeleireiro	цырульня (ж)	[tsi'rulⁱnⁱa]
agência (f) dos correios	пошта (ж)	['pɔʃta]
lavanderia (f)	хімчыстка (ж)	[him'tʃistka]
estúdio (m) fotográfico	фотаатэлье (н)	[fotaatɛ'lⁱe]

| sapataria (f) | абутковая крама (ж) | [abut'kɔvaⁱa 'krama] |
| livraria (f) | кнігарня (ж) | [kni'ɦarnⁱa] |

| loja (f) de artigos esportivos | спартыўная крама (ж) | [spar'tiwnaⁱa 'krama] |

loja (f) de artigos esportivos — спартыўная крама (ж) — [spar'tiwnaʲa 'krama]
costureira (m) — рамонт (м) адзення — [ra'mɔnt a'dzennʲa]
aluguel (m) de roupa — пракат (м) адзення — [pra'kat a'dzennʲa]
videolocadora (f) — пракат (м) фільмаў — [pra'kat 'filʲmaw]

circo (m) — цырк (м) — ['tsirk]
jardim (m) zoológico — заапарк (м) — [zaa'park]
cinema (m) — кінатэатр (м) — [kinatɛ'atr]
museu (m) — музей (м) — [mu'zej]
biblioteca (f) — бібліятэка (ж) — [bibliʲa'tɛka]

teatro (m) — тэатр (м) — [tɛ'atr]
ópera (f) — опера (ж) — ['ɔpera]
boate (casa noturna) — начны клуб (м) — [natʃ'ni 'klup]
cassino (m) — казіно (н) — [kazi'nɔ]

mesquita (f) — мячэць (ж) — [mʲa'tʃɛtsʲ]
sinagoga (f) — сінагога (ж) — [sina'hɔha]
catedral (f) — сабор (м) — [sa'bɔr]
templo (m) — храм (м) — ['hram]
igreja (f) — царква (ж) — [tsark'va]

faculdade (f) — інстытут (м) — [insti'tut]
universidade (f) — універсітэт (м) — [universi'tɛt]
escola (f) — школа (ж) — ['ʃkɔla]

prefeitura (f) — прэфектура (ж) — [prɛfek'tura]
câmara (f) municipal — мэрыя (ж) — ['mɛriʲa]
hotel (m) — гасцініца (ж) — [has'tsinitsa]
banco (m) — банк (м) — ['bank]

embaixada (f) — пасольства (н) — [pa'sɔlʲstva]
agência (f) de viagens — турагенцтва (н) — [tura'ɦentstva]
agência (f) de informações — бюро (н) даведак — [bʉ'rɔ da'vedak]
casa (f) de câmbio — абменны пункт (м) — [ab'menni 'punkt]

metrô (m) — метро (н) — [me'trɔ]
hospital (m) — бальніца (ж) — [balʲ'nitsa]

posto (m) de gasolina — бензазапраўка (ж) — ['benza za'prawka]
parque (m) de estacionamento — аўтастаянка (ж) — [awtasta'ʲanka]

77. Transportes urbanos

ônibus (m) — аўтобус (м) — [aw'tobus]
bonde (m) elétrico — трамвай (м) — [tram'vaj]
trólebus (m) — тралейбус (м) — [tra'lejbus]
rota (f), itinerário (m) — маршрут (м) — [marʃ'rut]
número (m) — нумар (м) — ['numar]

ir de … (carro, etc.) — ехаць на … — ['ehatsʲ na …]
entrar no … — сесці — ['sesʲtsi]
descer do … — сысці з … — [sis'tsi z …]
parada (f) — прыпынак (м) — [pri'pinak]

próxima parada (f)	наступны прыпынак (м)	[na'stupnɨ pri'pɨnak]
terminal (m)	канцавы прыпынак (м)	[kanʦa'vɨ pri'pɨnak]
horário (m)	расклад (м)	[ras'klat]
esperar (vt)	чакаць	[ʧa'kaʦʲ]

| passagem (f) | білет (м) | [bi'let] |
| tarifa (f) | кошт (м) білета | [kɔʒd bi'leta] |

bilheteiro (m)	касір (м)	[ka'sir]
controle (m) de passagens	кантроль (м)	[kan'trɔlʲ]
revisor (m)	кантралёр (м)	[kantra'lʲor]

atrasar-se (vr)	спазняцца	[spazʲ'nʲaʦa]
perder (o autocarro, etc.)	спазніцца	[spazʲ'niʦa]
estar com pressa	спяшацца	[spʲa'ʃaʦa]

táxi (m)	таксі (н)	[tak'si]
taxista (m)	таксіст (м)	[tak'sist]
de táxi (ir ~)	на таксі	[na tak'si]
ponto (m) de táxis	стаянка (ж) таксі	[sta'ʲanka tak'si]
chamar um táxi	выклікаць таксі	[viklikaʦʲ tak'si]
pegar um táxi	узяць таксі	[u'zʲaʦʲ tak'si]

tráfego (m)	вулічны рух (м)	['vuliʧnɨ 'ruh]
engarrafamento (m)	затор (м)	[za'tɔr]
horas (f pl) de pico	час (м) пік	['ʧas 'pik]
estacionar (vi)	паркавацца	[parka'vaʦa]
estacionar (vt)	паркаваць	[parka'vaʦʲ]
parque (m) de estacionamento	стаянка (ж)	[sta'ʲanka]

metrô (m)	метро (н)	[me'trɔ]
estação (f)	станцыя (ж)	['stanʦɨʲa]
ir de metrô	ехаць на метро	['ehaʦʲ na me'trɔ]
trem (m)	цягнік (м)	[ʦʲaʰ'nik]
estação (f) de trem	вакзал (м)	[vaʰ'zal]

78. Turismo

monumento (m)	помнік (м)	['pɔmnik]
fortaleza (f)	крэпасць (ж)	['krɛpasʦʲ]
palácio (m)	палац (м)	[pa'laʦ]
castelo (m)	замак (м)	['zamak]
torre (f)	вежа (ж)	['veʒa]
mausoléu (m)	маўзалей (м)	[mawza'lej]

arquitetura (f)	архітэктура (ж)	[arhitɛk'tura]
medieval (adj)	сярэдневяковы	[sʲarɛdnevʲa'kɔvɨ]
antigo (adj)	старадаўні	[stara'dawni]
nacional (adj)	нацыянальны	[naʦɨʲa'nalʲni]
famoso, conhecido (adj)	вядомы	[vʲa'dɔmɨ]

turista (m)	турыст (м)	[tu'rist]
guia (pessoa)	гід, экскурсавод (м)	['ɦit], [ɛkskursa'vɔt]
excursão (f)	экскурсія (ж)	[ɛks'kursiʲa]

| mostrar (vt) | паказваць | [pa'kazvatsʲ] |
| contar (vt) | апавядаць | [apavʲa'datsʲ] |

encontrar (vt)	знайсці	[znajs'tsi]
perder-se (vr)	згубіцца	[zɦu'bitsa]
mapa (~ do metrô)	схема (ж)	['shema]
mapa (~ da cidade)	план (м)	['plan]

lembrança (f), presente (m)	сувенір (м)	[suve'nir]
loja (f) de presentes	крама (ж) сувеніраў	['krama suwe'niraw]
tirar fotos, fotografar	фатаграфаваць	[fataɦrafa'vatsʲ]
fotografar-se (vr)	фатаграфавацца	[fataɦrafa'vatsa]

79. Compras

comprar (vt)	купляць	[kup'lʲatsʲ]
compra (f)	пакупка (ж)	[pa'kupka]
fazer compras	рабіць закупы	[ra'bitsʲ 'zakupi]
compras (f pl)	шопінг (м)	['ʃopinɦ]

| estar aberta (loja) | працаваць | [pratsa'vatsʲ] |
| estar fechada | зачыніцца | [zatʃi'nitsa] |

calçado (m)	абутак (м)	[a'butak]
roupa (f)	адзенне (н)	[a'dzenne]
cosméticos (m pl)	касметыка (ж)	[kas'metika]
alimentos (m pl)	прадукты (м мн)	[pra'dukti]
presente (m)	падарунак (м)	[pada'runak]

| vendedor (m) | прадавец (м) | [prada'vets] |
| vendedora (f) | прадаўшчыца (ж) | [pradaw'ʃɕitsa] |

caixa (f)	каса (ж)	['kasa]
espelho (m)	люстэрка (н)	[lʉs'tɛrka]
balcão (m)	прылавак (м)	[pri'lavak]
provador (m)	прымерачная (ж)	[pri'meratʃnaʲa]

provar (vt)	прымераць	[pri'meratsʲ]
servir (roupa, caber)	пасаваць	[pasa'vatsʲ]
gostar (apreciar)	падабацца	[pada'batsa]

preço (m)	цана (ж)	[tsa'na]
etiqueta (f) de preço	цэннік (м)	['tsɛnnik]
custar (vt)	каштаваць	[kaʃta'vatsʲ]
Quanto?	Колькі?	['kolʲki]
desconto (m)	скідка (ж)	['skitka]

não caro (adj)	недарагі	[nedara'ɦi]
barato (adj)	танны	['tanni]
caro (adj)	дарагі	[dara'ɦi]
É caro	Гэта дорага.	['ɦɛta 'doraɦa]

| aluguel (m) | пракат (м) | [pra'kat] |
| alugar (roupas, etc.) | узяць напракат | [u'zʲatsʲ napra'kat] |

| crédito (m) | крэдыт (м) | [krɛ'dit] |
| a crédito | у крэдыт | [u krɛ'dit] |

80. Dinheiro

dinheiro (m)	грошы (мн)	['ɦrɔʃi]
câmbio (m)	абмен (м)	[ab'men]
taxa (f) de câmbio	курс (м)	['kurs]
caixa (m) eletrônico	банкамат (м)	[banka'mat]
moeda (f)	манета (ж)	[ma'neta]

| dólar (m) | долар (м) | ['dɔlar] |
| euro (m) | еўра (м) | ['ewra] |

lira (f)	ліра (ж)	['lira]
marco (m)	марка (ж)	['marka]
franco (m)	франк (м)	['frank]
libra (f) esterlina	фунт (м) стэрлінгаў	['funt 'stɛrlinɦaw]
iene (m)	іена (ж)	[i'ena]

dívida (f)	доўг (м)	['dɔwɦ]
devedor (m)	даўжнік (м)	[dawʒ'nik]
emprestar (vt)	даць у доўг	['datsʲ u 'dɔwɦ]
pedir emprestado	узяць у доўг	[u'zʲatsʲ u 'dɔwɦ]

banco (m)	банк (м)	['bank]
conta (f)	рахунак (м)	[ra'hunak]
depositar (vt)	пакласці	[pa'klasʲtsi]
depositar na conta	пакласці на рахунак	[pa'klasʲtsi na ra'hunak]
sacar (vt)	зняць з рахунку	['znʲatsʲ z ra'hunku]

cartão (m) de crédito	крэдытная картка (ж)	[krɛ'ditnaʲa 'kartka]
dinheiro (m) vivo	гатоўка (ж)	[ɦa'tɔwka]
cheque (m)	чэк (м)	['tʃɛk]
passar um cheque	выпісаць чэк	['vipisatsʲ 'tʃɛk]
talão (m) de cheques	чэкавая кніжка (ж)	['tʃɛkavaʲa 'kniʃka]

carteira (f)	бумажнік (м)	[bu'maʒnik]
niqueleira (f)	кашалёк (м)	[kaʃa'lʲok]
cofre (m)	сейф (м)	['sejf]

herdeiro (m)	спадчыннік (м)	['spatʃinnik]
herança (f)	спадчына (ж)	['spatʃina]
fortuna (riqueza)	маёмасць (ж)	['maʲomastsʲ]

arrendamento (m)	арэнда (ж)	[a'rɛnda]
aluguel (pagar o ~)	кватэрная плата (ж)	[kva'tɛrnaʲa 'plata]
alugar (vt)	наймаць	[naj'matsʲ]

preço (m)	цана (ж)	[tsa'na]
custo (m)	кошт (м)	['kɔʃt]
soma (f)	сума (ж)	['suma]
gastar (vt)	траціць	['tratsitsʲ]
gastos (m pl)	выдаткі (м мн)	[vi'datki]

economizar (vi)	эканоміць	[ɛka'nɔmitsʲ]
econômico (adj)	эканомны	[ɛka'nɔmnɪ]
pagar (vt)	плаціць	[pla'tsitsʲ]
pagamento (m)	аплата (ж)	[a'plata]
troco (m)	рэшта (ж)	['rɛʃta]
imposto (m)	падатак (м)	[pa'datak]
multa (f)	штраф (м)	['ʃtraf]
multar (vt)	штрафаваць	[ʃtrafa'vatsʲ]

81. Correios. Serviço postal

agência (f) dos correios	пошта (ж)	['pɔʃta]
correio (m)	пошта (ж)	['pɔʃta]
carteiro (m)	паштальён (м)	[paʃta'ljɔn]
horário (m)	гадзіны (ж мн) працы	[ɦa'dzinɪ 'pratsɪ]
carta (f)	ліст (м)	['list]
carta (f) registada	заказны ліст (м)	[zakaz'nɪ 'list]
cartão (m) postal	паштоўка (ж)	[paʃ'tɔwka]
telegrama (m)	тэлеграма (ж)	[tɛle'ɦrama]
encomenda (f)	пасылка (ж)	[pa'sɪłka]
transferência (f) de dinheiro	грашовы перавод (м)	[ɦra'ʃɔvɪ pera'vɔt]
receber (vt)	атрымаць	[atrɪ'matsʲ]
enviar (vt)	адправіць	[at'pravitsʲ]
envio (m)	адпраўка (ж)	[at'prawka]
endereço (m)	адрас (м)	['adras]
código (m) postal	індэкс (м)	['indɛks]
remetente (m)	адпраўшчык (м)	[at'prawʃɕik]
destinatário (m)	атрымальнік (м)	[atrɪ'malʲnik]
nome (m)	імя (н)	[i'mʲa]
sobrenome (m)	прозвішча (н)	['prɔzʲviʃɕa]
tarifa (f)	тарыф (м)	[ta'rif]
ordinário (adj)	звычайны	[zvɪ'ʧajnɪ]
econômico (adj)	эканамічны	[ɛkana'miʧnɪ]
peso (m)	вага (ж)	[va'ɦa]
pesar (estabelecer o peso)	узважваць	[uz'vaʒvatsʲ]
envelope (m)	канверт (м)	[kan'vert]
selo (m) postal	марка (ж)	['marka]

Moradia. Casa. Lar

82. Casa. Habitação

casa (f)	дом (м)	['dɔm]
em casa	дома	['dɔma]
pátio (m), quintal (f)	двор (м)	['dvɔr]
cerca, grade (f)	агароджа (ж)	[aɦa'rɔdʒa]
tijolo (m)	цэгла (ж)	['tsɛkla]
de tijolos	цагляны	[tsak'lʲani]
pedra (f)	камень (м)	['kamenʲ]
de pedra	каменны	[ka'menni]
concreto (m)	бетон (м)	[be'tɔn]
concreto (adj)	бетонны	[be'tɔnni]
novo (adj)	новы	['nɔvi]
velho (adj)	стары	[sta'ri]
decrépito (adj)	састарэлы	[sasta'rɛli]
moderno (adj)	сучасны	[su'tʃasni]
de vários andares	шматпавярховы	[ʃmatpavʲar'hɔvi]
alto (adj)	высокі	[vi'sɔki]
andar (m)	паверх (м)	[pa'verh]
de um andar	аднапавярховы	[adnapavʲar'hɔvi]
térreo (m)	ніжні паверх (м)	['niʒni pa'verh]
andar (m) de cima	верхні паверх (м)	['verhni pa'verh]
telhado (m)	дах (м)	['dah]
chaminé (f)	комін (м)	['kɔmin]
telha (f)	дахоўка (ж)	[da'hɔwka]
de telha	даховачны	[da'hɔvatʃni]
sótão (m)	гарышча (н)	[ɦa'riʃɕa]
janela (f)	акно (н)	[ak'nɔ]
vidro (m)	шкло (н)	['ʃklɔ]
parapeito (m)	падаконнік (м)	[pada'kɔnnik]
persianas (f pl)	аканіцы (ж мн)	[aka'nitsi]
parede (f)	сцяна (ж)	[stsʲa'na]
varanda (f)	балкон (м)	[bal'kɔn]
calha (f)	вадасцёкавая труба (ж)	[vadas'tsʲɔkavaʲa tru'ba]
em cima	наверсе	[na'verse]
subir (vi)	паднімацца	[padni'matsa]
descer (vi)	спускацца	[spu'skatsa]
mudar-se (vr)	пераязджаць	[peraʲaʒ'dʒatsʲ]

83. Casa. Entrada. Elevador

entrada (f)	пад'езд (м)	[pad"est]
escada (f)	лесвіца (ж)	['lesvitsa]
degraus (m pl)	прыступкі (ж мн)	[pri'stupki]
corrimão (m)	парэнчы (мн)	[pa'rɛntʃi]
hall (m) de entrada	хол (м)	['hɔl]
caixa (f) de correio	паштовая скрынка (ж)	[paʃ'tɔvaʲa 'skrinka]
lata (f) do lixo	бак (м) для смецця	[bah dlʲa 'smetsʲa]
calha (f) de lixo	смеццеправод (м)	[smetsepra'vɔt]
elevador (m)	ліфт (м)	['lift]
elevador (m) de carga	грузавы ліфт (м)	[ɦruza'vɨ 'lift]
cabine (f)	кабіна (ж)	[ka'bina]
pegar o elevador	ехаць на ліфце	['ehatsʲ na 'liftse]
apartamento (m)	кватэра (ж)	[kva'tɛra]
residentes (pl)	жыхары (м мн)	[ʒɨha'ri]
vizinho (m)	сусед (м)	[su'set]
vizinha (f)	суседка (ж)	[su'setka]
vizinhos (pl)	суседзі (м мн)	[su'sedzi]

84. Casa. Portas. Fechaduras

porta (f)	дзверы (мн)	[dzʲ'veri]
portão (m)	вароты (мн)	[va'rɔti]
maçaneta (f)	ручка (ж)	['rutʃka]
destrancar (vt)	адамкнуць	[adam'knutsʲ]
abrir (vt)	адчыняць	[atʃi'nʲatsʲ]
fechar (vt)	зачыняць	[zatʃi'nʲatsʲ]
chave (f)	ключ (м)	['klʉtʃ]
molho (m)	звязак (м)	['zvʲazak]
ranger (vi)	скрыпець	[skri'petsʲ]
rangido (m)	скрып (м)	['skrip]
dobradiça (f)	завеса (ж)	[za'vesa]
capacho (m)	дыванок (м)	[diva'nɔk]
fechadura (f)	замок (м)	[za'mɔk]
buraco (m) da fechadura	замочная шчыліна (ж)	[za'mɔtʃnaʲa 'ʃɕilina]
barra (f)	засаўка (ж)	['zasawka]
fecho (ferrolho pequeno)	засаўка (ж)	['zasawka]
cadeado (m)	навясны замок (м)	[navʲas'nɨ za'mɔk]
tocar (vt)	званіць	[zva'nitsʲ]
toque (m)	званок (м)	[zva'nɔk]
campainha (f)	званок (м)	[zva'nɔk]
botão (m)	кнопка (ж)	['knɔpka]
batida (f)	стук (м)	['stuk]
bater (vi)	стукаць	['stukatsʲ]
código (m)	код (м)	['kɔt]
fechadura (f) de código	кодавы замок (м)	['kɔdavɨ za'mɔk]

interfone (m)	дамафон (м)	[dama'fɔn]
número (m)	нумар (м)	['numar]
placa (f) de porta	таблічка (ж)	[tab'litʃka]
olho (m) mágico	вочка (н)	['vɔtʃka]

85. Casa de campo

aldeia (f)	вёска (ж)	['vʲoska]
horta (f)	агарод (м)	[aɦa'rɔt]
cerca (f)	плот (м)	['plɔt]
cerca (f) de piquete	загарадзь (ж)	['zaɦaratsʲ]
portão (f) do jardim	веснічкі (мн)	['vesnitʃki]
celeiro (m)	свіран (м)	['sviran]
adega (f)	склеп (м)	['sklep]
galpão, barracão (m)	хлеў (м)	['hlew]
poço (m)	калодзеж (м)	[ka'lɔdzeʃ]
fogão (m)	печ (ж)	['petʃ]
atiçar o fogo	паліць	[pa'litsʲ]
lenha (carvão ou ~)	дровы (мн)	['drɔvi]
acha, lenha (f)	палена (н)	[pa'lena]
varanda (f)	веранда (ж)	[ve'randa]
alpendre (m)	тэраса (ж)	[tɛ'rasa]
degraus (m pl) de entrada	ганак (м)	['ɦanak]
balanço (m)	арэлі (мн)	[a'rɛli]

86. Castelo. Palácio

castelo (m)	замак (м)	['zamak]
palácio (m)	палац (м)	[pa'lats]
fortaleza (f)	крэпасць (ж)	['krɛpastsʲ]
muralha (f)	мур (м)	['mur]
torre (f)	вежа (ж)	['veʒa]
calabouço (m)	галоўная вежа (ж)	[ɦa'lɔwnaʲa 'veʒa]
grade (f) levadiça	пад'ёмныя вароты (мн)	[pa'dʲʲomniʲa va'rɔti]
passagem (f) subterrânea	падземны ход (м)	[pa'dzemni 'hɔt]
fosso (m)	роў (м)	['rɔw]
corrente, cadeia (f)	ланцуг (м)	[lan'tsuɦ]
seteira (f)	байніца (ж)	[baj'nitsa]
magnífico (adj)	раскошны	[ras'kɔʃni]
majestoso (adj)	велічны	['velitʃni]
inexpugnável (adj)	непрыступны	[nepris'tupni]
medieval (adj)	сярэдневяковы	[sʲarɛdnevʲa'kɔvi]

87. Apartamento

apartamento (m)	кватэра (ж)	[kva'tɛra]
quarto, cômodo (m)	пакой (м)	[pa'kɔj]
quarto (m) de dormir	спальня (ж)	['spalⁱnⁱa]
sala (f) de jantar	сталоўка (ж)	[sta'lɔwka]
sala (f) de estar	гасцёўня (ж)	[has'tsⁱownⁱa]
escritório (m)	кабінет (м)	[kabi'net]

sala (f) de entrada	вітальня (ж)	[vi'talⁱnⁱa]
banheiro (m)	ванны пакой (м)	['vanni pa'kɔj]
lavabo (m)	прыбіральня (ж)	[pribi'ralⁱnⁱa]

teto (m)	столь (ж)	['stɔlⁱ]
chão, piso (m)	падлога (ж)	[pad'lɔha]
canto (m)	кут (м)	['kut]

88. Apartamento. Limpeza

arrumar, limpar (vt)	прыбіраць	[pribi'ratsⁱ]
guardar (no armário, etc.)	прымаць	[pri'matsⁱ]
pó (m)	пыл (м)	['pil]
empoeirado (adj)	запылены	[za'pileni]
tirar o pó	выціраць пыл	[vitsi'ratsⁱ 'pil]
aspirador (m)	пыласос (м)	[pila'sɔs]
aspirar (vt)	пыласоціць	[pila'sɔsitsⁱ]

varrer (vt)	падмятаць	[padmⁱa'tatsⁱ]
sujeira (f)	смецце (н)	['smetse]
arrumação, ordem (f)	парадак (м)	[pa'radak]
desordem (f)	беспарадак (м)	[bespa'radak]

esfregão (m)	швабра (ж)	['ʃvabra]
pano (m), trapo (m)	ануча (ж)	[a'nutʃa]
vassoura (f)	венік (м)	['venik]
pá (f) de lixo	шуфлік (м) для смецця	['ʃuflik dlⁱa 'smetsⁱa]

89. Mobiliário. Interior

mobiliário (m)	мэбля (ж)	['mɛblⁱa]
mesa (f)	стол (м)	['stɔl]
cadeira (f)	крэсла (н)	['krɛsla]
cama (f)	ложак (м)	['lɔʒak]
sofá, divã (m)	канапа (ж)	[ka'napa]
poltrona (f)	фатэль (м)	[fa'tɛlⁱ]

estante (f)	шафа (ж)	['ʃafa]
prateleira (f)	паліца (ж)	[pa'litsa]

guarda-roupas (m)	шафа (ж)	['ʃafa]
cabide (m) de parede	вешалка (ж)	['veʃalka]

cabideiro (m) de pé	вешалка (ж)	['veʃalka]
cômoda (f)	камода (ж)	[ka'mɔda]
mesinha (f) de centro	часопісны столік (м)	[tʃa'sɔpisnɨ 'stɔlik]

espelho (m)	люстэрка (н)	[lʉs'tɛrka]
tapete (m)	дыван (м)	[di'van]
tapete (m) pequeno	дыванок (м)	[diva'nɔk]

lareira (f)	камін (м)	[ka'min]
vela (f)	свечка (ж)	['svetʃka]
castiçal (m)	падсвечнік (м)	[pat'svetʃnik]

cortinas (f pl)	шторы (мн)	['ʃtɔri]
papel (m) de parede	шпалеры (ж мн)	[ʃpa'leri]
persianas (f pl)	жалюзі (мн)	[ʒalʉ'zi]

luminária (f) de mesa	настольная лямпа (ж)	[na'stɔlʲnaʲa 'lʲampa]
luminária (f) de parede	свяцільня (ж)	[svʲa'tsilʲnʲa]
abajur (m) de pé	таршэр (м)	[tar'ʃɛr]
lustre (m)	люстра (ж)	['lʉstra]

pé (de mesa, etc.)	ножка (ж)	['nɔʃka]
braço, descanso (m)	падлакотнік (м)	[padla'kɔtnik]
costas (f pl)	спінка (ж)	['spinka]
gaveta (f)	шуфляда (ж)	[ʃufʲlʲada]

90. Quarto de dormir

roupa (f) de cama	бялізна (ж)	[bʲa'lizna]
travesseiro (m)	падушка (ж)	[pa'duʃka]
fronha (f)	навалочка (ж)	[nava'lɔtʃka]
cobertor (m)	коўдра (ж)	['kɔwdra]
lençol (m)	прасціна (ж)	[prasʲtsi'na]
colcha (f)	пакрывала (н)	[pakrɨ'vala]

91. Cozinha

cozinha (f)	кухня (ж)	['kuhnʲa]
gás (m)	газ (м)	['ɦas]
fogão (m) a gás	пліта (ж) газавая	[pli'ta 'ɦazavaʲa]
fogão (m) elétrico	пліта (ж) электрычная	[pli'ta ɛlekt'ritʃnaʲa]
forno (m)	духоўка (ж)	[du'howka]
forno (m) de micro-ondas	мікрахвалевая печ (ж)	[mikra'hvalevaʲa 'petʃ]

geladeira (f)	халадзільнік (м)	[hala'dzilʲnik]
congelador (m)	маразілка (ж)	[mara'zilka]
máquina (f) de lavar louça	пасудамыечная машына (ж)	[pasuda'mʲetʃnaʲa ma'ʃina]

moedor (m) de carne	мясарубка (ж)	[mʲasa'rupka]
espremedor (m)	сокавыціскалка (ж)	[sɔkavʲitsi'skalka]
torradeira (f)	тостэр (м)	['tɔstɛr]

batedeira (f)	міксер (м)	['mikser]
máquina (f) de café	кававарка (ж)	[kava'varka]
cafeteira (f)	кафейнік (м)	[ka'fejnik]
moedor (m) de café	кавамолка (ж)	[kava'mɔlka]

chaleira (f)	чайнік (м)	['tʃajnik]
bule (m)	імбрычак (м)	[im'britʃak]
tampa (f)	накрыўка (ж)	['nakriwka]
coador (m) de chá	сітца (н)	['sitsa]

colher (f)	лыжка (ж)	['liʃka]
colher (f) de chá	чайная лыжка (ж)	['tʃajnaˡa 'liʃka]
colher (f) de sopa	сталовая лыжка (ж)	[sta'lɔvaˡa 'liʃka]
garfo (m)	відэлец (м)	[vi'dɛlets]
faca (f)	нож (м)	['nɔʃ]

louça (f)	посуд (м)	['pɔsut]
prato (m)	талерка (ж)	[ta'lerka]
pires (m)	сподак (м)	['spɔdak]

cálice (m)	чарка (ж)	['tʃarka]
copo (m)	шклянка (ж)	['ʃklˡanka]
xícara (f)	кубак (м)	['kubak]

açucareiro (m)	цукарніца (ж)	['tsukarnitsa]
saleiro (m)	салянка (ж)	[sa'lˡanka]
pimenteiro (m)	перачніца (ж)	['peratʃnitsa]
manteigueira (f)	масленіца (ж)	['maslenitsa]

panela (f)	рондаль (м)	['rɔndalˡ]
frigideira (f)	патэльня (ж)	[pa'tɛlˡnˡa]
concha (f)	апалонік (м)	[apa'lɔnik]
coador (m)	друшляк (м)	[druʃ'lˡak]
bandeja (f)	паднос (м)	[pad'nɔs]

garrafa (f)	бутэлька (ж)	[bu'tɛlˡka]
pote (m) de vidro	слоік (м)	['slɔik]
lata (~ de cerveja)	бляшанка (ж)	[blˡa'ʃanka]

abridor (m) de garrafa	адкрывалка (ж)	[atkri'valka]
abridor (m) de latas	адкрывалка (ж)	[atkri'valka]
saca-rolhas (m)	штопар (м)	['ʃtɔpar]
filtro (m)	фільтр (м)	['filˡtr]
filtrar (vt)	фільтраваць	[filˡtra'vatsˡ]

| lixo (m) | смецце (н) | ['smetse] |
| lixeira (f) | вядро (н) для смецця | [vˡa'drɔ dlˡa 'smetsˡa] |

92. Casa de banho

banheiro (m)	ванны пакой (м)	['vanni pa'kɔj]
água (f)	вада (ж)	[va'da]
torneira (f)	кран (м)	['kran]
água (f) quente	гарачая вада (ж)	[ɦa'ratʃaˡa va'da]

água (f) fria	халодная вада (ж)	[ha'lɔdnaʲa va'da]
pasta (f) de dente	зубная паста (ж)	[zub'naʲa 'pasta]
escovar os dentes	чысціць зубы	[tʃisʲtsitsʲ zu'bʲi]
escova (f) de dente	зубная шчотка (ж)	[zub'naʲa 'ʃɕɔtka]

barbear-se (vr)	галіцца	[ɦa'liʦa]
espuma (f) de barbear	пена (ж) для галення	['pena dlʲa ɦa'lennʲa]
gilete (f)	брытва (ж)	['britva]

lavar (vt)	мыць	['mitsʲ]
tomar banho	мыцца	['miʦa]
chuveiro (m), ducha (f)	душ (м)	['duʃ]
tomar uma ducha	прымаць душ	[pri'matsʲ 'duʃ]

banheira (f)	ванна (ж)	['vanna]
vaso (m) sanitário	унітаз (м)	[uni'tas]
pia (f)	ракавіна (ж)	['rakavina]

| sabonete (m) | мыла (н) | ['miɫa] |
| saboneteira (f) | мыльніца (ж) | ['milʲnitsa] |

esponja (f)	губка (ж)	['ɦupka]
xampu (m)	шампунь (м)	[ʃam'punʲ]
toalha (f)	ручнік (м)	[rutʃ'nik]
roupão (m) de banho	халат (м)	[ha'lat]

lavagem (f)	мыццё (н)	[mi'tsʲo]
lavadora (f) de roupas	пральная машына (ж)	['pralʲnaʲa ma'ʃina]
lavar a roupa	мыць бялізну	['mitsʲ bʲa'liznu]
detergente (m)	пральны парашок (м)	['pralʲni para'ʃɔk]

93. Eletrodomésticos

televisor (m)	тэлевізар (м)	[tɛle'vizar]
gravador (m)	магнітафон (м)	[maɦnita'fɔn]
videogravador (m)	відэамагнітафон (м)	['vidɛa maɦnita'fɔn]
rádio (m)	прыёмнік (м)	[pri'ʲomnik]
leitor (m)	плэер (м)	['plɛer]

projetor (m)	відэапраектар (м)	['vidɛa pra'ektar]
cinema (m) em casa	хатні кінатэатр (м)	['hatni kinatɛ'atr]
DVD Player (m)	прайгравальнік (м) DVD	[prajɦra'valʲniɦ dzivi'dzi]
amplificador (m)	узмацняльнік (м)	[uzmatsʲnʲalʲnik]
console (f) de jogos	гульнявая прыстаўка (ж)	[ɦulʲnʲa'vaʲa pri'stawka]

câmera (f) de vídeo	відэакамера (ж)	['vidɛa 'kamera]
máquina (f) fotográfica	фотаапарат (м)	[fɔtaapa'rat]
câmera (f) digital	лічбавы фотаапарат (м)	['lidʒbavi fɔtaapa'rat]

aspirador (m)	пыласос (м)	[piɫa'sɔs]
ferro (m) de passar	прас (м)	['pras]
tábua (f) de passar	прасавальная дошка (ж)	[prasa'valʲnaʲa 'dɔʃka]
telefone (m)	тэлефон (м)	[tɛle'fɔn]
celular (m)	мабільны тэлефон (м)	[ma'bilʲni tɛle'fɔn]

máquina (f) de escrever	машынка (ж)	[ma'ʃinka]
máquina (f) de costura	машынка (ж)	[ma'ʃinka]
microfone (m)	мікрафон (м)	[mikra'fɔn]
fone (m) de ouvido	навушнікі (м мн)	[na'vuʃniki]
controle remoto (m)	пульт (м)	['pulʲt]
CD (m)	кампакт-дыск (м)	[kam'pakt 'disk]
fita (f) cassete	касета (ж)	[ka'seta]
disco (m) de vinil	пласцінка (ж)	[plas'tsinka]

94. Reparações. Renovação

renovação (f)	рамонт (м)	[ra'mɔnt]
renovar (vt), fazer obras	рабіць рамонт	[ra'bitsʲ ra'mɔnt]
reparar (vt)	рамантаваць	[ramanta'vatsʲ]
consertar (vt)	прыводзіць у парадак	[pri'vɔdzitsʲ u pa'radak]
refazer (vt)	перарабляць	[perarab'lʲatsʲ]
tinta (f)	фарба (ж)	['farba]
pintar (vt)	фарбаваць	[farba'vatsʲ]
pintor (m)	маляр (м)	[ma'lʲar]
pincel (m)	пэндзаль (м)	['pɛndzalʲ]
cal (f)	пабелка (ж)	[pa'belka]
caiar (vt)	бяліць	[bʲa'litsʲ]
papel (m) de parede	шпалеры (ж мн)	[ʃpa'leri]
colocar papel de parede	абклеіць шпалерамі	[ap'kleitsʲ ʃpa'lerami]
verniz (m)	лак (м)	['lak]
envernizar (vt)	пакрываць лакам	[pakri'vatsʲ 'lakam]

95. Canalizações

água (f)	вада (ж)	[va'da]
água (f) quente	гарачая вада (ж)	[ħa'ratʃaʲa va'da]
água (f) fria	халодная вада (ж)	[ha'lɔdnaʲa va'da]
torneira (f)	кран (м)	['kran]
gota (f)	кропля (ж)	['krɔplʲa]
gotejar (vi)	капаць	['kapatsʲ]
vazar (vt)	цячы	[tsʲa'tʃi]
vazamento (m)	цеча (ж)	['tsetʃa]
poça (f)	лужына (ж)	['luʒina]
tubo (m)	труба (ж)	[tru'ba]
válvula (f)	вентыль (м)	['ventilʲ]
entupir-se (vr)	засмеціцца	[zas'metsitsa]
ferramentas (f pl)	інструменты (м мн)	[instru'menti]
chave (f) inglesa	развадны ключ (м)	[razvad'ni 'klutʃ]
desenroscar (vt)	адкруціць	[atkru'tsitsʲ]

enroscar (vt)	закручваць	[za'krutʃvatsʲ]
desentupir (vt)	прачышчаць	[pratʃiˈʃɕatsʲ]
encanador (m)	сантэхнік (м)	[san'tɛhnik]
porão (m)	падвал (м)	[pad'val]
rede (f) de esgotos	каналізацыя (ж)	[kanaliˈzatsʲia]

96. Fogo. Deflagração

incêndio (m)	агонь (м)	[a'hɔnʲ]
chama (f)	полымя (н)	['pɔlimʲa]
faísca (f)	іскра (ж)	['iskra]
fumaça (f)	дым (м)	['dɨm]
tocha (f)	факел (м)	['fakel]
fogueira (f)	вогнішча (н)	['vɔhniʃɕa]
gasolina (f)	бензін (м)	[ben'zin]
querosene (m)	газа (ж)	['haza]
inflamável (adj)	гаручы	[ha'rutʃi]
explosivo (adj)	выбухованебяспечны	[vibuhɔvanebʲas'petʃni]
PROIBIDO FUMAR!	НЕ КУРЫЦЬ!	[ne ku'ritsʲ]
segurança (f)	бяспека (ж)	[bʲas'peka]
perigo (m)	небяспека (ж)	[nebʲas'peka]
perigoso (adj)	небяспечны	[nebʲas'petʃni]
incendiar-se (vr)	загарэцца	[zaha'rɛtsa]
explosão (f)	выбух (м)	['vibuh]
incendiar (vt)	падпаліць	[patpa'litsʲ]
incendiário (m)	падпальшчык (м)	[pat'palʲʃɕik]
incêndio (m) criminoso	падпал (м)	[pat'pal]
flamejar (vi)	палаць	[pa'latsʲ]
queimar (vi)	гарэць	[ha'rɛtsʲ]
queimar tudo (vi)	згарэць	[zha'rɛtsʲ]
chamar os bombeiros	выклікаць пажарнікаў	[viklikatsʲ pa'ʒarnikaw]
bombeiro (m)	пажарны (м)	[pa'ʒarni]
caminhão (m) de bombeiros	пажарная машына (ж)	[pa'ʒarnaʲa ma'ʃina]
corpo (m) de bombeiros	пажарная каманда (ж)	[pa'ʒarnaʲa ka'manda]
escada (f) extensível	пажарныя драбіны (мн)	[pa'ʒarnʲʲa dra'bini]
mangueira (f)	шланг (м)	['ʃlanh]
extintor (m)	вогнетушыцель (м)	[vɔhnetu'ʃitselʲ]
capacete (m)	каска (ж)	['kaska]
sirene (f)	сірэна (ж)	[si'rɛna]
gritar (vi)	крычаць	[kri'tʃatsʲ]
chamar por socorro	клікаць на дапамогу	['klikatsʲ na dapa'mɔhu]
socorrista (m)	ратавальнік (м)	[rata'valʲnik]
salvar, resgatar (vt)	ратаваць	[rata'vatsʲ]
chegar (vi)	прыехаць	[pri'ehatsʲ]
apagar (vt)	тушыць	[tu'ʃitsʲ]
água (f)	вада (ж)	[va'da]

areia (f)	пясок (м)	[pʲa'sɔk]
ruínas (f pl)	руіны (ж мн)	[ru'inɨ]
ruir (vi)	паваліцца	[pava'liʦa]
desmoronar (vi)	абваліцца	[abva'liʦa]
desabar (vi)	абурыцца	[abu'riʦa]

| fragmento (m) | абломак (м) | [ab'lɔmak] |
| cinza (f) | попел (м) | ['pɔpel] |

| sufocar (vi) | задыхнуцца | [zadih'nuʦa] |
| perecer (vi) | загінуць | [za'ɦinuʦʲ] |

ATIVIDADES HUMANAS

Emprego. Negócios. Parte 1

97. Banca

banco (m)	банк (м)	['bank]
balcão (f)	аддзяленне (н)	[adz'a'lenne]
consultor (m) bancário	кансультант (м)	[kansul'tant]
gerente (m)	загадчык (м)	[za'haʧik]
conta (f)	рахунак (м)	[ra'hunak]
número (m) da conta	нумар (м) рахунку	['numar ra'hunku]
conta (f) corrente	бягучы рахунак (м)	[bʲa'huʧi ra'hunak]
conta (f) poupança	назапашвальны рахунак (м)	[naza'paʃvalʲnɨ ra'hunak]
abrir uma conta	адкрыць рахунак	[atk'ritsʲ ra'hunak]
fechar uma conta	закрыць рахунак	[za'kritsʲ ra'hunak]
depositar na conta	пакласці на рахунак	[pa'klasʲtsi na ra'hunak]
sacar (vt)	зняць з рахунку	['znʲatsʲ z ra'hunku]
depósito (m)	уклад (м)	[u'klat]
fazer um depósito	зрабіць уклад	[zra'bitsʲ u'klat]
transferência (f) bancária	перавод (м)	[pera'vot]
transferir (vt)	зрабіць перавод	[zra'bitsʲ pera'vɔt]
soma (f)	сума (ж)	['suma]
Quanto?	Колькі?	['kolʲki]
assinatura (f)	подпіс (м)	['potpis]
assinar (vt)	падпісаць	[patpi'satsʲ]
cartão (m) de crédito	крэдытная картка (ж)	[krɛ'ditnaʲa 'kartka]
senha (f)	код (м)	['kɔt]
número (m) do cartão de crédito	нумар (м) крэдытнай карткі	['numar krɛ'ditnaj 'kartki]
caixa (m) eletrônico	банкамат (м)	[banka'mat]
cheque (m)	чэк (м)	['ʧɛk]
passar um cheque	выпісаць чэк	['vɨpisatsʲ 'ʧɛk]
talão (m) de cheques	чэкавая кніжка (ж)	['ʧɛkavaʲa 'kniʃka]
empréstimo (m)	крэдыт (м)	[krɛ'dit]
pedir um empréstimo	звяртацца па крэдыт	[zvʲar'tatsa pa krɛ'dit]
obter empréstimo	браць крэдыт	['bratsʲ krɛ'dit]
dar um empréstimo	даваць крэдыт	[da'vatsʲ krɛ'dit]
garantia (f)	гарантыя (ж)	[ɦa'rantiʲa]

98. Telefone. Conversação telefônica

telefone (m)	тэлефон (м)	[tɛle'fɔn]
celular (m)	мабільны тэлефон (м)	[ma'bilʲnɨ tɛle'fɔn]
secretária (f) eletrônica	аўтаадказчык (м)	[awtaat'kaʃɕik]

| fazer uma chamada | тэлефанаваць | [tɛlefana'vatsʲ] |
| chamada (f) | тэлефанаванне (н) | [tɛlefana'vanne] |

discar um número	набраць нумар	[nab'ratsʲ 'numar]
Alô!	алё!	[a'lʲo]
perguntar (vt)	спытаць	[spɨ'tatsʲ]
responder (vt)	адказаць	[atka'zatsʲ]

ouvir (vt)	чуць	['tʃutsʲ]
bem	добра	['dɔbra]
mal	дрэнна	['drɛnna]
ruído (m)	перашкоды (ж мн)	[pera'ʃkɔdɨ]

fone (m)	трубка (ж)	['trupka]
pegar o telefone	зняць трубку	['znʲatsʲ 'trupku]
desligar (vi)	пакласці трубку	[pa'klasʲtsi 'trupku]

ocupado (adj)	заняты	[za'nʲatɨ]
tocar (vi)	званіць	[zva'nitsʲ]
lista (f) telefônica	тэлефонная кніга (ж)	[tɛle'fɔnnaʲa 'kniɦa]

local (adj)	мясцовы	[mʲas'tsɔvɨ]
chamada (f) local	мясцовы званок (м)	[mʲas'tsɔvɨ zva'nok]
de longa distância	міжгародні	[miʒɦa'rɔdni]
chamada (f) de longa distância	міжгародні званок (м)	[miʒɦa'rɔdni zva'nok]
internacional (adj)	міжнародны	[miʒna'rɔdnɨ]
chamada (f) internacional	міжнародны званок (м)	[miʒna'rɔdnɨ zva'nok]

99. Telefone móvel

celular (m)	мабільны тэлефон (м)	[ma'bilʲnɨ tɛle'fɔn]
tela (f)	дысплей (м)	[dis'plej]
botão (m)	кнопка (ж)	['knɔpka]
cartão SIM (m)	SIM-картка (ж)	[sim'kartka]

bateria (f)	батарэя (ж)	[bata'rɛʲa]
descarregar-se (vr)	разрадзіцца	[razra'dzitsa]
carregador (m)	зарадная прылада (ж)	[za'radnaʲa pri'lada]

menu (m)	меню (н)	[me'nʉ]
configurações (f pl)	наладкі (ж мн)	[na'latki]
melodia (f)	мелодыя (ж)	[me'lɔdɨʲa]
escolher (vt)	выбраць	['vɨbratsʲ]

| calculadora (f) | калькулятар (м) | [kalʲku'lʲatar] |
| correio (m) de voz | галасавая пошта (ж) | [ɦalasa'vaja 'pɔʃta] |

| despertador (m) | будзільнік (м) | [bu'dʑilʲnik] |
| contatos (m pl) | тэлефонная кніга (ж) | [tɛle'fɔnnaʲa 'kniɦa] |

| mensagem (f) de texto | SMS-паведамленне (н) | [ɛsɛ'mɛs pavedam'lenne] |
| assinante (m) | абанент (м) | [aba'nent] |

100. Estacionário

| caneta (f) | аўтаручка (ж) | [awta'ruʧka] |
| caneta (f) tinteiro | ручка (ж) пёравая | ['ruʧka 'pʲoravaʲa] |

lápis (m)	аловак (м)	[a'lɔvak]
marcador (m) de texto	маркёр (м)	[mar'kʲor]
caneta (f) hidrográfica	фламастэр (м)	[fla'mastɛr]

| bloco (m) de notas | блакнот (м) | [blak'nɔt] |
| agenda (f) | штодзённік (м) | [ʃtɔ'dʑonnik] |

régua (f)	лінейка (ж)	[li'nejka]
calculadora (f)	калькулятар (м)	[kalʲku'lʲatar]
borracha (f)	сцірка (ж)	['sʦirka]
alfinete (m)	кнопка (ж)	['knɔpka]
clipe (m)	сашчэпка (ж)	[sa'ɕɕɛpka]

cola (f)	клей (м)	['klej]
grampeador (m)	стэплер (м)	['stɛpler]
furador (m) de papel	дзіркакол (м)	[dʑirka'kɔl]
apontador (m)	тачылка (ж)	[ta'ʧilka]

Emprego. Negócios. Parte 2

101. Media

jornal (m)	газета (ж)	[ha'zeta]
revista (f)	часопіс (м)	[tʃa'sɔpis]
imprensa (f)	прэса (ж)	['prɛsa]
rádio (m)	радыё (н)	['radʲio]
estação (f) de rádio	радыёстанцыя (ж)	['radʲio 'stantsʲia]
televisão (f)	тэлебачанне (н)	[tɛle'batʃanne]
apresentador (m)	вядучы (м)	[vʲa'dutʃi]
locutor (m)	дыктар (м)	['diktar]
comentarista (m)	каментатар (м)	[kamen'tatar]
jornalista (m)	журналіст (м)	[ʒurna'list]
correspondente (m)	карэспандэнт (м)	[karɛspan'dɛnt]
repórter (m) fotográfico	фотакарэспандэнт (м)	['fota karɛspan'dɛnt]
repórter (m)	рэпарцёр (м)	[rɛparʲtsʲor]
redator (m)	рэдактар (м)	[rɛ'daktar]
redator-chefe (m)	галоўны рэдактар (м)	[ha'lownɨ rɛ'daktar]
assinar a ...	падпісацца	[patpi'satsa]
assinatura (f)	падпіска (ж)	[pat'piska]
assinante (m)	падпісчык (м)	[pat'pisʲʧik]
ler (vt)	чытаць	[tʃi'tatsʲ]
leitor (m)	чытач (м)	[tʃi'tatʃ]
tiragem (f)	тыраж (м)	[ti'raʃ]
mensal (adj)	штомесячны	[ʃto'mesʲatʃni]
semanal (adj)	штотыднёвы	[ʃtotid'nʲovi]
número (jornal, revista)	нумар (м)	['numar]
recente, novo (adj)	свежы	['sveʒi]
manchete (f)	загаловак (м)	[zaha'lovak]
pequeno artigo (m)	нататка (ж)	[na'tatka]
coluna (~ semanal)	рубрыка (ж)	['rubrika]
artigo (m)	артыкул (м)	[ar'tikul]
página (f)	старонка (ж)	[sta'rɔnka]
reportagem (f)	рэпартаж (м)	[rɛpar'taʃ]
evento (festa, etc.)	падзея (ж)	[pa'dzeʲa]
sensação (f)	сенсацыя (ж)	[sen'satsʲia]
escândalo (m)	скандал (м)	[skan'dal]
escandaloso (adj)	скандальны	[skan'dalʲni]
grande (adj)	гучны	['hutʃni]
programa (m)	перадача (ж)	[pera'datʃa]
entrevista (f)	інтэрв'ю (н)	[intɛr'vʲʉ]

| transmissão (f) ao vivo | прамая трансляцыя (ж) | [pra'maʲa trans'lʲatsʲʲa] |
| canal (m) | канал (м) | [ka'nal] |

102. Agricultura

agricultura (f)	сельская гаспадарка (ж)	[selʲska'ʲa ɦaspa'darka]
camponês (m)	селянін (м)	[selʲa'nin]
camponesa (f)	сялянка (ж)	[sʲa'lʲanka]
agricultor, fazendeiro (m)	фермер (м)	['fermer]

| trator (m) | трактар (м) | ['traktar] |
| colheitadeira (f) | камбайн (м) | [kam'bajn] |

arado (m)	плуг (м)	['pluɦ]
arar (vt)	араць	[a'ratsʲ]
campo (m) lavrado	ралля (ж)	[ra'lʲʲa]
sulco (m)	баразна (ж)	[baraz'na]

semear (vt)	сеяць	['seʲatsʲ]
plantadeira (f)	сеялка (ж)	['seʲalka]
semeadura (f)	сяўба (ж)	[sʲaw'ba]

| foice (m) | каса (ж) | [ka'sa] |
| cortar com foice | касіць | [ka'sitsʲ] |

| pá (f) | лапата (ж) | [la'pata] |
| cavar (vt) | капаць | [ka'patsʲ] |

enxada (f)	матыка (ж)	[ma'tika]
capinar (vt)	палоць	[pa'lɔtsʲ]
erva (f) daninha	пустазелле (н)	[pusta'zelle]

regador (m)	палівачка (ж)	[pali'vatʃka]
regar (plantas)	паліваць	[pali'vatsʲ]
rega (f)	паліванне (н)	[pali'vanne]

| forquilha (f) | вілы (мн) | ['vilʲ] |
| ancinho (m) | граблі (мн) | ['ɦrabli] |

fertilizante (m)	угнаенне (н)	[uɦna'enne]
fertilizar (vt)	угнойваць	[u'ɦnɔjvatsʲ]
estrume, esterco (m)	гной (м)	['ɦnɔj]

campo (m)	поле (н)	['pɔle]
prado (m)	луг (м)	['luɦ]
horta (f)	агарод (м)	[aɦa'rɔt]
pomar (m)	сад (м)	['sat]

pastar (vt)	пасвіць	['pasvitsʲ]
pastor (m)	пастух (м)	[pas'tuh]
pastagem (f)	паша (ж)	['paʃa]

| pecuária (f) | жывёлагадоўля (ж) | [ʒi'wʲolaɦa'dɔwlʲa] |
| criação (f) de ovelhas | авечкагадоўля (ж) | [awetʃkaɦa'dɔwlʲa] |

plantação (f)	плантацыя (ж)	[plan'tatsʲa]
canteiro (m)	градка (ж)	['ɦratka]
estufa (f)	парнік (м)	[par'nik]

seca (f)	засуха (ж)	['zasuha]
seco (verão ~)	засушлівы	[za'suʃlivi]

grão (m)	зерне (н)	['zerne]
cereais (m pl)	зерневыя (н мн)	['zernevʲa]
colher (vt)	збіраць	[zʲbi'ratsʲ]

moleiro (m)	млынар (м)	[mlʲi'nar]
moinho (m)	млын (м)	['mlin]
moer (vt)	малоць	[ma'lɔtsʲ]
farinha (f)	мука (ж)	[mu'ka]
palha (f)	салома (ж)	[sa'lɔma]

103. Construção. Processo de construção

canteiro (m) de obras	будоўля (ж)	[bu'dɔwlʲa]
construir (vt)	будаваць	[buda'vatsʲ]
construtor (m)	будаўнік (м)	[budaw'nik]

projeto (m)	праект (м)	[pra'ekt]
arquiteto (m)	архітэктар (м)	[arhi'tɛktar]
operário (m)	рабочы (м)	[ra'bɔtʃi]

fundação (f)	падмурак (м)	[pad'murak]
telhado (m)	дах (м)	['dah]
estaca (f)	паля (ж)	['palʲa]
parede (f)	сцяна (ж)	[stsʲa'na]

colunas (f pl) de sustentação	арматура (ж)	[arma'tura]
andaime (m)	будаўнічыя	[budaw'nitʃʲa
	рыштаванні (н мн)	riʃta'vanni]

concreto (m)	бетон (м)	[be'tɔn]
granito (m)	граніт (м)	[ɦra'nit]
pedra (f)	камень (м)	['kamenʲ]
tijolo (m)	цэгла (ж)	['tsɛkla]

areia (f)	пясок (м)	[pʲa'sɔk]
cimento (m)	цэмент (м)	[tsɛ'ment]
emboço, reboco (m)	тынк (м)	['tink]
emboçar, rebocar (vt)	тынкаваць	[tinka'vatsʲ]

tinta (f)	фарба (ж)	['farba]
pintar (vt)	фарбаваць	[farba'vatsʲ]
barril (m)	бочка (ж)	['bɔtʃka]

grua (f), guindaste (m)	кран (м)	['kran]
erguer (vt)	паднімаць	[padni'matsʲ]
baixar (vt)	апускаць	[apus'katsʲ]
buldózer (m)	бульдозер (м)	[bulʲ'dɔzer]

escavadora (f)	экскаватар (м)	[ɛkska'vatar]
caçamba (f)	коўш (м)	['kɔwʃ]
escavar (vt)	капаць	[ka'patsʲ]
capacete (m) de proteção	каска (ж)	['kaska]

Profissões e ocupações

104. Procura de emprego. Demissão

trabalho (m)	праца (ж)	['pratsa]
equipe (f)	штат (м)	['ʃtat]
pessoal (m)	персанал (м)	[persa'nal]
carreira (f)	кар'ера (ж)	[kar'''era]
perspectivas (f pl)	перспектыва (ж)	[perspek'tiva]
habilidades (f pl)	майстэрства (н)	[maj'stɛrstva]
seleção (f)	падбор (м)	[pad'bɔr]
agência (f) de emprego	кадравае агенцтва (н)	['kadravae a'ɦentstva]
currículo (m)	рэзюмэ (н)	[rɛzʉ'mɛ]
entrevista (f) de emprego	сумоўе (н)	[su'mɔwe]
vaga (f)	вакансія (ж)	[va'kansiʲa]
salário (m)	заробак (м)	[za'rɔbak]
salário (m) fixo	аклад (м)	[ak'lat]
pagamento (m)	аплата (ж)	[a'plata]
cargo (m)	пасада (ж)	[pa'sada]
dever (do empregado)	абавязак (м)	[aba'vʲazak]
gama (f) de deveres	кола (н)	['kɔla]
ocupado (adj)	заняты	[za'nʲati]
despedir, demitir (vt)	звольніць	['zvɔlʲnitsʲ]
demissão (f)	звальненне (н)	[zvalʲ'nenne]
desemprego (m)	беспрацоўе (н)	[bespra'tsɔwe]
desempregado (m)	беспрацоўны (м)	[bespra'tsɔwni]
aposentadoria (f)	пенсія (ж)	['pensiʲa]
aposentar-se (vr)	пайсці на пенсію	[pajs'tsi na 'pensiʉ]

105. Gente de negócios

diretor (m)	дырэктар (м)	[di'rɛktar]
gerente (m)	загадчык (м)	[za'ɦatʃik]
patrão, chefe (m)	кіраўнік (м)	[kiraw'nik]
superior (m)	начальнік (м)	[na'tʃalʲnik]
superiores (m pl)	начальства (н)	[na'tʃalʲstva]
presidente (m)	прэзідэнт (м)	[prɛzi'dɛnt]
chairman (m)	старшыня (ж)	[starʃi'nʲa]
substituto (m)	намеснік (м)	[na'mesnik]
assistente (m)	памочнік (м)	[pa'mɔtʃnik]

| secretário (m) | сакратар (м) | [sakra'tar] |
| secretário (m) pessoal | асабісты сакратар (м) | [asa'bisti sakra'tar] |

homem (m) de negócios	бізнэсмен (м)	[biznɛs'men]
empreendedor (m)	прадпрымальнік (м)	[pratpri'malʲnik]
fundador (m)	заснавальнік (м)	[zasna'valʲnik]
fundar (vt)	заснаваць	[zasna'vatsʲ]

principiador (m)	заснавальнік (м)	[zasna'valʲnik]
parceiro, sócio (m)	партнёр (м)	[part'nʲor]
acionista (m)	акцыянер (м)	[aktsiʲa'ner]

milionário (m)	мільянер (м)	[milʲa'ner]
bilionário (m)	мільярдэр (м)	[milʲar'dɛr]
proprietário (m)	уладальнік (м)	[ula'dalʲnik]
proprietário (m) de terras	землеўладальнік (м)	[zemlewla'dalʲnik]

cliente (m)	кліент (м)	[kli'ent]
cliente (m) habitual	сталы кліент (м)	[stali kli'ent]
comprador (m)	пакупнік (м)	[pakup'nik]
visitante (m)	наведвальнік (м)	[na'vedvalʲnik]

profissional (m)	прафесіянал (м)	[prafesiʲa'nal]
perito (m)	эксперт (м)	[ɛks'pert]
especialista (m)	спецыяліст (м)	[spetsiʲa'list]

| banqueiro (m) | банкір (м) | [ban'kir] |
| corretor (m) | брокер (м) | ['brɔker] |

caixa (m, f)	касір (м)	[ka'sir]
contador (m)	бухгалтар (м)	[buh'ɦaltar]
guarda (m)	ахоўнік (м)	[a'ɦɔwnik]

investidor (m)	інвестар (м)	[in'vestar]
devedor (m)	даўжнік (м)	[dawʒ'nik]
credor (m)	крэдытор (м)	[krɛdi'tɔr]
mutuário (m)	пазычальнік (м)	[pazi'tʃalʲnik]

| importador (m) | імпарцёр (м) | [impar'tsʲor] |
| exportador (m) | экспарцёр (м) | [ɛkspar'tsʲor] |

produtor (m)	вытворца (м)	[vit'vɔrtsa]
distribuidor (m)	дыстрыб'ютар (м)	[distrib"utar]
intermediário (m)	пасярэднік (м)	[pasʲa'rɛdnik]

consultor (m)	кансультант (м)	[kansulʲ'tant]
representante comercial	прадстаўнік (м)	[pratsstaw'nik]
agente (m)	агент (м)	[a'ɦent]
agente (m) de seguros	страхавы агент (м)	[straha'vi a'ɦent]

106. Profissões de serviços

| cozinheiro (m) | повар (м) | ['pɔvar] |
| chefe (m) de cozinha | шэф-повар (м) | [ʃɛf'pɔvar] |

padeiro (m)	пекар (м)	['pekar]
barman (m)	бармэн (м)	[bar'mɛn]
garçom (m)	афіцыянт (м)	[afitsiˈant]
garçonete (f)	афіцыянтка (ж)	[afitsiˈantka]

advogado (m)	адвакат (м)	[adva'kat]
jurista (m)	юрыст (м)	[ʉ'rist]
notário (m)	натарыус (м)	[na'tarius]

eletricista (m)	электрык (м)	[ɛ'lektrik]
encanador (m)	сантэхнік (м)	[san'tɛhnik]
carpinteiro (m)	цясляр (м)	[tsⁱas'lʲar]

massagista (m)	масажыст (м)	[masa'ʒist]
massagista (f)	масажыстка (ж)	[masa'ʒistka]
médico (m)	урач (м)	[u'ratʃ]

taxista (m)	таксіст (м)	[tak'sist]
condutor (automobilista)	шафёр (м)	[ʃa'fⁱor]
entregador (m)	кур'ер (м)	[kur”er]

camareira (f)	пакаёўка (ж)	[pakaˈⁱowka]
guarda (m)	ахоўнік (м)	[a'hɔwnik]
aeromoça (f)	сцюардэса (ж)	[sⁱtsʉar'dɛsa]

professor (m)	настаўнік (м)	[na'stawnik]
bibliotecário (m)	бібліятэкар (м)	[bibliⁱa'tɛkar]
tradutor (m)	перакладчык (м)	[pera'klatʃik]
intérprete (m)	перакладчык (м)	[pera'klatʃik]
guia (m)	гід, экскурсавод (м)	['ɦit], [ɛkskursa'vɔt]

cabeleireiro (m)	цырульнік (м)	[tsɨ'rulʲnik]
carteiro (m)	паштальён (м)	[paʃta'lʲɔn]
vendedor (m)	прадавец (м)	[prada'vets]

jardineiro (m)	садоўнік (м)	[sa'dɔwnik]
criado (m)	слуга (м, ж)	[slu'ɦa]
criada (f)	служанка (ж)	[slu'ʒanka]
empregada (f) de limpeza	прыбіральшчыца (ж)	[pribi'ralⁱʃɕitsa]

107. Profissões militares e postos

soldado (m) raso	радавы (м)	[rada'vi]
sargento (m)	сяржант (м)	[sⁱar'ʒant]
tenente (m)	лейтэнант (м)	[lejtɛ'nant]
capitão (m)	капітан (м)	[kapi'tan]

major (m)	маёр (м)	[ma'ⁱor]
coronel (m)	палкоўнік (м)	[pal'kɔwnik]
general (m)	генерал (м)	[ɦene'ral]
marechal (m)	маршал (м)	['marʃal]
almirante (m)	адмірал (м)	[admi'ral]
militar (m)	вайсковец (м)	[vajs'kɔvets]
soldado (m)	салдат (м)	[sal'dat]

| oficial (m) | афіцэр (м) | [afi'tsɛr] |
| comandante (m) | камандзір (м) | [kaman'dzir] |

guarda (m) de fronteira	пагранічнік (м)	[paɦra'nitʃnik]
operador (m) de rádio	радыст (м)	[ra'dist]
explorador (m)	разведчык (м)	[raz'vetʃik]
sapador-mineiro (m)	сапёр (м)	[sa'pʲor]
atirador (m)	стралок (м)	[stra'lɔk]
navegador (m)	штурман (м)	['ʃturman]

108. Oficiais. Padres

| rei (m) | кароль (м) | [ka'rɔlʲ] |
| rainha (f) | каралева (ж) | [kara'leva] |

| príncipe (m) | прынц (м) | ['prints] |
| princesa (f) | прынцэса (ж) | [prin'tsɛsa] |

| czar (m) | цар (м) | ['tsar] |
| czarina (f) | царыца (ж) | [tsa'ritsa] |

presidente (m)	Прэзідэнт (м)	[prɛzi'dɛnt]
ministro (m)	міністр (м)	[mi'nistr]
primeiro-ministro (m)	прэм'ер-міністр (м)	[prɛmʷ'er mi'nistr]
senador (m)	сенатар (м)	[se'natar]

diplomata (m)	дыпламат (м)	[dipla'mat]
cônsul (m)	консул (м)	['kɔnsul]
embaixador (m)	пасол (м)	[pa'sɔl]
conselheiro (m)	саветнік (м)	[sa'vetnik]

funcionário (m)	чыноўнік (м)	[tʃi'nɔwnik]
prefeito (m)	прэфект (м)	[prɛ'fekt]
Presidente (m) da Câmara	мэр (м)	['mɛr]

| juiz (m) | суддзя (м) | [su'dzʲa] |
| procurador (m) | пракурор (м) | [praku'rɔr] |

missionário (m)	місіянер (м)	[misiʲa'ner]
monge (m)	манах (м)	[ma'nah]
abade (m)	абат (м)	[a'bat]
rabino (m)	рабін (м)	[ra'bin]

vizir (m)	візір (м)	[vi'zir]
xá (m)	шах (м)	['ʃah]
xeique (m)	шэйх (м)	['ʃɛjh]

109. Profissões agrícolas

abelheiro (m)	пчаляр (м)	[ptʃa'lʲar]
pastor (m)	пастух (м)	[pas'tuh]
agrônomo (m)	аграном (м)	[aɦra'nɔm]

criador (m) de gado	жывёлавод (м)	[ʒɨ'vʲola'vɔt]
veterinário (m)	ветэрынар (м)	[vetɛri'nar]

agricultor, fazendeiro (m)	фермер (м)	['fermer]
vinicultor (m)	вінароб (м)	[vina'rɔp]
zoólogo (m)	заолаг (м)	[za'ɔlaɦ]
vaqueiro (m)	каўбой (м)	[kaw'bɔj]

110. Profissões artísticas

ator (m)	акцёр (м)	[ak'tsʲor]
atriz (f)	актрыса (ж)	[akt'risa]

cantor (m)	спявак (м)	[spʲa'vak]
cantora (f)	спявачка (ж)	[spʲa'vatʃka]

bailarino (m)	танцор (м)	[tan'tsɔr]
bailarina (f)	танцоўшчыца (ж)	[tan'tsɔwʃçitsa]

artista (m)	артыст (м)	[ar'tist]
artista (f)	артыстка (ж)	[ar'tistka]

músico (m)	музыка (м)	[mu'zika]
pianista (m)	піяніст (м)	[piʲa'nist]
guitarrista (m)	гітарыст (м)	[ɦita'rist]

maestro (m)	дырыжор (м)	[diri'ʒɔr]
compositor (m)	кампазітар (м)	[kampa'zitar]
empresário (m)	імпрэсарыо (м)	[imprɛ'sariɔ]

diretor (m) de cinema	рэжысёр (м)	[rɛʒi'sʲor]
produtor (m)	прадзюсер (м)	[pra'dzʉser]
roteirista (m)	сцэнарыст (м)	[stsɛna'rist]
crítico (m)	крытык (м)	['kritik]

escritor (m)	пісьменнік (м)	[pisʲ'mennik]
poeta (m)	паэт (м)	[pa'ɛt]
escultor (m)	скульптар (м)	['skulʲptar]
pintor (m)	мастак (м)	[mas'tak]

malabarista (m)	жанглёр (м)	[ʒanɦ'lʲor]
palhaço (m)	клоун (м)	['klɔun]
acrobata (m)	акрабат (м)	[akra'bat]
ilusionista (m)	фокуснік (м)	['fɔkusnik]

111. Várias profissões

médico (m)	урач (м)	[u'ratʃ]
enfermeira (f)	медсястра (ж)	[metsʲas'tra]
psiquiatra (m)	псіхіятр (м)	[psihiʲ'atr]
dentista (m)	стаматолаг (м)	[stama'tɔlaɦ]
cirurgião (m)	хірург (м)	[hi'rurɦ]

astronauta (m)	астранаўт (м)	[astra'nawt]
astrônomo (m)	астраном (м)	[astra'nɔm]
piloto (m)	лётчык, пілот (м)	[lʲottʃik], [pi'lot]
motorista (m)	вадзіцель (м)	[va'dzitselʲ]
maquinista (m)	машыніст (м)	[maʃi'nist]
mecânico (m)	механік (м)	[me'hanik]
mineiro (m)	шахцёр (м)	[ʃah'tsʲor]
operário (m)	рабочы (м)	[ra'bɔtʃi]
serralheiro (m)	слесар (м)	['slesar]
marceneiro (m)	сталяр (м)	[sta'lʲar]
torneiro (m)	токар (м)	['tɔkar]
construtor (m)	будаўнік (м)	[budaw'nik]
soldador (m)	зваршчык (м)	['zvarʃɕik]
professor (m)	прафесар (м)	[pra'fesar]
arquiteto (m)	архітэктар (м)	[arhi'tɛktar]
historiador (m)	гісторык (м)	[his'tɔrik]
cientista (m)	навуковец (м)	[navu'kɔvets]
físico (m)	фізік (м)	['fizik]
químico (m)	хімік (м)	['himik]
arqueólogo (m)	археолаг (м)	[arhe'ɔlaɦ]
geólogo (m)	геолаг (м)	[ɦe'ɔlaɦ]
pesquisador (cientista)	даследчык (м)	[da'sletʃik]
babysitter, babá (f)	нянька (ж)	['nʲanʲka]
professor (m)	педагог (м)	[peda'ɦɔɦ]
redator (m)	рэдактар (м)	[rɛ'daktar]
redator-chefe (m)	галоўны рэдактар (м)	[ɦa'lɔwni rɛ'daktar]
correspondente (m)	карэспандэнт (м)	[karɛspan'dɛnt]
datilógrafa (f)	машыністка (ж)	[maʃi'nistka]
designer (m)	дызайнер (м)	[di'zajner]
especialista (m) em informática	камп'ютэршчык (м)	[kamp"ʉtɛrʃɕik]
programador (m)	праграміст (м)	[praɦra'mist]
engenheiro (m)	інжынер (м)	[inʒi'ner]
marujo (m)	марак (м)	[ma'rak]
marinheiro (m)	матрос (м)	[mat'rɔs]
socorrista (m)	ратавальнік (м)	[rata'valʲnik]
bombeiro (m)	пажарны (м)	[pa'ʒarni]
polícia (m)	паліцэйскі (м)	[pali'tsɛjski]
guarda-noturno (m)	вартаўнік (м)	[vartaw'nik]
detetive (m)	сышчык (м)	['siʃɕik]
funcionário (m) da alfândega	мытнік (м)	['mitnik]
guarda-costas (m)	целаахоўнік (м)	[tselaa'ɦɔwnik]
guarda (m) prisional	наглядчык (м)	[na'ɦlʲatʃik]
inspetor (m)	інспектар (м)	[in'spektar]
esportista (m)	спартсмен (м)	[sparts'men]
treinador (m)	трэнер (м)	['trɛner]

açougueiro (m)	мяснік (м)	[mʲas'nik]
sapateiro (m)	шавец (м)	[ʃa'vets]
comerciante (m)	камерсант (м)	[kamer'sant]
carregador (m)	грузчык (м)	['ɦruʃɕik]

estilista (m)	мадэльер (м)	[madɛ'lʲer]
modelo (f)	мадэль (ж)	[ma'dɛlʲ]

112. Ocupações. Estatuto social

estudante (~ de escola)	школьнік (м)	['ʃkolʲnik]
estudante (~ universitária)	студэнт (м)	[stu'dɛnt]

filósofo (m)	філосаф (м)	[fi'lɔsaf]
economista (m)	эканаміст (м)	[ɛkana'mist]
inventor (m)	вынаходца (м)	[vina'ɦɔtsa]

desempregado (m)	беспрацоўны (м)	[bespra'tsɔwnɨ]
aposentado (m)	пенсіянер (м)	[pensiʲa'ner]
espião (m)	шпіён (м)	['ʃpiʲon]

preso, prisioneiro (m)	зняволены (м)	[znʲa'vɔleni]
grevista (m)	забастоўшчык (м)	[zaba'stɔwʃɕik]
burocrata (m)	бюракрат (м)	[bɨra'krat]
viajante (m)	падарожнік (м)	[pada'rɔʒnik]

homossexual (m)	гомасексуаліст (м)	[ɦomaseksua'list]
hacker (m)	хакер (м)	['haker]

bandido (m)	бандыт (м)	[ban'dit]
assassino (m)	наёмны забойца (м)	[naʲiomnɨ za'bɔjtsa]
drogado (m)	наркаман (м)	[narka'man]
traficante (m)	наркагандляр (м)	[narkaɦand'lʲar]
prostituta (f)	прастытутка (ж)	[prastɨ'tutka]
cafetão (m)	сутэнёр (м)	[sutɛ'nʲor]

bruxo (m)	вядзьмак (м)	[vʲadzj'mak]
bruxa (f)	вядзьмарка (ж)	[vʲadzj'marka]
pirata (m)	пірат (м)	[pi'rat]
escravo (m)	раб (м)	['rap]
samurai (m)	самурай (м)	[samu'raj]
selvagem (m)	дзікун (м)	[dzi'kun]

Desportos

113. Tipos de desportos. Desportistas

esportista (m)	спартсмен (м)	[sparts'men]
tipo (m) de esporte	від (м) спорту	['vit 'spɔrtu]
basquete (m)	баскетбол (м)	[basked'bɔl]
jogador (m) de basquete	баскетбаліст (м)	[baskedba'list]
beisebol (m)	бейсбол (м)	[bejz'bɔl]
jogador (m) de beisebol	бейсбаліст (м)	[bejzba'list]
futebol (m)	футбол (м)	[fud'bɔl]
jogador (m) de futebol	футбаліст (м)	[fudba'list]
goleiro (m)	варатар (м)	[vara'tar]
hóquei (m)	хакей (м)	[ha'kej]
jogador (m) de hóquei	хакеіст (м)	[hake'ist]
vôlei (m)	валейбол (м)	[valej'bɔl]
jogador (m) de vôlei	валейбаліст (м)	[valejba'list]
boxe (m)	бокс (м)	['bɔks]
boxeador (m)	баксёр (м)	[bak'sʲor]
luta (f)	барацьба (ж)	[baradzj'ba]
lutador (m)	барэц (м)	[ba'rɛts]
caratê (m)	каратэ (н)	[kara'tɛ]
carateca (m)	каратыст (м)	[kara'tist]
judô (m)	дзюдо (н)	[dzu'dɔ]
judoca (m)	дзюдаіст (м)	[dzuda'ist]
tênis (m)	тэніс (м)	['tɛnis]
tenista (m)	тэнісіст (м)	[tɛni'sist]
natação (f)	плаванне (н)	['plavanne]
nadador (m)	плывец (м)	[plʲ'vets]
esgrima (f)	фехтаванне (н)	[fehta'vanne]
esgrimista (m)	фехтавальшчык (м)	[fehta'valʲʃɕik]
xadrez (m)	шахматы (мн)	['ʃahmatɨ]
jogador (m) de xadrez	шахматыст (м)	[ʃahma'tist]
alpinismo (m)	альпінізм (м)	[alʲpi'nizm]
alpinista (m)	альпініст (м)	[alʲpi'nist]
corrida (f)	бег (м)	['beɦ]

corredor (m)	бягун (м)	[bʲa'ɦun]
atletismo (m)	лёгкая атлетыка (ж)	['lʲoɦkaʲa at'letika]
atleta (m)	атлет (м)	[at'let]

hipismo (m)	конны спорт (м)	['kɔnnɨ 'spɔrt]
cavaleiro (m)	коннік (м)	['kɔnnik]

patinação (f) artística	фігурнае катанне (н)	[fi'ɦurnae ka'tanne]
patinador (m)	фігурыст (м)	[fiɦu'rist]
patinadora (f)	фігурыстка (ж)	[fiɦu'ristka]

halterofilismo (m)	цяжкая атлетыка (ж)	['tsʲaʃkaʲa at'letika]
halterofilista (m)	цяжкаатлет, штангіст (м)	[tsʲaʒkaat'let], [ʃtan'ɦist]
corrida (f) de carros	аўтагонкі (ж мн)	[awta'ɦɔnki]
piloto (m)	гоншчык (м)	['ɦɔnʃɕik]

ciclismo (m)	веласпорт (м)	[vela'spɔrt]
ciclista (m)	веласіпедыст (м)	[velasipe'dist]

salto (m) em distância	скачкі (м мн) ў даўжыню	[ska'ʧki w dawʒɨ'nʉ]
salto (m) com vara	скачкі (м мн) з шастом	[skaʧ'ki s ʃas'tɔm]
atleta (m) de saltos	скакун (м)	[ska'kun]

114. Tipos de desportos. Diversos

futebol (m) americano	амерыканскі футбол (м)	[ameri'kanski fud'bɔl]
badminton (m)	бадмінтон (м)	[badmin'tɔn]
biatlo (m)	біятлон (м)	[biʲat'lɔn]
bilhar (m)	більярд (м)	[bi'ljart]

bobsled (m)	бобслей (м)	['bɔpslej]
musculação (f)	бодыбілдынг (м)	[bɔdi'bildinɦ]
polo (m) aquático	воднае пола (н)	['vɔdnae 'pɔla]
handebol (m)	гандбол (м)	[ɦand'bɔl]
golfe (m)	гольф (м)	['ɦɔlʲf]

remo (m)	веславанне (н)	[vesla'vanne]
mergulho (m)	дайвінг (м)	['dajvinɦ]
corrida (f) de esqui	лыжныя гонкі (ж мн)	['lɨʒnʲa 'ɦɔnki]
tênis (m) de mesa	настольны тэніс (м)	[na'stɔlʲnɨ 'tɛnis]

vela (f)	парусны спорт (м)	['parusnɨ 'spɔrt]
rali (m)	ралі (н)	['rali]
rúgbi (m)	рэгбі (н)	['rɛɦbi]
snowboard (m)	снаўборд (м)	[snaw'bɔrt]
arco-e-flecha (m)	стральба (ж) з лука	[stralʲ'ba z 'luka]

115. Ginásio

barra (f)	штанга (ж)	['ʃtanɦa]
halteres (m pl)	гантэлі (ж мн)	[ɦan'tɛli]
aparelho (m) de musculação	трэнажор (м)	[trɛna'ʒɔr]

| bicicleta (f) ergométrica | велатрэнажор (м) | [velatrɛna'ʒor] |
| esteira (f) de corrida | бегавая дарожка (ж) | [beħa'vaʲa da'roʃka] |

barra (f) fixa	перакладзіна (ж)	[pera'kladzina]
barras (f pl) paralelas	брусы (м мн)	[bru'si]
cavalo (m)	конь (м)	['konʲ]
tapete (m) de ginástica	мат (м)	['mat]

corda (f) de saltar	скакалка (ж)	[ska'kalka]
aeróbica (f)	аэробіка (ж)	[aɛ'robika]
ioga, yoga (f)	ёга (ж)	['ʲoħa]

116. Desportos. Diversos

Jogos (m pl) Olímpicos	Алімпійскія гульні (ж мн)	[alim'pijskiʲa 'ħulʲni]
vencedor (m)	пераможца (м)	[pera'moʃtsa]
vencer (vi)	перамагаць	[perama'ħatsʲ]
vencer (vi, vt)	выйграць	['vijħratsʲ]

| líder (m) | лідэр (м) | ['lidɛr] |
| liderar (vt) | лідзіраваць | [li'dziravatsʲ] |

primeiro lugar (m)	першае месца (н)	['perʃae 'mestsa]
segundo lugar (m)	другое месца (н)	[dru'ħoe 'mestsa]
terceiro lugar (m)	трэцяе месца (н)	['trɛtsʲae 'mestsa]

medalha (f)	медаль (м)	[me'dalʲ]
troféu (m)	трафей (м)	[tra'fej]
taça (f)	кубак (м)	['kubak]
prêmio (m)	прыз (м)	['pris]
prêmio (m) principal	галоўны прыз (м)	[ħa'lowni 'pris]

| recorde (m) | рэкорд (м) | [rɛ'kort] |
| estabelecer um recorde | ставіць рэкорд | ['stavitsʲ rɛ'kort] |

| final (m) | фінал (м) | [fi'nal] |
| final (adj) | фінальны | [fi'nalʲni] |

| campeão (m) | чэмпіён (м) | [tʃɛmpiʲon] |
| campeonato (m) | чэмпіянат (м) | [tʃɛmpiʲa'nat] |

estádio (m)	стадыён (м)	[stadiʲon]
arquibancadas (f pl)	трыбуна (ж)	[tri'buna]
fã, torcedor (m)	заўзятар (м)	[zaw'zʲatar]
adversário (m)	праціўнік (м)	[pra'tsiwnik]

| partida (f) | старт (м) | ['start] |
| linha (f) de chegada | фініш (м) | ['finiʃ] |

| derrota (f) | паражэнне (н) | [para'ʒɛnne] |
| perder (vt) | прайграць | [praj'ħratsʲ] |

| árbitro, juiz (m) | суддзя (м) | [su'dzʲa] |
| júri (m) | журы (н) | [ʒu'ri] |

resultado (m)	лік (м)	['lik]
empate (m)	нічыя (ж)	[nitʃi'ʲa]
empatar (vi)	згуляць унічыю	[zɣu'lʲatsʲ unitʃi'ʉ]
ponto (m)	ачко (н)	[atʃ'kɔ]
resultado (m) final	вынік (м)	['vinik]

tempo (m)	тайм, перыяд (м)	['tajm], [pe'riʲat]
intervalo (m)	перапынак (м)	[pera'pinak]
doping (m)	допінг (м)	['dɔpinɦ]
penalizar (vt)	штрафаваць	[ʃtrafa'vatsʲ]
desqualificar (vt)	дысквалифікаваць	[diskvalifika'vatsʲ]

aparelho, aparato (m)	прылада (ж)	[pri'lada]
dardo (m)	кап'ё (н)	[ka'pʲˀo]
peso (m)	ядро (н)	[ʲad'rɔ]
bola (f)	шар (м)	['ʃar]

alvo, objetivo (m)	цэль (ж)	['tsɛlʲ]
alvo (~ de papel)	мішэнь (ж)	[mi'ʃɛnʲ]
disparar, atirar (vi)	страляць	[stra'lʲatsʲ]
preciso (tiro ~)	дакладны	[da'kladni]

treinador (m)	трэнер (м)	['trɛner]
treinar (vt)	трэніраваць	[trɛnira'vatsʲ]
treinar-se (vr)	трэніравацца	[trɛnira'vatsa]
treino (m)	трэніроўка (ж)	[trɛni'rɔwka]

academia (f) de ginástica	спартзала (ж)	[spar'dzala]
exercício (m)	практыкаванне (н)	[praktika'vanne]
aquecimento (m)	размінка (ж)	[raz'minka]

Educação

117. Escola

escola (f)	школа (ж)	[ˈʃkɔla]
diretor (m) de escola	дырэктар (м) школы	[diˈrɛktar ˈʃkɔli]
aluno (m)	вучань (м)	[ˈvutʃanʲ]
aluna (f)	вучаніца (ж)	[vutʃaˈnitsa]
estudante (m)	школьнік (м)	[ˈʃkɔlʲnik]
estudante (f)	школьніца (ж)	[ˈʃkɔlʲnitsa]
ensinar (vt)	навучаць	[navuˈtʃatsʲ]
aprender (vt)	вучыць	[vuˈtʃitsʲ]
decorar (vt)	вучыць напамяць	[vuˈtʃits naˈpamʲatsʲ]
estudar (vi)	вучыцца	[vuˈtʃitsa]
estar na escola	вучыцца	[vuˈtʃitsa]
ir à escola	ісці ў школу	[isˈtsi w ˈʃkɔlu]
alfabeto (m)	алфавіт (м)	[alfaˈvit]
disciplina (f)	прадмет (м)	[pradˈmet]
sala (f) de aula	клас (м)	[ˈklas]
lição, aula (f)	урок (м)	[uˈrɔk]
recreio (m)	перапынак (м)	[peraˈpinak]
toque (m)	званок (м)	[zvaˈnɔk]
classe (f)	парта (ж)	[ˈparta]
quadro (m) negro	дошка (ж)	[ˈdɔʃka]
nota (f)	адзнака (ж)	[adˈznaka]
boa nota (f)	добрая адзнака (ж)	[ˈdɔbraʲa adˈznaka]
nota (f) baixa	дрэнная адзнака (ж)	[ˈdrɛnnaʲa adˈznaka]
dar uma nota	ставіць адзнаку	[ˈstavitsʲ adˈznaku]
erro (m)	памылка (ж)	[paˈmilka]
errar (vi)	рабіць памылкі	[raˈbitsʲ paˈmilki]
corrigir (~ um erro)	выпраўляць	[viprawˈlʲatsʲ]
cola (f)	шпаргалка (ж)	[ʃparˈɦalka]
dever (m) de casa	дамашняе заданне (н)	[daˈmaʃnʲae zaˈdanne]
exercício (m)	практыкаванне (н)	[praktikaˈvanne]
estar presente	прысутнічаць	[priˈsutnitʃatsʲ]
estar ausente	адсутнічаць	[aˈtsutnitʃatsʲ]
faltar às aulas	прапускаць урокі	[prapusˈkatsʲ uˈroki]
punir (vt)	караць	[kaˈratsʲ]
punição (f)	пакаранне (н)	[pakaˈranne]
comportamento (m)	паводзіны (мн)	[paˈvɔdzini]

boletim (m) escolar	дзённік (м)	['dzʲonnik]
lápis (m)	аловак (м)	[a'lɔvak]
borracha (f)	сцірка (ж)	['stsirka]
giz (m)	крэйда (ж)	['krɛjda]
porta-lápis (m)	пенал (м)	[pe'nal]
mala, pasta, mochila (f)	партфель (м)	[part'felʲ]
caneta (f)	ручка (ж)	['rutʃka]
caderno (m)	сшытак (м)	['ʃitak]
livro (m) didático	падручнік (м)	[pad'rutʃnik]
compasso (m)	цыркуль (м)	['tsirkulʲ]
traçar (vt)	чарціць	[tʃar'tsitsʲ]
desenho (m) técnico	чарцёж (м)	[tʃar'tsʲoʃ]
poesia (f)	верш (м)	['verʃ]
de cor	напамяць	[na'pamʲatsʲ]
decorar (vt)	вучыць напамяць	[vu'tʃits na'pamʲatsʲ]
férias (f pl)	канікулы (мн)	[ka'nikuli]
estar de férias	быць на канікулах	[bitsʲ na ka'nikulah]
passar as férias	правесці канікулы	[pra'vestsi ka'nikuli]
teste (m), prova (f)	кантрольная работа (ж)	[kan'trolʲnaʲa ra'bota]
redação (f)	сачыненне (н)	[satʃi'nenne]
ditado (m)	дыктоўка (ж)	[dik'tɔwka]
exame (m), prova (f)	экзамен (м)	[ɛg'zamen]
fazer prova	здаваць экзамены	[zda'vatsʲ ɛh'zameni]
experiência (~ química)	дослед (м)	['dɔslet]

118. Colégio. Universidade

academia (f)	акадэмія (ж)	[aka'dɛmiʲa]
universidade (f)	універсітэт (м)	[universi'tɛt]
faculdade (f)	факультэт (м)	[fakulʲ'tɛt]
estudante (m)	студэнт (м)	[stu'dɛnt]
estudante (f)	студэнтка (ж)	[stu'dɛntka]
professor (m)	выкладчык (м)	[vɨk'latʃik]
auditório (m)	аўдыторыя (ж)	[awdi'toriʲa]
graduado (m)	выпускнік (м)	[vɨpusk'nik]
diploma (m)	дыплом (м)	[dip'lɔm]
tese (f)	дысертацыя (ж)	[diser'tatsiʲa]
estudo (obra)	даследаванне (н)	[da'sledavanne]
laboratório (m)	лабараторыя (ж)	[labara'toriʲa]
palestra (f)	лекцыя (ж)	['lektsiʲa]
colega (m) de curso	аднакурснік (м)	[adna'kursnik]
bolsa (f) de estudos	стыпендыя (ж)	[sti'pendiʲa]
grau (m) acadêmico	навуковая ступень (ж)	[navu'kovaʲa stu'penʲ]

119. Ciências. Disciplinas

matemática (f)	матэматыка (ж)	[matɛ'matɨka]
álgebra (f)	алгебра (ж)	['alɦebra]
geometria (f)	геаметрыя (ж)	[ɦea'metrɨʲa]
astronomia (f)	астраномія (ж)	[astra'nɔmiʲa]
biologia (f)	біялогія (ж)	[biʲa'lɔɦiʲa]
geografia (f)	геаграфія (ж)	[ɦea'ɦrafiʲa]
geologia (f)	геалогія (ж)	[ɦea'lɔɦiʲa]
história (f)	гісторыя (ж)	[ɦis'tɔriʲa]
medicina (f)	медыцына (ж)	[medi'tsɨna]
pedagogia (f)	педагогіка (ж)	[peda'ɦɔɦika]
direito (m)	права (н)	['prava]
física (f)	фізіка (ж)	['fizika]
química (f)	хімія (ж)	['himiʲa]
filosofia (f)	філасофія (ж)	[fila'sɔfiʲa]
psicologia (f)	псіхалогія (ж)	[psiha'lɔɦiʲa]

120. Sistema de escrita. Ortografia

gramática (f)	граматыка (ж)	[ɦra'matɨka]
vocabulário (m)	лексіка (ж)	['leksika]
fonética (f)	фанетыка (ж)	[fa'netɨka]
substantivo (m)	назоўнік (м)	[na'zɔwnik]
adjetivo (m)	прыметнік (м)	[pri'metnik]
verbo (m)	дзеяслоў (м)	[dzeʲa'slɔw]
advérbio (m)	прыслоўе (н)	[pri'slɔwe]
pronome (m)	займеннік (м)	[zaj'mennik]
interjeição (f)	выклічнік (м)	[vik'litʃnik]
preposição (f)	прыназоўнік (м)	[prina'zɔwnik]
raiz (f)	корань (м) слова	['kɔranʲ 'slɔva]
terminação (f)	канчатак (м)	[kan'tʃatak]
prefixo (m)	прыстаўка (ж)	[pri'stawka]
sílaba (f)	склад (м)	['sklat]
sufixo (m)	суфікс (м)	['sufiks]
acento (m)	націск (м)	['natsisk]
apóstrofo (f)	апостраф (м)	[a'pɔstraf]
ponto (m)	кропка (ж)	['krɔpka]
vírgula (f)	коска (ж)	['kɔska]
ponto e vírgula (m)	кропка (ж) з коскай	['krɔpka s 'kɔskaj]
dois pontos (m pl)	двукроп'е (н)	[dvu'krɔpʲe]
reticências (f pl)	шматкроп'е (н)	[ʃmat'krɔpʲe]
ponto (m) de interrogação	пытальнік (м)	[pɨ'talʲnik]
ponto (m) de exclamação	клічнік (м)	['klitʃnik]

aspas (f pl)	двукоссе (н)	[dvu'kɔsse]
entre aspas	у двукоссі	[u dvu'kɔssi]
parênteses (m pl)	дужкі (ж мн)	['duʃki]
entre parênteses	у дужках	[u 'duʃkah]

hífen (m)	дэфіс (м)	[dɛ'fis]
travessão (m)	працяжнік (м)	[pra'tsʲaʒnik]
espaço (m)	прабел (м)	[pra'bel]

| letra (f) | літара (ж) | ['litara] |
| letra (f) maiúscula | вялікая літара (ж) | [vʲa'likaʲa 'litara] |

| vogal (f) | галосны гук (м) | [ɦa'lɔsnɨ 'ɦuk] |
| consoante (f) | зычны гук (м) | [zɨtʃnɨ 'ɦuk] |

frase (f)	сказ (м)	['skas]
sujeito (m)	дзейнік (м)	['dzejnik]
predicado (m)	выказнік (м)	[vɨ'kazʲnik]

linha (f)	радок (м)	[ra'dɔk]
em uma nova linha	з новага радка	[z 'nɔvaɦa rat'ka]
parágrafo (m)	абзац (м)	[ab'zats]

palavra (f)	слова (н)	['slɔva]
grupo (m) de palavras	словазлучэнне (н)	[slɔvazlu'tʃɛnne]
expressão (f)	выраз (м)	['vɨras]
sinônimo (m)	сінонім (м)	[si'nɔnim]
antônimo (m)	антонім (м)	[an'tɔnim]

regra (f)	правіла (н)	['pravila]
exceção (f)	выключэнне (н)	[vɨklʉ'tʃɛnne]
correto (adj)	правільны	['pravilʲnɨ]

conjugação (f)	спражэнне (н)	[spra'ʒɛnne]
declinação (f)	скланенне (н)	[skla'nenne]
caso (m)	склон (м)	['sklɔn]
pergunta (f)	пытанне (н)	[pɨ'tanne]
sublinhar (vt)	падкрэсліць	[pat'krɛslitsʲ]
linha (f) pontilhada	пункцір (м)	[punk'tsir]

121. Línguas estrangeiras

língua (f)	мова (ж)	['mɔva]
estrangeiro (adj)	замежны	[za'meʒnɨ]
língua (f) estrangeira	замежная мова (ж)	[za'meʒnaʲa 'mɔva]
estudar (vt)	вывучаць	[vɨvu'tʃatsʲ]
aprender (vt)	вучыць	[vu'tʃɨtsʲ]

ler (vt)	чытаць	[tʃɨ'tatsʲ]
falar (vi)	гаварыць	[ɦava'rɨtsʲ]
entender (vt)	разумець	[razu'metsʲ]
escrever (vt)	пісаць	[pi'satsʲ]
rapidamente	хутка	['hutka]
devagar, lentamente	павольна	[pa'vɔlʲna]

fluentemente	лёгка	['lʲofka]
regras (f pl)	правілы (н мн)	['pravilʲi]
gramática (f)	граматыка (ж)	[fira'matika]
vocabulário (m)	лексіка (ж)	['leksika]
fonética (f)	фанетыка (ж)	[fa'netika]

livro (m) didático	падручнік (м)	[pad'rutʃnik]
dicionário (m)	слоўнік (м)	['slɔwnik]
manual (m) autodidático	самавучыцель (м)	[samavu'tʃitselʲ]
guia (m) de conversação	размоўнік (м)	[raz'mɔwnik]

fita (f) cassete	касета (ж)	[ka'seta]
videoteipe (m)	відэакасета (ж)	['vidɛa ka'seta]
CD (m)	кампакт-дыск (м)	[kam'pakt 'disk]
DVD (m)	DVD (м)	[dʑiwi'dʑi]

alfabeto (m)	алфавіт (м)	[alfa'vit]
soletrar (vt)	гаварыць па літарах	[fiava'ritsʲ pa 'litarah]
pronúncia (f)	вымаўленне (н)	[vimaw'lenne]

sotaque (m)	акцэнт (м)	[ak'tsɛnt]
com sotaque	з акцэнтам	[z ak'tsɛntam]
sem sotaque	без акцэнту	[bez ak'tsɛntu]

| palavra (f) | слова (н) | ['slɔva] |
| sentido (m) | сэнс (м) | ['sɛns] |

curso (m)	курсы (м мн)	['kursʲ]
inscrever-se (vr)	запісацца	[zapi'satsa]
professor (m)	выкладчык (м)	[vik'latʃik]

tradução (processo)	пераклад (м)	[pera'klat]
tradução (texto)	пераклад (м)	[pera'klat]
tradutor (m)	перакладчык (м)	[pera'klatʃik]
intérprete (m)	перакладчык (м)	[pera'klatʃik]

| poliglota (m) | паліглот (м) | [pali'fliɔt] |
| memória (f) | памяць (ж) | ['pamʲatsʲ] |

122. Personagens de contos de fadas

Papai Noel (m)	Санта Клаўс (м)	['santa 'klaws]
Cinderela (f)	Папялушка (ж)	[papʲa'luʃka]
sereia (f)	русалка (ж)	[ru'salka]
Netuno (m)	Нептун (м)	[nep'tun]

bruxo, feiticeiro (m)	чараўнік (м)	[tʃaraw'nik]
fada (f)	чараўніца (ж)	[tʃaraw'nitsa]
mágico (adj)	чароўны	[tʃa'rɔwnʲ]
varinha (f) mágica	чарадзейная палачка (ж)	[tʃara'dzejnaʲa 'palatʃka]

conto (m) de fadas	казка (ж)	['kaska]
milagre (m)	цуд (м)	['tsut]
anão (m)	гном (м)	['finɔm]

transformar-se em …	ператварыцца ў …	[peratva'riʦa w …]
fantasma (m)	прывід (м)	['privit]
fantasma (m)	здань (ж)	['zdanʲ]
monstro (m)	пачвара (ж)	[paʧ'vara]
dragão (m)	цмок (м)	['ʦmɔk]
gigante (m)	волат (м)	['vɔlat]

123. Signos do Zodíaco

Áries (f)	Авен (м)	[a'ven]
Touro (m)	Цялец (м)	[ʦʲa'leʦ]
Gêmeos (m pl)	Блізняты (мн)	[bliz'nʲati]
Câncer (m)	Рак (м)	['rak]
Leão (m)	Леў (м)	['lew]
Virgem (f)	Дзева (ж)	['dzeva]

Libra (f)	Шалі (мн)	['ʃali]
Escorpião (m)	Скарпіён (м)	[skarpiʲon]
Sagitário (m)	Стралец (м)	[stra'leʦ]
Capricórnio (m)	Казярог (м)	[kazʲa'rɔɦ]
Aquário (m)	Вадалей (м)	[vada'lej]
Peixes (pl)	Рыбы (мн)	['ribi]

caráter (m)	характар (м)	[ha'raktar]
traços (m pl) do caráter	рысы (ж мн) характару	['risi ha'raktaru]
comportamento (m)	паводзіны (мн)	[pa'vɔdzini]
prever a sorte	варажыць	[vara'ʒiʦʲ]
adivinha (f)	варажбітка (ж)	[varaʒ'bitka]
horóscopo (m)	гараскоп (м)	[ɦara'skɔp]

Artes

124. Teatro

teatro (m)	тэатр (м)	[tɛ'atr]
ópera (f)	опера (ж)	['ɔpera]
opereta (f)	аперэта (ж)	[ape'rɛta]
balé (m)	балет (м)	[ba'let]
cartaz (m)	афіша (ж)	[a'fiʃa]
companhia (f) de teatro	трупа (ж)	['trupa]
turnê (f)	гастролі (ж мн)	[ɦas'trɔli]
estar em turnê	гастраліраваць	[ɦastra'liravatsʲ]
ensaiar (vt)	рэпеціраваць	[rɛpe'tsiravatsʲ]
ensaio (m)	рэпетыцыя (ж)	[rɛpe'titsʲia]
repertório (m)	рэпертуар (м)	[rɛpertu'ar]
apresentação (f)	паказ (м)	[pa'kas]
espetáculo (m)	спектакль (м)	[spek'taklʲ]
peça (f)	п'еса (ж)	['pʲesa]
entrada (m)	білет (м)	[bi'let]
bilheteira (f)	білетная каса (ж)	[bi'letnaʲa 'kasa]
hall (m)	хол (м)	['hɔl]
vestiário (m)	гардэроб (м)	[ɦardɛ'rɔp]
senha (f) numerada	нумарок (м)	[numa'rɔk]
binóculo (m)	бінокль (м)	[bi'nɔklʲ]
lanterninha (m)	кантралёр (м)	[kantra'lʲor]
plateia (f)	партэр (м)	[par'tɛr]
balcão (m)	балкон (м)	[bal'kɔn]
primeiro balcão (m)	бельэтаж (м)	[belʲɛ'taʃ]
camarote (m)	ложа (н)	['lɔʒa]
fila (f)	рад (м)	['rat]
assento (m)	месца (н)	['mesʲtsa]
público (m)	публіка (ж)	['publika]
espectador (m)	глядач (м)	[ɦlʲa'datʃ]
aplaudir (vt)	пляскаць	['plʲaskatsʲ]
aplauso (m)	апладысменты (мн)	[apladis'menti]
ovação (f)	авацыі (ж мн)	[a'vatsʲii]
palco (m)	сцэна (ж)	['stsɛna]
cortina (f)	заслона (ж)	[za'slɔna]
cenário (m)	дэкарацыя (ж)	[dɛka'ratsʲia]
bastidores (m pl)	кулісы (ж мн)	[ku'lisi]
cena (f)	сцэна (ж)	['stsɛna]
ato (m)	дзея (ж)	['dzeʲa]
intervalo (m)	антракт (м)	[an'trakt]

125. Cinema

| ator (m) | акцёр (м) | [ak'tsʲor] |
| atriz (f) | актрыса (ж) | [akt'risa] |

cinema (m)	кіно (н)	[ki'nɔ]
filme (m)	кіно (н)	[ki'nɔ]
episódio (m)	серыя (ж)	['serʲa]

filme (m) policial	дэтэктыў (м)	[dɛtɛk'tiw]
filme (m) de ação	баявік (м)	[baʲa'vik]
filme (m) de aventuras	прыгодніцкі фільм (м)	[pri'hɔdnitski 'filʲm]
filme (m) de ficção científica	фантастычны фільм (м)	[fantas'tiʧni 'filʲm]
filme (m) de horror	фільм (м) жахаў	['filʲm 'ʒahaw]

comédia (f)	кінакамедыя (ж)	[kinaka'medʲa]
melodrama (m)	меладрама (ж)	[mela'drama]
drama (m)	драма (ж)	['drama]

filme (m) de ficção	мастацкі фільм (м)	[mas'tatski filʲm]
documentário (m)	дакументальны фільм (м)	[dakumen'talʲni filʲm]
desenho (m) animado	мультфільм (м)	[mulʲt'filʲm]
cinema (m) mudo	нямое кіно (н)	[nʲa'mɔe ki'nɔ]

papel (m)	роля (ж)	['rɔlʲa]
papel (m) principal	галоўная роля (ж)	[ha'lownaʲa 'rɔlʲa]
representar (vt)	іграць	[ih'ratsʲ]

estrela (f) de cinema	кіназорка (ж)	[kina'zɔrka]
conhecido (adj)	вядомы	[vʲa'dɔmi]
famoso (adj)	славуты	[sla'vuti]
popular (adj)	папулярны	[papu'lʲarni]

roteiro (m)	сцэнарый (м)	[stsɛ'narij]
roteirista (m)	сцэнарыст (м)	[stsɛna'rist]
diretor (m) de cinema	рэжысёр (м)	[rɛʒi'sʲor]
produtor (m)	прадзюсер (м)	[pra'dzuser]
assistente (m)	асістэнт (м)	[asis'tɛnt]
diretor (m) de fotografia	аператар (м)	[ape'ratar]
dublê (m)	каскадзёр (м)	[kaska'dzʲor]
dublê (m) de corpo	дублёр (м)	[dub'lʲor]

filmar (vt)	здымаць фільм	[zdi'matsʲ 'filʲm]
audição (f)	пробы (ж мн)	['prɔbi]
filmagem (f)	здымкі (ж мн)	['zdimki]
equipe (f) de filmagem	здымачная група (ж)	[zdimaʧnaʲa 'hrupa]
set (m) de filmagem	здымачная пляцоўка (ж)	[zdimaʧnaʲa plʲa'tsowka]
câmera (f)	кінакамера (ж)	[kina'kamera]

cinema (m)	кінатэатр (м)	[kinatɛ'atr]
tela (f)	экран (м)	[ɛk'ran]
exibir um filme	паказваць фільм	[pa'kazvatsʲ 'filʲm]
trilha (f) sonora	гукавая дарожка (ж)	[huka'vaʲa da'rɔʃka]
efeitos (m pl) especiais	спецыяльныя эфекты (м мн)	[spɛtsiʲalʲniʲa ɛ'fekti]

legendas (f pl)	субтытры (м мн)	[sup'titri]
crédito (m)	тытры (м мн)	['titri]
tradução (f)	пераклад (м)	[pera'klat]

126. Pintura

arte (f)	мастацтва (н)	[mas'tatstva]
belas-artes (f pl)	прыгожыя мастацтвы (н мн)	[pri'hɔʒʲa mas'tatstvi]
galeria (f) de arte	галерэя (ж)	[ɦale'rɛʲa]
exibição (f) de arte	выстава (ж) карцін	[vɨs'tava kar'tsin]

pintura (f)	жывапіс (м)	['ʒivapis]
arte (f) gráfica	графіка (ж)	['ɦrafika]
arte (f) abstrata	абстракцыянізм (м)	[apstraktsʲa'nizm]
impressionismo (m)	імпрэсіянізм (м)	[imprɛsʲa'nizm]

pintura (f), quadro (m)	карціна (ж)	[kar'tsina]
desenho (m)	рысунак (м)	[ri'sunak]
cartaz, pôster (m)	плакат (м)	[pla'kat]

ilustração (f)	ілюстрацыя (ж)	[ilu'stratsʲa]
miniatura (f)	мініяцюра (ж)	[miniʲa'tsura]
cópia (f)	копія (ж)	['kɔpiʲa]
reprodução (f)	рэпрадукцыя (ж)	[rɛpra'duktsʲa]

mosaico (m)	мазаіка (ж)	[ma'zaika]
vitral (m)	вітраж (м)	[vit'raʃ]
afresco (m)	фрэска (ж)	['frɛska]
gravura (f)	гравюра (ж)	[ɦra'vura]

busto (m)	бюст (м)	['bust]
escultura (f)	скульптура (ж)	[skulʲp'tura]
estátua (f)	статуя (ж)	['statuʲa]
gesso (m)	гіпс (м)	['ɦips]
em gesso (adj)	з гіпсу	[z 'ɦipsu]

retrato (m)	партрэт (м)	[par'trɛt]
autorretrato (m)	аўтапартрэт (м)	[awtapar'trɛt]
paisagem (f)	краявід (м)	[kraʲa'vit]
natureza (f) morta	нацюрморт (м)	[natsur'mɔrt]
caricatura (f)	карыкатура (ж)	[karika'tura]
esboço (m)	накід (м)	['nakit]

tinta (f)	фарба (ж)	['farba]
aquarela (f)	акварэль (ж)	[akva'rɛlʲ]
tinta (f) a óleo	алей (м)	[a'lej]
lápis (m)	аловак (м)	[a'lɔvak]
tinta (f) nanquim	туш (ж)	['tuʃ]
carvão (m)	вугаль (м)	['vuɦalʲ]

desenhar (vt)	рысаваць	[risa'vatsʲ]
pintar (vt)	маляваць	[malʲa'vatsʲ]
posar (vi)	пазіраваць	[pa'ziravatsʲ]
modelo (m)	натуршчык (м)	[na'turʃɕik]

modelo (f)	натуршчыца (ж)	[na'turʃɕitsa]
pintor (m)	мастак (м)	[mas'tak]
obra (f)	твор (м)	['tvɔr]
obra-prima (f)	шэдэўр (м)	[ʃɛ'dɛwr]
estúdio (m)	майстэрня (ж)	[maj'stɛrnʲa]

tela (f)	палатно (н)	[palat'nɔ]
cavalete (m)	мальберт (м)	[malʲ'bert]
paleta (f)	палітра (ж)	[pa'litra]

moldura (f)	рама (ж)	['rama]
restauração (f)	рэстаўрацыя (ж)	[rɛstaw'ratsiʲa]
restaurar (vt)	рэстаўрыраваць	[rɛstaw'rʲiravatsʲ]

127. Literatura & Poesia

literatura (f)	літаратура (ж)	[litara'tura]
autor (m)	аўтар (м)	['awtar]
pseudônimo (m)	псеўданім (м)	[psewda'nim]

livro (m)	кніга (ж)	['kniɦa]
volume (m)	том (м)	['tɔm]
índice (m)	змест (м)	['zʲmest]
página (f)	старонка (ж)	[sta'rɔnka]
protagonista (m)	галоўны герой (м)	[ɦa'lɔwnɨ ɦe'rɔj]
autógrafo (m)	аўтограф (м)	[aw'tɔɦraf]

conto (m)	апавяданне (н)	[apavʲa'danne]
novela (f)	аповесць (ж)	[a'pɔvestsʲ]
romance (m)	раман (м)	[ra'man]
obra (f)	твор (м)	['tvɔr]
fábula (m)	байка (ж)	['bajka]
romance (m) policial	дэтэктыў (м)	[dɛtɛk'tiw]

verso (m)	верш (м)	['verʃ]
poesia (f)	паэзія (ж)	[pa'ɛziʲa]
poema (m)	паэма (ж)	[pa'ɛma]
poeta (m)	паэт (м)	[pa'ɛt]

ficção (f)	белетрыстыка (ж)	[belet'ristika]
ficção (f) científica	навуковая фантастыка (ж)	[navu'kɔvaʲa fan'tastika]
aventuras (f pl)	прыгоды (ж мн)	[pri'ɦɔdɨ]
literatura (f) didática	навучальная літаратура (ж)	[navu'tʃalʲnaʲa litara'tura]
literatura (f) infantil	дзіцячая літаратура (ж)	[dzi'tsʲatʃaʲa litara'tura]

128. Circo

circo (m)	цырк (м)	['tsɨrk]
circo (m) ambulante	цырк-шапіто (м)	[tsɨrk ʃapi'tɔ]
programa (m)	праграма (ж)	[praɦ'rama]
apresentação (f)	паказ (м)	[pa'kas]

| número (m) | нумар (м) | ['numar] |
| picadeiro (f) | арэна (ж) | [a'rɛna] |

| pantomima (f) | пантаміма (ж) | [panta'mima] |
| palhaço (m) | клоун (м) | ['kloun] |

acrobata (m)	акрабат (м)	[akra'bat]
acrobacia (f)	акрабатыка (ж)	[akra'batika]
ginasta (m)	гімнаст (м)	[ɦim'nast]
ginástica (f)	гімнастыка (ж)	[ɦim'nastika]
salto (m) mortal	сальта (н)	['salʲta]

homem (m) forte	атлет (м)	[at'let]
domador (m)	утаймавальнік (м)	[utajma'valʲnik]
cavaleiro (m) equilibrista	коннік (м)	['konnik]
assistente (m)	асістэнт (м)	[asis'tɛnt]

truque (m)	трук (м)	['truk]
truque (m) de mágica	фокус (м)	['fokus]
ilusionista (m)	фокуснік (м)	['fokusnik]

malabarista (m)	жанглёр (м)	[ʒanɦ'lʲor]
fazer malabarismos	жангліраваць	[ʒanɦ'liravatsʲ]
adestrador (m)	дрэсіроўшчык (м)	[drɛsi'rowʃɕik]
adestramento (m)	дрэсіроўка (ж)	[drɛsi'rowka]
adestrar (vt)	дрэсіраваць	[drɛsira'vatsʲ]

129. Música. Música popular

música (f)	музыка (ж)	['muzika]
músico (m)	музыка (м)	[mu'zika]
instrumento (m) musical	музычны інструмент (м)	[mu'ziʧnɨ instru'ment]
tocar ...	іграць на ...	[iɦ'ratsʲ na ...]

guitarra (f)	гітара (ж)	[ɦi'tara]
violino (m)	скрыпка (ж)	['skrɨpka]
violoncelo (m)	віяланчэль (ж)	[viʲalan'ʧɛlʲ]
contrabaixo (m)	кантрабас (м)	[kantra'bas]
harpa (f)	арфа (ж)	['arfa]

piano (m)	піяніна (н)	[piʲa'nina]
piano (m) de cauda	раяль (м)	[ra'ʲalʲ]
órgão (m)	арган (м)	[ar'ɦan]

instrumentos (m pl) de sopro	духавыя інструменты (м мн)	[duha'vɨʲa instru'mentɨ]
oboé (m)	габой (м)	[ɦa'boj]
saxofone (m)	саксафон (м)	[saksa'fon]
clarinete (m)	кларнет (м)	[klar'net]
flauta (f)	флейта (ж)	['flejta]
trompete (m)	труба (ж)	[tru'ba]

| acordeão (m) | акардэон (м) | [akardɛ'on] |
| tambor (m) | барабан (м) | [bara'ban] |

dueto (m)	дуэт (м)	[du'ɛt]
trio (m)	трыо (н)	['trio]
quarteto (m)	квартэт (м)	[kvar'tɛt]
coro (m)	хор (м)	['hɔr]
orquestra (f)	аркестр (м)	[ar'kestr]
música (f) pop	поп-музыка (м)	[pɔp 'muzɨka]
música (f) rock	рок-музыка (м)	[rɔk 'muzɨka]
grupo (m) de rock	рок-гурт (м)	[rɔk 'ɦurt]
jazz (m)	джаз (м)	['dʒas]
ídolo (m)	кумір (м)	[ku'mir]
fã, admirador (m)	прыхільнік (м)	[pri'hilʲnik]
concerto (m)	канцэрт (м)	[kan'tsɛrt]
sinfonia (f)	сімфонія (ж)	[sim'fɔniʲa]
composição (f)	твор (м)	['tvɔr]
compor (vt)	напісаць	[napi'satsʲ]
canto (m)	спевы (м мн)	['spevi]
canção (f)	песня (ж)	['pesʲnʲa]
melodia (f)	мелодыя (ж)	[me'lɔdiʲa]
ritmo (m)	рытм (м)	['ritm]
blues (m)	блюз (м)	['blʉs]
notas (f pl)	ноты (ж мн)	['nɔti]
batuta (f)	палачка (ж)	['palatʃka]
arco (m)	смык (м)	['smik]
corda (f)	струна (ж)	[stru'na]
estojo (m)	футарал (м)	[futa'ral]

Descanso. Entretenimento. Viagens

130. Viagens

turismo (m)	турызм (м)	[tu'rizm]
turista (m)	турыст (м)	[tu'rist]
viagem (f)	падарожжа (н)	[pada'rɔʒa]
aventura (f)	прыгода (ж)	[pri'ɦɔda]
percurso (curta viagem)	паездка (ж)	[pa'estka]
férias (f pl)	водпуск (м)	['vɔtpusk]
estar de férias	быць у водпуску	['bitsʲ u 'vɔtpusku]
descanso (m)	адпачынак (м)	[atpa'tʃinak]
trem (m)	цягнік (м)	[tsʲaɦ'nik]
de trem (chegar ~)	цягніком	[tsʲaɦni'kɔm]
avião (m)	самалёт (м)	[sama'lʲot]
de avião	самалётам	[sama'lʲotam]
de carro	на аўтамабілі	[na awtama'bili]
de navio	на караблі	[na karab'li]
bagagem (f)	багаж (м)	[ba'ɦaʃ]
mala (f)	чамадан (м)	[tʃama'dan]
carrinho (m)	каляска (ж) для багажу	[ka'lʲaska dlʲa baɦaʒu]
passaporte (m)	пашпарт (м)	['paʃpart]
visto (m)	віза (ж)	['viza]
passagem (f)	білет (м)	[bi'let]
passagem (f) aérea	авіябілет (м)	[avʲiabi'let]
guia (m) de viagem	даведнік (м)	[da'vednik]
mapa (m)	карта (ж)	['karta]
área (f)	мясцовасць (ж)	[mʲasʲ'tsɔvasʲtsʲ]
lugar (m)	месца (н)	['mesʲtsa]
exotismo (m)	экзотыка (ж)	[ɛg'zɔtika]
exótico (adj)	экзатычны	[ɛgza'titʃni]
surpreendente (adj)	дзівосны	[dzi'vɔsni]
grupo (m)	група (ж)	['ɦrupa]
excursão (f)	экскурсія (ж)	[ɛks'kursʲia]
guia (m)	гід, экскурсавод (м)	['ɦit], [ɛkskursa'vɔt]

131. Hotel

hotel (m)	гасцініца (ж)	[ɦasʲ'tsinitsa]
hospedaria (f)	гатэль (м)	[ɦa'tɛl]
motel (m)	матэль (м)	[ma'tɛlʲ]

três estrelas	тры зоркі	[tri 'zɔrki]
cinco estrelas	пяць зорак	[pʲatsʲ 'zɔrak]
ficar (vi, vt)	спыніцца	[spi'nitsa]

quarto (m)	нумар (м)	['numar]
quarto (m) individual	аднамесны нумар (м)	[adna'mesnɨ 'numar]
quarto (m) duplo	двухмесны нумар (м)	[dvuh'mesnɨ 'numar]
reservar um quarto	браніраваць нумар	[bra'niravatsʲ 'numar]

| meia pensão (f) | паўпансіён (м) | [pawpansi'ʲon] |
| pensão (f) completa | поўны пансіён (м) | ['pɔwnɨ pansi'ʲon] |

com banheira	з ваннай	[z 'vannaj]
com chuveiro	з душам	[z 'duʃam]
televisão (m) por satélite	спадарожнікавае тэлебачанне (н)	[spada'rɔʒnikavae tɛle'batʃanne]
ar (m) condicionado	кандыцыянер (м)	[kanditsʲiʲa'ner]
toalha (f)	ручнік (м)	[rutʃ'nik]
chave (f)	ключ (м)	['klʉtʃ]

administrador (m)	адміністратар (м)	[admini'stratar]
camareira (f)	пакаёўка (ж)	[paka'ʲowka]
bagageiro (m)	насільшчык (м)	[na'silʲʃɕik]
porteiro (m)	парцье (м)	[par'tsʲe]

restaurante (m)	рэстаран (м)	[rɛsta'ran]
bar (m)	бар (м)	['bar]
café (m) da manhã	сняданак (м)	[snʲa'danak]
jantar (m)	вячэра (ж)	[vʲa'tʃɛra]
bufê (m)	шведскі стол (м)	['ʃvetski 'stɔl]

| saguão (m) | вестыбюль (м) | [vesti'bʉlʲ] |
| elevador (m) | ліфт (м) | ['lift] |

| NÃO PERTURBE | НЕ ТУРБАВАЦЬ | [ne turba'vatsʲ] |
| PROIBIDO FUMAR! | НЕ КУРЫЦЬ! | [ne ku'ritsʲ] |

132. Livros. Leitura

livro (m)	кніга (ж)	['kniɦa]
autor (m)	аўтар (м)	['awtar]
escritor (m)	пісьменнік (м)	[pisʲ'mennik]
escrever (~ um livro)	напісаць	[napi'satsʲ]

leitor (m)	чытач (м)	[tʃɨ'tatʃ]
ler (vt)	чытаць	[tʃɨ'tatsʲ]
leitura (f)	чытанне (н)	[tʃɨ'tanne]

| para si | сам сабе | [sam sa'be] |
| em voz alta | уголас | [u'ɦɔlas] |

publicar (vt)	выдаваць	[vɨda'vatsʲ]
publicação (f)	выданне (н)	[vɨ'danne]
editor (m)	выдавец (м)	[vɨda'vets]

editora (f)	выдавецтва (н)	[vɨda'vetstva]
sair (vi)	выйсці	['vijsʲtsi]
lançamento (m)	выхад (м)	['vɨhat]
tiragem (f)	тыраж (м)	[ti'raʃ]
livraria (f)	кнігарня (ж)	[kni'harnʲa]
biblioteca (f)	бібліятэка (ж)	[biblʲiʲa'tɛka]
novela (f)	аповесць (ж)	[a'povestsʲ]
conto (m)	апавяданне (н)	[apavʲa'danne]
romance (m)	раман (м)	[ra'man]
romance (m) policial	дэтэктыў (м)	[dɛtɛk'tiw]
memórias (f pl)	мемуары (мн)	[memu'ari]
lenda (f)	легенда (ж)	[le'henda]
mito (m)	міф (м)	['mif]
poesia (f)	вершы (м мн)	['verʃɨ]
autobiografia (f)	аўтабіяграфія (ж)	[awtabiʲaɦ'rafiʲa]
obras (f pl) escolhidas	выбранае (н)	['vɨbranae]
ficção (f) científica	фантастыка (ж)	[fan'tastika]
título (m)	назва (ж)	['nazva]
introdução (f)	уводзіны (мн)	[u'vodzini]
folha (f) de rosto	тытульны ліст (м)	['titulʲni 'list]
capítulo (m)	раздзел (м)	[raz'dzel]
excerto (m)	урывак (м)	[u'rivak]
episódio (m)	эпізод (м)	[ɛpi'zot]
enredo (m)	сюжэт (м)	[su'ʒɛt]
conteúdo (m)	змест (м)	['zʲmest]
índice (m)	змест (м)	['zʲmest]
protagonista (m)	галоўны герой (м)	[ɦa'lowni ɦe'rɔj]
volume (m)	том (м)	['tɔm]
capa (f)	вокладка (ж)	['vɔklatka]
encadernação (f)	пераплёт (м)	[perap'lʲot]
marcador (m) de página	закладка (ж)	[za'klatka]
página (f)	старонка (ж)	[sta'rɔnka]
folhear (vt)	гартаць	[ɦar'tatsʲ]
margem (f)	палі (н мн)	[pa'li]
anotação (f)	пазнака (ж)	[pa'znaka]
nota (f) de rodapé	заўвага (ж)	[zaw'vaɦa]
texto (m)	тэкст (м)	['tɛkst]
fonte (f)	шрыфт (м)	['ʃrift]
falha (f) de impressão	памылка (ж) друку	[pa'milka 'druku]
tradução (f)	пераклад (м)	[pera'klat]
traduzir (vt)	перакладаць	[perakla'datsʲ]
original (m)	аўтэнтык (м)	[aw'tɛntik]
famoso (adj)	славуты	[sla'vuti]
desconhecido (adj)	невядомы	[nevʲa'dɔmi]

interessante (adj)	цікавы	[tsi'kavi]
best-seller (m)	бестселер (м)	[best'seler]

dicionário (m)	слоўнік (м)	['slɔwnik]
livro (m) didático	падручнік (м)	[pad'rutʃnik]
enciclopédia (f)	энцыклапедыя (ж)	[ɛntsikla'pedʲa]

133. Caça. Pesca

caça (f)	паляванне (н)	[palʲa'vanne]
caçar (vi)	паляваць	[palʲa'vatsʲ]
caçador (m)	паляўнічы (м)	[palʲaw'nitʃi]

disparar, atirar (vi)	страляць	[stra'lʲatsʲ]
rifle (m)	стрэльба (ж)	['strɛlʲba]
cartucho (m)	патрон (м)	[pat'rɔn]
chumbo (m) de caça	шрот (м)	['ʃrɔt]

armadilha (f)	пастка (ж)	['pastka]
armadilha (com corda)	пастка (ж)	['pastka]
cair na armadilha	трапіць у пастку	['trapitsʲ u 'pastku]
pôr a armadilha	ставіць пастку	['stavitsʲ 'pastku]

caçador (m) furtivo	браканьер (м)	[braka'njer]
caça (animais)	дзічына (ж)	[dzi'tʃina]
cão (m) de caça	паляўнічы сабака (м)	[palʲaw'nitʃi sa'baka]
safári (m)	сафары (н)	[sa'fari]
animal (m) empalhado	чучала (н)	['tʃutʃala]

pescador (m)	рыбак (м)	[ri'bak]
pesca (f)	рыбалка (ж)	[ri'balka]
pescar (vt)	лавіць рыбу	[la'vitsʲ 'ribu]

vara (f) de pesca	вуда (ж)	['vuda]
linha (f) de pesca	лёска (ж)	['lʲoska]
anzol (m)	кручок (м)	[kru'tʃok]
boia (f), flutuador (m)	паплавок (м)	[papla'vɔk]
isca (f)	прынада (ж)	[pri'nada]

lançar a linha	закінуць вуду	[za'kinutsʲ 'vudu]
morder (peixe)	клявaць	[klʲa'vatsʲ]
pesca (f)	улоў (м)	[u'lɔw]
buraco (m) no gelo	палонка (ж)	[pa'lɔnka]

rede (f)	сетка (ж)	['setka]
barco (m)	лодка (ж)	['lɔtka]
pescar com rede	лавіць сеткай	[la'vitsʲ 'setkaj]
lançar a rede	закідваць сетку	[za'kidvatsʲ 'setku]
puxar a rede	выцягваць сетку	[vi'tsʲaɦvatsʲ 'setku]
cair na rede	трапіць у сетку	['trapitsʲ u 'setku]

baleeiro (m)	кітабой (м)	[kita'bɔj]
baleeira (f)	кітабойнае судна (н)	[kita'bɔjnae 'sudna]
arpão (m)	гарпун (м)	[ɦar'pun]

134. Jogos. Bilhar

bilhar (m)	більярд (м)	[bi'ljart]
sala (f) de bilhar	більярдная (ж)	[bi'lʲardnaʲa]
bola (f) de bilhar	більярдны шар (м)	[bi'lʲardnɨ 'ʃar]

embolsar uma bola	загнаць шар	[zaɦ'natsʲ 'ʃar]
taco (m)	кій (м)	['kij]
caçapa (f)	луза (ж)	['luza]

135. Jogos. Jogar cartas

ouros (m pl)	звонкі (ж мн)	['zvɔnki]
espadas (f pl)	віны (ж мн)	['vinɨ]
copas (f pl)	чырвы (ж мн)	['tʃɨrvɨ]
paus (m pl)	трэфы (м мн)	['trɛfɨ]

ás (m)	туз (м)	['tus]
rei (m)	кароль (м)	[ka'rɔlʲ]
dama (f), rainha (f)	дама (ж)	['dama]
valete (m)	ніжнік (м)	['niʒnik]

carta (f) de jogar	карта (ж)	['karta]
cartas (f pl)	карты (ж мн)	['kartɨ]
trunfo (m)	козыр (м)	['kɔzir]
baralho (m)	калода (ж)	[ka'lɔda]

ponto (m)	ачко (н)	[atʃ'kɔ]
dar, distribuir (vt)	здаваць	[zda'vatsʲ]
embaralhar (vt)	тасаваць	[tasa'vatsʲ]
vez, jogada (f)	ход (м)	['hɔt]
trapaceiro (m)	шулер (м)	['ʃuler]

136. Descanso. Jogos. Diversos

passear (vi)	гуляць	[ɦu'lʲatsʲ]
passeio (m)	шпацыр (м)	['ʃpatsir]
viagem (f) de carro	прагулянка (ж)	[praɦu'lʲanka]
aventura (f)	прыгода (ж)	[pri'ɦɔda]
piquenique (m)	пікнік (м)	[pik'nik]

jogo (m)	гульня (ж)	[ɦulʲ'nʲa]
jogador (m)	гулец (м)	[ɦu'lets]
partida (f)	партыя (ж)	['partiʲa]

colecionador (m)	калекцыянер (м)	[kalektsiʲa'ner]
colecionar (vt)	калекцыяніраваць	[kalektsiʲa'niravatsʲ]
coleção (f)	калекцыя (ж)	[ka'lektsiʲa]

| palavras (f pl) cruzadas | крыжаванка (ж) | [kriʒa'vanka] |
| hipódromo (m) | іпадром (м) | [ipa'drɔm] |

discoteca (f)	дыскатэка (ж)	[diska'tɛka]
sauna (f)	саўна (ж)	['sauna]
loteria (f)	латарэя (ж)	[lata'rɛʲa]
campismo (m)	вандроўка (ж)	[van'drɔwka]
acampamento (m)	лагер (м)	['laɦer]
barraca (f)	палатка (ж)	[pa'latka]
bússola (f)	компас (м)	['kɔmpas]
campista (m)	турыст (м)	[tu'rist]
ver (vt), assistir à …	глядзець	[ɦlʲa'dzetsʲ]
telespectador (m)	тэлеглядач (м)	[tɛleɦlʲa'datʃ]
programa (m) de TV	тэлеперадача (ж)	[tɛlepera'datʃa]

137. Fotografia

máquina (f) fotográfica	фотаапарат (м)	[fɔtaapa'rat]
foto, fotografia (f)	фота (н)	['fɔta]
fotógrafo (m)	фатограф (м)	[fa'tɔɦraf]
estúdio (m) fotográfico	фотастудыя (ж)	[fɔta'studʲʲa]
álbum (m) de fotografias	фотаальбом (м)	[fɔtaalʲ'bɔm]
lente (f) fotográfica	аб'ектыў (м)	[abʔek'tiw]
lente (f) teleobjetiva	тэлеаб'ектыў (м)	[tɛleabʔek'tiw]
filtro (m)	фільтр (м)	['filʲtr]
lente (f)	лінза (ж)	['linza]
ótica (f)	оптыка (ж)	['ɔptika]
abertura (f)	дыяфрагма (ж)	[dʲʲa'fraɦma]
exposição (f)	вытрымка (ж)	['vitrimka]
visor (m)	відашукальнік (м)	[vidaʃu'kalʲnik]
câmera (f) digital	лічбавая камера (ж)	[lidʒbavaʲa 'kamera]
tripé (m)	штатыў (м)	[ʃta'tiw]
flash (m)	успышка (ж)	[us'piʃka]
fotografar (vt)	фатаграфаваць	[fataɦrafa'vatsʲ]
tirar fotos	здымаць	[zdi'matsʲ]
fotografar-se (vr)	фатаграфавацца	[fataɦrafa'vatsa]
foco (m)	рэзкасць (ж)	['rɛskastsʲ]
focar (vt)	наводзіць на рэзкасць	[na'vɔdzits na 'rɛskastsʲ]
nítido (adj)	рэзкі	['rɛski]
nitidez (f)	рэзкасць (ж)	['rɛskastsʲ]
contraste (m)	кантраст (м)	[kan'trast]
contrastante (adj)	кантрастны	[kan'trasni]
retrato (m)	здымак (м)	['zdimak]
negativo (m)	негатыў (м)	[neɦa'tiw]
filme (m)	фотаплёнка (ж)	[fɔta'plʲonka]
fotograma (m)	кадр (м)	['kadr]
imprimir (vt)	пячатаць	[pʲa'tʃatatsʲ]

138. Praia. Natação

praia (f)	пляж (м)	['pljaʃ]
areia (f)	пясок (м)	[pja'sɔk]
deserto (adj)	пустэльны	[pus'tɛljni]
bronzeado (m)	загар (м)	[za'har]
bronzear-se (vr)	загараць	[zaha'ratsj]
bronzeado (adj)	загарэлы	[zaha'rɛli]
protetor (m) solar	крэм (м) для загару	['krɛm dlja za'haru]
biquíni (m)	бікіні (н)	[bi'kini]
maiô (m)	купальнік (м)	[ku'paljnik]
calção (m) de banho	плаўкі (мн)	['plawki]
piscina (f)	басейн (м)	[ba'sejn]
nadar (vi)	плаваць	['plavatsj]
chuveiro (m), ducha (f)	душ (м)	['duʃ]
mudar, trocar (vt)	пераадзявацца	[peraadzja'vatsa]
toalha (f)	ручнік (м)	[rutʃ'nik]
barco (m)	лодка (ж)	['lɔtka]
lancha (f)	катэр (м)	['katɛr]
esqui (m) aquático	водныя лыжы (ж мн)	[vɔdnija 'liʒi]
barco (m) de pedais	водны веласіпед (м)	[vɔdnɨ velasi'pet]
surf, surfe (m)	сёрфінг (м)	['sjorfinh]
surfista (m)	сёрфінгіст (м)	[sjorfin'hist]
equipamento (m) de mergulho	акваланг (м)	[akva'lanh]
pé (m pl) de pato	ласты (м мн)	['lasti]
máscara (f)	маска (ж)	['maska]
mergulhador (m)	нырэц (м)	[nɨ'rɛts]
mergulhar (vi)	ныраць	[nɨ'ratsj]
debaixo d'água	пад вадой	[pad va'dɔj]
guarda-sol (m)	парасон (м)	[para'sɔn]
espreguiçadeira (f)	шэзлонг (м)	[ʃɛz'lɔnh]
óculos (m pl) de sol	акуляры (мн)	[aku'ljari]
colchão (m) de ar	плавальны матрац (м)	[plavaljnɨ mat'rats]
brincar (vi)	гуляць	[hu'ljatsj]
ir nadar	купацца	[ku'patsa]
bola (f) de praia	мяч (м)	['mjatʃ]
encher (vt)	надзімаць	[nadzi'matsj]
inflável (adj)	надзіманы	[nadzi'manɨ]
onda (f)	хваля (ж)	['hvalja]
boia (f)	буй (м)	['buj]
afogar-se (vr)	тануць	[ta'nutsj]
salvar (vt)	ратаваць	[rata'vatsj]
colete (m) salva-vidas	выратавальная камізэлька (ж)	[vɨrata'valjnaja kami'zɛljka]

| observar (vt) | назіраць | [nazi'ratsʲ] |
| salva-vidas (pessoa) | ратавальнік (м) | [rata'valʲnik] |

EQUIPAMENTO TÉCNICO. TRANSPORTES

Equipamento técnico. Transportes

139. Computador

computador (m)	камп'ютэр (м)	[kamp"ʉtɛr]
computador (m) portátil	ноўтбук (м)	['nɔwdbuk]
ligar (vt)	уключыць	[uklu'ʧiʦ]
desligar (vt)	выключыць	['vikluʧiʦ]
teclado (m)	клавіятура (ж)	[klaviʲa'tura]
tecla (f)	клавіша (ж)	['klaviʃa]
mouse (m)	мыш (ж)	['miʃ]
tapete (m) para mouse	дыванок (м)	[diva'nɔk]
botão (m)	кнопка (ж)	['knɔpka]
cursor (m)	курсор (м)	[kur'sɔr]
monitor (m)	манітор (м)	[mani'tɔr]
tela (f)	экран (м)	[ɛk'ran]
disco (m) rígido	цвёрды дыск (м)	[ʦvʲordi 'disk]
capacidade (f) do disco rígido	аб'ём (м) цвёрдага дыска	[a'bʲʲom 'ʦvʲordaɦa 'diska]
memória (f)	памяць (ж)	['pamʲaʦ]
memória RAM (f)	аператыўная памяць (ж)	[apera'tiwnaʲa 'pamʲaʦ]
arquivo (m)	файл (м)	['fajl]
pasta (f)	папка (ж)	['papka]
abrir (vt)	адкрыць	[atk'riʦ]
fechar (vt)	закрыць	[za'kriʦ]
salvar (vt)	захаваць	[zaha'vaʦ]
deletar (vt)	выдаліць	['vidaliʦ]
copiar (vt)	скапіраваць	[ska'piravaʦ]
ordenar (vt)	сартаваць	[sarta'vaʦ]
copiar (vt)	перапісаць	[perapi'saʦ]
programa (m)	праграма (ж)	[praɦ'rama]
software (m)	праграмнае забеспячэнне (н)	[praɦ'ramnae zabespʲa'ʧɛnne]
programador (m)	праграміст (м)	[praɦra'mist]
programar (vt)	праграміраваць	[praɦra'miravaʦ]
hacker (m)	хакер (м)	['haker]
senha (f)	пароль (м)	[pa'rɔlʲ]
vírus (m)	вірус (м)	['virus]
detectar (vt)	знайсці	[znajs'ʦi]

| byte (m) | байт (м) | ['bajt] |
| megabyte (m) | мегабайт (м) | [meħa'bajt] |

| dados (m pl) | даныя (мн) | ['danʲa] |
| base (f) de dados | база (ж) даных | ['baza 'daniħ] |

cabo (m)	кабель (м)	['kabelʲ]
desconectar (vt)	адлучыць	[adlu'ʧitsʲ]
conectar (vt)	далучыць	[dalu'ʧitsʲ]

140. Internet. E-mail

internet (f)	Інтэрнэт (м)	[intɛr'nɛt]
browser (m)	браўзер (м)	['brawzer]
motor (m) de busca	пошукавы рэсурс (м)	[poʃukavi rɛ'surs]
provedor (m)	правайдэр (м)	[pra'vajdɛr]

webmaster (m)	вэб-майстар (м)	[wɛp'majstar]
website (m)	вэб-сайт (м)	[wɛp'sajt]
web page (f)	вэб-старонка (ж)	['wɛp sta'ronka]

| endereço (m) | адрас (м) | ['adras] |
| livro (m) de endereços | адрасная кніга (ж) | [adrasnaʲa 'kniħa] |

caixa (f) de correio	паштовая скрынка (ж)	[paʃ'tovaʲa 'skrinka]
correio (m)	пошта (ж)	['poʃta]
cheia (caixa de correio)	перапоўненая	[pera'pownenaʲa]

mensagem (f)	паведамленне (н)	[pavedam'lenne]
mensagens (f pl) recebidas	уваходныя паведамленні	[uva'hodnʲʲa pavedam'lenni]
mensagens (f pl) enviadas	выходныя паведамленні	[viʲhodnʲʲa pavedam'lenni]
remetente (m)	адпраўшчык (м)	[at'prawʃcik]
enviar (vt)	адправіць	[at'pravitsʲ]
envio (m)	адпраўка (ж)	[at'prawka]

| destinatário (m) | атрымальнік (м) | [atri'malʲnik] |
| receber (vt) | атрымаць | [atri'matsʲ] |

| correspondência (f) | перапіска (ж) | [pera'piska] |
| corresponder-se (vr) | перапісвацца | [pera'pisvatsa] |

arquivo (m)	файл (м)	['fajl]
fazer download, baixar (vt)	спампаваць	[spampa'vatsʲ]
criar (vt)	стварыць	[stva'ritsʲ]
deletar (vt)	выдаліць	['vidalitsʲ]
deletado (adj)	выдалены	['vidaleni]

conexão (f)	сувязь (ж)	['suvʲasʲ]
velocidade (f)	хуткасць (ж)	['hutkasʲtsʲ]
modem (m)	мадэм (м)	[ma'dɛm]
acesso (m)	доступ (м)	['dostup]
porta (f)	порт (м)	['port]
conexão (f)	падключэнне (н)	[patklʉ'ʧenne]
conectar (vi)	падключыцца да ...	[patklʉ'ʧitsa da ...]

| escolher (vt) | выбраць | ['vibratsⁱ] |
| buscar (vt) | шукаць | [ʃu'katsⁱ] |

Transportes

141. Avião

avião (m)	самалёт (м)	[sama'lʲot]
passagem (f) aérea	авіябілет (м)	[aviʲabi'let]
companhia (f) aérea	авіякампанія (ж)	[aviʲakam'paniʲa]
aeroporto (m)	аэрапорт (м)	[aɛra'pɔrt]
supersônico (adj)	звышгукавы	[zvɨʒɦuka'vɨ]

comandante (m) do avião	камандзір (м) карабля	[kaman'dzir karab'lʲa]
tripulação (f)	экіпаж (м)	[ɛki'paʃ]
piloto (m)	пілот (м)	[pi'lɔt]
aeromoça (f)	сцюардэса (ж)	[sʲtsʉar'dɛsa]
copiloto (m)	штурман (м)	['ʃturman]

asas (f pl)	крылы (н мн)	['krɨlɨ]
cauda (f)	хвост (м)	['hvɔst]
cabine (f)	кабіна (ж)	[ka'bina]
motor (m)	рухавік (м)	[ruha'vik]
trem (m) de pouso	шасі (н)	[ʃa'si]
turbina (f)	турбіна (ж)	[tur'bina]

hélice (f)	прапелер (м)	[pra'peler]
caixa-preta (f)	чорная скрынка (ж)	['ʧɔrnaʲa 'skrinka]
coluna (f) de controle	штурвал (м)	[ʃtur'val]
combustível (m)	гаручае (н)	[ɦaru'ʧae]

instruções (f pl) de segurança	інструкцыя (ж)	[in'struktsiʲa]
máscara (f) de oxigênio	кіслародная маска (ж)	[kisla'rɔdnaʲa 'maska]
uniforme (m)	уніформа (ж)	[uni'fɔrma]
colete (m) salva-vidas	выратавальная камізэлька (ж)	[virata'valʲnaʲa kami'zɛlʲka]

paraquedas (m)	парашут (м)	[para'ʃut]

decolagem (f)	узлёт (м)	[uz'lʲot]
descolar (vi)	узлятаць	[uzlʲa'tatsʲ]
pista (f) de decolagem	узлётная паласа (ж)	[uz'lʲotnaʲa pala'sa]

visibilidade (f)	бачнасць (ж)	['baʧnastsʲ]
voo (m)	палёт (м)	[pa'lʲot]

altura (f)	вышыня (ж)	[viʃi'nʲa]
poço (m) de ar	паветраная яма (ж)	[pa'vetranaʲa 'ʲama]

assento (m)	месца (н)	['mesʲtsa]
fone (m) de ouvido	навушнікі (м мн)	[na'vuʃniki]
mesa (f) retrátil	адкідны столік (м)	[atkid'nɨ 'stɔlik]
janela (f)	ілюмінатар (м)	[ilʉmi'natar]
corredor (m)	праход (м)	[pra'hɔt]

142. Comboio

trem (m)	цягнік (м)	[ts⁣ʲaɦ'nik]
trem (m) elétrico	электрацягнік (м)	[ɛ'lektra ts⁣ʲaɦ'nik]
trem (m)	хуткі цягнік (м)	[hutki ts⁣ʲaɦ'nik]
locomotiva (f) diesel	цеплавоз (м)	[tsepla'vɔs]
locomotiva (f) a vapor	паравоз (м)	[para'vɔs]

| vagão (f) de passageiros | вагон (м) | [va'ɦɔn] |
| vagão-restaurante (m) | вагон-рэстаран (м) | [va'ɦɔn rɛsta'ran] |

carris (m pl)	рэйкі (ж мн)	['rɛjki]
estrada (f) de ferro	чыгунка (ж)	[tʧi'ɦunka]
travessa (f)	шпала (ж)	['ʃpala]

plataforma (f)	платформа (ж)	[plat'fɔrma]
linha (f)	пуць (м)	['puts⁣ʲ]
semáforo (m)	семафор (м)	[sema'fɔr]
estação (f)	станцыя (ж)	['stantsi⁣ʲa]

maquinista (m)	машыніст (м)	[maʃi'nist]
bagageiro (m)	насільшчык (м)	[na'silʲʃɕik]
hospedeiro, -a (m, f)	праваднік (м)	[pravad'nik]
passageiro (m)	пасажыр (м)	[pasa'ʒir]
revisor (m)	кантралёр (м)	[kantra'lʲor]

| corredor (m) | калідор (м) | [kali'dɔr] |
| freio (m) de emergência | стоп-кран (м) | [stɔp'kran] |

compartimento (m)	купэ (н)	[ku'pɛ]
cama (f)	лаўка (ж)	['lawka]
cama (f) de cima	лаўка (ж) верхняя	[lawka 'verhnæ⁣ʲa]
cama (f) de baixo	лаўка (ж) ніжняя	[lawka 'niʒnæ⁣ʲa]
roupa (f) de cama	пасцельная бялізна (ж)	[pas'tselʲna⁣ʲa b⁣ʲa'lizna]

passagem (f)	білет (м)	[bi'let]
horário (m)	расклад (м)	[ras'klat]
painel (m) de informação	табло (н)	[tab'lɔ]

| partir (vt) | адыходзіць | [adi'hɔdzits⁣ʲ] |
| partida (f) | адпраўленне (н) | [atpraw'lenne] |

| chegar (vi) | прыбываць | [pribi'vats⁣ʲ] |
| chegada (f) | прыбыццё (н) | [pribi'ts⁣ʲo] |

chegar de trem	прыехаць цягніком	[pri'ehats⁣ʲ ts⁣ʲaɦni'kɔm]
pegar o trem	сесці на цягнік	['ses⁣ʲtsi na ts⁣ʲaɦ'nik]
descer de trem	сысці з цягніка	[sis⁣ʲtsi z ts⁣ʲaɦni'ka]

acidente (m) ferroviário	крушэнне (н)	[kru'ʃɛnne]
descarrilar (vi)	сысці з рэек	[sis⁣ʲtsi z 'rɛek]
locomotiva (f) a vapor	паравоз (м)	[para'vɔs]
foguista (m)	качагар (м)	[katʧa'har]
fornalha (f)	топка (ж)	['tɔpka]
carvão (m)	вугаль (м)	['vuɦal⁣ʲ]

143. Barco

| navio (m) | карабель (м) | [kara'belʲ] |
| embarcação (f) | судна (н) | ['sudna] |

barco (m) a vapor	параход (м)	[para'hɔt]
barco (m) fluvial	цеплаход (м)	[ʦepla'hɔt]
transatlântico (m)	лайнер (м)	['lajner]
cruzeiro (m)	крэйсер (м)	['krɛjser]

iate (m)	яхта (ж)	['ʲahta]
rebocador (m)	буксір (м)	[buk'sir]
barcaça (f)	баржа (ж)	['barʒa]
ferry (m)	паром (м)	[pa'rɔm]

| veleiro (m) | паруснік (м) | ['parusnik] |
| bergantim (m) | брыганціна (ж) | [briɦan'ʦina] |

| quebra-gelo (m) | ледакол (м) | [leda'kɔl] |
| submarino (m) | падводная лодка (ж) | [pad'vɔdnaʲa 'lɔtka] |

bote, barco (m)	лодка (ж)	['lɔtka]
baleeira (bote salva-vidas)	шлюпка (ж)	['ʃlʉpka]
bote (m) salva-vidas	шлюпка (ж) выратавальная	[ʃlʉpka virata'valʲnaʲa]
lancha (f)	катэр (м)	['katɛr]

capitão (m)	капітан (м)	[kapi'tan]
marinheiro (m)	матрос (м)	[mat'rɔs]
marujo (m)	марак (м)	[ma'rak]
tripulação (f)	экіпаж (м)	[ɛki'paʃ]

contramestre (m)	боцман (м)	['bɔʦman]
grumete (m)	юнга (м)	['ʉnɦa]
cozinheiro (m) de bordo	кок (м)	['kɔk]
médico (m) de bordo	суднавы ўрач (м)	['sudnavɨ 'wratʃ]

convés (m)	палуба (ж)	['paluba]
mastro (m)	мачта (ж)	['matʃta]
vela (f)	парус (м)	['parus]

porão (m)	трум (м)	['trum]
proa (f)	нос (м)	['nɔs]
popa (f)	карма (ж)	[kar'ma]
remo (m)	вясло (н)	[vʲas'lɔ]
hélice (f)	вінт (м)	['vint]

cabine (m)	каюта (ж)	[ka'ʉta]
sala (f) dos oficiais	кают-кампанія (ж)	[ka'ʉt kam'paniʲa]
sala (f) das máquinas	машыннае аддзяленне (н)	[ma'ʃɨnnae adzʲa'lenne]
ponte (m) de comando	капітанскі мосцік (м)	[kapi'tanski 'mɔsʲʦik]
sala (f) de comunicações	радыёрубка (ж)	[radɨʲo'rupka]
onda (f)	хваля (ж)	['hvalʲa]
diário (m) de bordo	суднавы журнал (м)	['sudnavɨ ʒur'nal]
luneta (f)	падзорная труба (ж)	[pa'dzɔrnaʲa tru'ba]

sino (m)	звон (м)	['zvɔn]
bandeira (f)	сцяг (м)	['sʦʲaɦ]
cabo (m)	канат (м)	[ka'nat]
nó (m)	вузел (м)	['vuzel]
corrimão (m)	поручань (м)	['pɔrutʃanʲ]
prancha (f) de embarque	трап (м)	['trap]
âncora (f)	якар (м)	['ʲakar]
recolher a âncora	падняць якар	[pad'nʲatsʲ 'ʲakar]
jogar a âncora	кінуць якар	['kinutsʲ 'ʲakar]
amarra (corrente de âncora)	якарны ланцуг (м)	[ʲakarnɨ lan'ʦuɦ]
porto (m)	порт (м)	['pɔrt]
cais, amarradouro (m)	прычал (м)	[pri'ʧal]
atracar (vi)	прычальваць	[pri'ʧalʲvatsʲ]
desatracar (vi)	адчальваць	[a'ʧalʲvatsʲ]
viagem (f)	падарожжа (н)	[pada'rɔʒa]
cruzeiro (m)	круіз (м)	[kru'is]
rumo (m)	курс (м)	['kurs]
itinerário (m)	маршрут (м)	[marʃ'rut]
canal (m) de navegação	фарватэр (м)	[far'vatɛr]
banco (m) de areia	мель (ж)	['melʲ]
encalhar (vt)	сесці на мель	[sesʲtsi na 'melʲ]
tempestade (f)	бура (ж)	['bura]
sinal (m)	сігнал (м)	[siɦ'nal]
afundar-se (vr)	тануць	[ta'nutsʲ]
Homem ao mar!	Чалавек за бортам!	[ʧala'vek za 'bortam!]
SOS	SOS	['sɔs]
boia (f) salva-vidas	выратавальны круг (м)	[virata'valʲnɨ kruɦ]

144. Aeroporto

aeroporto (m)	аэрапорт (м)	[aɛra'pɔrt]
avião (m)	самалёт (м)	[sama'lʲot]
companhia (f) aérea	авіякампанія (ж)	[aviʲakam'paniʲa]
controlador (m) de tráfego aéreo	дыспетчар (м)	[dɨs'peʧar]
partida (f)	вылет (м)	['vɨlet]
chegada (f)	прылёт (м)	[pri'lʲot]
chegar (vi)	прыляцець	[prilʲa'tsetsʲ]
hora (f) de partida	час (м) вылету	[ʧas 'vɨletu]
hora (f) de chegada	час (м) прылёту	[ʧas pri'lʲotu]
estar atrasado	затрымлівацца	[za'trimlivatsa]
atraso (m) de voo	затрымка (ж) вылету	[za'trimka 'vɨletu]
painel (m) de informação	інфармацыйнае табло (н)	[infarma'tsɨjnae tab'lɔ]
informação (f)	інфармацыя (ж)	[infar'matsɨʲa]

133

| anunciar (vt) | абвяшчаць | [abv'a'ʃɕatsʲ] |
| voo (m) | рэйс (м) | ['rɛjs] |

| alfândega (f) | мытня (ж) | ['mitnʲa] |
| funcionário (m) da alfândega | мытнік (м) | ['mitnik] |

declaração (f) alfandegária	дэкларацыя (ж)	[dɛkla'ratsʲia]
preencher (vt)	запоўніць	[za'pownitsʲ]
preencher a declaração	запоўніць дэкларацыю	[za'pownitsʲ dɛkla'ratsʲiu]
controle (m) de passaporte	пашпартны кантроль (м)	['paʃpartni kan'trolʲ]

bagagem (f)	багаж (м)	[ba'ɦaʃ]
bagagem (f) de mão	ручная паклажа (ж)	[rutʃ'naʲa pak'laʒa]
carrinho (m)	каляска (ж) для багажу	[ka'lʲaska dlʲa baɦaʒu]

pouso (m)	пасадка (ж)	[pa'satka]
pista (f) de pouso	пасадачная паласа (ж)	[pa'sadatʃnaʲa pala'sa]
aterrissar (vi)	садзіцца	[sa'dzitsa]
escada (f) de avião	трап (м)	['trap]

check-in (m)	рэгістрацыя (ж)	[rɛɦi'stratsʲia]
balcão (m) do check-in	стойка (ж) рэгістрацыі	[stɔjka rɛɦist'ratsʲi]
fazer o check-in	зарэгістравацца	[zarɛɦistra'vatsa]
cartão (m) de embarque	пасадачны талон (м)	[pa'sadatʃni ta'lɔn]
portão (m) de embarque	выхад (м)	['vihat]

trânsito (m)	транзіт (м)	[tran'zit]
esperar (vi, vt)	чакаць	[tʃa'katsʲ]
sala (f) de espera	зала (ж) чакання	['zala tʃa'kannʲa]
despedir-se (acompanhar)	праводзіць	[pra'vɔdzitsʲ]
despedir-se (dizer adeus)	развітвацца	[raz'vitvatsa]

145. Bicicleta. Motocicleta

bicicleta (f)	веласіпед (м)	[velasi'pet]
lambreta (f)	матаролер (м)	[mota'rɔler]
moto (f)	матацыкл (м)	[mata'tsikl]

ir de bicicleta	ехаць на веласіпедзе	['ehatsʲ na velasi'pedze]
guidão (m)	руль (м)	['rulʲ]
pedal (m)	педаль (ж)	[pe'dalʲ]
freios (m pl)	тармазы (м мн)	[tarma'zi]
banco, selim (m)	сядло (н)	[sʲad'lɔ]

| bomba (f) | помпа (ж) | ['pɔmpa] |
| bagageiro (m) de teto | багажнік (м) | [ba'ɦaʒnik] |

| lanterna (f) | ліхтар (м) | [lih'tar] |
| capacete (m) | шлем (м) | ['ʃlem] |

roda (f)	кола (н)	['kɔla]
para-choque (m)	крыло (н)	[kri'lɔ]
aro (m)	вобад (м)	['vɔbat]
raio (m)	спіца (ж)	['spitsa]

Carros

146. Tipos de carros

carro, automóvel (m)	аўтамабіль (м)	[awtama'biĺ]
carro (m) esportivo	спартыўны аўтамабіль (м)	[spar'tiwni awtama'biĺ]
limusine (f)	лімузін (м)	[limu'zin]
todo o terreno (m)	пазадарожнік (м)	[pazada'rɔʒnik]
conversível (m)	кабрыялет (м)	[kabriʲa'let]
minibus (m)	мікрааўтобус (м)	['mikra aw'tɔbus]
ambulância (f)	хуткая дапамога (ж)	[hutkaʲa dapa'mɔɦa]
limpa-neve (m)	снегаўборачная машына (ж)	['sneɦa w'bɔratʃnaʲa ma'ʃina]
caminhão (m)	грузавік (м)	[ɦruza'vik]
caminhão-tanque (m)	бензавоз (м)	[benza'vɔs]
perua, van (f)	фургон (м)	[fur'ɦɔn]
caminhão-trator (m)	цягач (м)	[tsʲa'hatʃ]
reboque (m)	прычэп (м)	[pri'tʃɛp]
confortável (adj)	камфартабельны	[kamfar'tabeĺni]
usado (adj)	ужываны	[uʒi'vani]

147. Carros. Carroçaria

capô (m)	капот (м)	[ka'pɔt]
para-choque (m)	крыло (н)	[kri'lɔ]
teto (m)	дах (м)	['dah]
para-brisa (m)	ветравое шкло (н)	[vetra'vɔe 'ʃklɔ]
retrovisor (m)	люстэрка (н) задняга агляду	[lʉs'tɛrka 'zadnʲaɦa aɦ'lʲadu]
esguicho (m)	абмывальнік (м)	[abmi'vaĺnik]
limpadores (m) de para-brisas	шклоачышчальнікі (м мн)	[ʃklɔ atʃi'ʃtʃaĺniki]
vidro (m) lateral	бакавое шкло (н)	[baka'vɔe ʃk'lɔ]
elevador (m) do vidro	шклопад'ёмнік (м)	[ʃklɔ pa'dʲ|omnik]
antena (f)	антэна (ж)	[an'tɛna]
teto (m) solar	люк (м)	['lʉk]
para-choque (m)	бампер (м)	['bamper]
porta-malas (f)	багажнік (м)	[ba'ɦaʒnik]
bagageira (f)	багажнік (м)	[ba'ɦaʒnik]
porta (f)	дзверцы (мн)	[dzi'vertsi]
maçaneta (f)	ручка (ж)	['rutʃka]
fechadura (f)	замок (м)	[za'mɔk]

placa (f)	нумар (м)	['numar]
silenciador (m)	глушыцель (м)	[ɦlu'ʃitselʲ]
tanque (m) de gasolina	бензабак (м)	[benza'bak]
tubo (m) de exaustão	выхлапная труба (ж)	[viɦlap'naʲa tru'ba]

acelerador (m)	газ (м)	['ɦas]
pedal (m)	педаль (ж)	[pe'dalʲ]
pedal (m) do acelerador	педаль (ж) газу	[pe'dalʲ 'ɦazu]

freio (m)	тормаз (м)	['tɔrmas]
pedal (m) do freio	педаль (ж) тормазу	[pe'dalʲ 'tɔrmazu]
frear (vt)	тармазіць	[tarma'zitsʲ]
freio (m) de mão	стаянкавы тормаз (м)	[sta'ʲankavi 'tɔrmas]

embreagem (f)	счапленне (н)	[ʃɕap'lenne]
pedal (m) da embreagem	педаль (ж) счаплення	[pe'dalʲ ʃɕap'lennʲa]
disco (m) de embreagem	дыск (м) счаплення	['disk ʃɕap'lennʲa]
amortecedor (m)	амартызатар (м)	[amarti'zatar]

roda (f)	кола (н)	['kɔla]
pneu (m) estepe	запасное кола (н)	[zapas'nɔe 'kɔla]
pneu (m)	пакрышка, шына (ж)	[pa'kriʃka], ['ʃina]
calota (f)	каўпак (м)	[kaw'pak]

rodas (f pl) motrizes	вядучыя колы (н мн)	[vʲa'dutʃʲʲa 'kɔli]
de tração dianteira	пярэднепрывадны	[pʲa'rɛdne privad'ni]
de tração traseira	заднепрывадны	['zadne privad'ni]
de tração às 4 rodas	поўнапрывадны	['pɔwna privad'ni]

caixa (f) de mudanças	каробка (ж) перадач	[ka'rɔpka pera'datʃ]
automático (adj)	аўтаматычны	[awtama'titʃni]
mecânico (adj)	механічны	[meha'nitʃni]
alavanca (f) de câmbio	рычаг (м) каробкі перадач	[ri'tʃaɦ ka'rɔpki pera'datʃ]

| farol (m) | фара (ж) | ['fara] |
| faróis (m pl) | фары (ж мн) | ['fari] |

farol (m) baixo	блізкае святло (н)	['bliskae svʲat'lɔ]
farol (m) alto	далёкае святло (н)	[da'lʲokae svʲat'lɔ]
luzes (f pl) de parada	стоп-сігнал (м)	[stɔp siɦ'nal]

luzes (f pl) de posição	габарытныя агні (м мн)	[ɦaba'ritnʲʲa aɦ'ni]
luzes (f pl) de emergência	аварыйныя агні (м мн)	[ava'rijnʲʲa aɦ'ni]
faróis (m pl) de neblina	супрацьтуманныя фары (ж мн)	[supratsʲ tu'mannʲʲa 'fari]

| pisca-pisca (m) | паваротнік (м) | [pava'rɔtnik] |
| luz (f) de marcha ré | задні ход (м) | ['zadni 'hɔt] |

148. Carros. Habitáculo

interior (do carro)	салон (м)	[sa'lɔn]
de couro	скураны	[skura'ni]
de veludo	велюравы	[ve'lʉravi]
estofamento (m)	абіўка (ж)	[a'biwka]

indicador (m)	прыбор (м)	[pri'bɔr]
painel (m)	прыборны шчыток (м)	[pri'bɔrnɨ ʃɕi'tɔk]
velocímetro (m)	спідометр (м)	[spi'dɔmetr]
ponteiro (m)	стрэлка (ж)	['strɛlka]

hodômetro, odômetro (m)	лічыльнік (м)	[li'tʃilʲnik]
indicador (m)	датчык (м)	['datʃik]
nível (m)	узровень (м)	[uz'rɔvenʲ]
luz (f) de aviso	лямпачка (ж)	['lʲampatʃka]

volante (m)	руль (м)	['rulʲ]
buzina (f)	сігнал (м)	[siɦ'nal]
botão (m)	кнопка (ж)	['knɔpka]
interruptor (m)	пераключальнік (м)	[peraklʉ'tʃalʲnik]

assento (m)	сядзенне (н)	[sʲa'dzenne]
costas (f pl) do assento	спінка (ж)	['spinka]
cabeceira (f)	падгалоўнік (м)	[padɦa'lɔwnik]
cinto (m) de segurança	рэмень (м) бяспекі	['rɛmenʲ bʲas'peki]
apertar o cinto	прышпіліць рэмень	[priʃpi'litsʲ 'rɛmenʲ]
ajuste (m)	рэгуляванне (н)	[rɛɦulʲa'vanne]

airbag (m)	паветраная падушка (ж)	[pa'vetranaʲa pa'duʃka]
ar (m) condicionado	кандыцыянер (м)	[kanditsɨʲa'ner]

rádio (m)	радыё (н)	['radʲʲo]
leitor (m) de CD	CD-прайгравальнік (м)	[si'dzi prajɦra'valʲnik]
ligar (vt)	уключыць	[uklʉ'tʃitsʲ]
antena (f)	антэна (ж)	[an'tɛna]
porta-luvas (m)	бардачок (м)	[barda'tʃɔk]
cinzeiro (m)	попельніца (ж)	['pɔpelʲnitsa]

149. Carros. Motor

motor (m)	рухавік (м)	[ruha'vik]
motor (m)	матор (м)	[ma'tɔr]
a diesel	дызельны	['dizelʲni]
a gasolina	бензінавы	[ben'zinavi]

cilindrada (f)	аб'ём (м) рухавіка	[a'bʲʲom ruhavi'ka]
potência (f)	магутнасць (ж)	[ma'ɦutnastsʲ]
cavalo (m) de potência	конская сіла (ж)	[kɔnskaʲa 'sila]
pistão (m)	поршань (м)	['pɔrʃanʲ]
cilindro (m)	цыліндр (м)	[tsɨ'lindr]
válvula (f)	клапан (м)	['klapan]

injetor (m)	інжэктар (м)	[in'ʒɛktar]
gerador (m)	генератар (м)	[ɦene'ratar]
carburador (m)	карбюратар (м)	[karbʉ'ratar]
óleo (m) de motor	аліва (ж) маторная	[a'liva ma'tɔrnaʲa]

radiador (m)	радыятар (м)	[radiʲatar]
líquido (m) de arrefecimento	ахаладжальная вадкасць (ж)	[ahala'dʒalʲnaʲa 'vatkastsʲ]

ventilador (m)	вентылятар (м)	[venti'lʲatar]
bateria (f)	акумулятар (м)	[akumu'lʲatar]
dispositivo (m) de arranque	стартэр (м)	['startɛr]
ignição (f)	запальванне (н)	[za'palʲvanne]
vela (f) de ignição	свечка (ж) запальвання	['svetʃka za'palʲvannʲa]
terminal (m)	клема (ж)	['klema]
terminal (m) positivo	плюс (м)	['plʉs]
terminal (m) negativo	мінус (м)	['minus]
fusível (m)	засцерагальнік (м)	[zasʲtsera'halʲnik]
filtro (m) de ar	паветраны фільтр (м)	[pa'vetranɨ 'filʲtr]
filtro (m) de óleo	алівавы фільтр (м)	[a'livavɨ 'filʲtr]
filtro (m) de combustível	паліўны фільтр (м)	['paliwnɨ 'filʲtr]

150. Carros. Batidas. Reparação

acidente (m) de carro	аварыя (ж)	[a'varɨʲa]
acidente (m) rodoviário	дарожнае здарэнне (н)	[da'rɔʒnae zda'rɛnne]
bater (~ num muro)	уразацца	[ura'zatsa]
sofrer um acidente	разбіцца	[raz'bitsa]
dano (m)	пашкоджанне (н)	[paʃ'kɔdʒanne]
intato	цэлы	['tsɛlɨ]
pane (f)	аварыя, паломка (ж)	[a'varɨʲa], [pa'lomka]
avariar (vi)	зламацца	[zla'matsa]
cabo (m) de reboque	буксіровачны трос (м)	[buksi'rɔvatʃnɨ 'trɔs]
furo (m)	пракол (м)	[pra'kɔl]
estar furado	спусціць	[spus'tsitsʲ]
encher (vt)	напампоўваць	[napam'pɔwvatsʲ]
pressão (f)	ціск (м)	['tsisk]
verificar (vt)	праверыць	[pra'verɨtsʲ]
reparo (m)	рамонт (м)	[ra'mɔnt]
oficina (f) automotiva	аўтасэрвіс (м)	[awta'sɛrvis]
peça (f) de reposição	запчастка (ж)	[zap'tʃastka]
peça (f)	дэталь (ж)	[dɛ'talʲ]
parafuso (com porca)	болт (м)	['bɔlt]
parafuso (m)	шруба (ж)	['ʃruba]
porca (f)	гайка (ж)	['ɦajka]
arruela (f)	шайба (ж)	['ʃajba]
rolamento (m)	падшыпнік (м)	[pat'ʃɨpnik]
tubo (m)	трубка (ж)	['trupka]
junta, gaxeta (f)	пракладка (ж)	[prak'latka]
fio, cabo (m)	провад (м)	['prɔvat]
macaco (m)	дамкрат (м)	[dam'krat]
chave (f) de boca	гаечны ключ (м)	['ɦaetʃnɨ 'klʉtʃ]
martelo (m)	малаток (м)	[mala'tɔk]
bomba (f)	помпа (ж)	['pɔmpa]
chave (f) de fenda	адвёртка (ж)	[at'vʲortka]

extintor (m)	вогнетушыцель (м)	[vɔɦnetu'ʃitselʲ]
triângulo (m) de emergência	аварыйны	[ava'rijni
	трохвугольнік (м)	trɔhvu'ɦɔlʲnik]

morrer (motor)	глухнуць	['ɦluhnutsʲ]
paragem, "morte" (f)	спыненне (н)	[spi'nenne]
estar quebrado	быць зламаным	['bitsʲ zla'manim]

superaquecer-se (vr)	перагрэцца	[pera'ɦrɛtsa]
entupir-se (vr)	засмеціцца	[zas'metsitsa]
congelar-se (vr)	замерзнуць	[za'merznutsʲ]
rebentar (vi)	лопнуць	['lɔpnutsʲ]

pressão (f)	ціск (м)	['tsisk]
nível (m)	узровень (м)	[uz'rɔvenʲ]
frouxo (adj)	слабы	['slabi]

batida (f)	увагнутасць (ж)	[uva'ɦnutastsʲ]
ruído (m)	стук (м)	['stuk]
fissura (f)	трэшчына (ж)	['trɛʃɕina]
arranhão (m)	драпіна (ж)	['drapina]

151. Carros. Estrada

estrada (f)	дарога (ж)	[da'rɔɦa]
autoestrada (f)	аўтамагістраль (ж)	[awtamaɦi'stralʲ]
rodovia (f)	шаша (ж)	[ʃa'ʃa]
direção (f)	кірунак (м)	[kiˈrunak]
distância (f)	адлегласць (ж)	[ad'leɦlastsʲ]

ponte (f)	мост (м)	['mɔst]
parque (m) de estacionamento	паркінг (м)	['parkinɦ]
praça (f)	плошча (ж)	['plɔʃɕa]
nó (m) rodoviário	развязка (ж)	[raz'vʲaska]
túnel (m)	тунэль (м)	[tu'nɛlʲ]

posto (m) de gasolina	аўтазапраўка (ж)	[awtaza'prawka]
parque (m) de estacionamento	аўтастаянка (ж)	[awtasta'ʲanka]
bomba (f) de gasolina	бензакалонка (ж)	[benzaka'lɔnka]
oficina (f) automotiva	аўтасэрвіс (м)	[awta'sɛrvis]
abastecer (vt)	заправіць	[za'pravitsʲ]
combustível (m)	паліва, гаручае (н)	['paliva], [ɦaru'ʧae]
galão (m) de gasolina	каністра (ж)	[ka'nistra]

asfalto (m)	асфальт (м)	[as'falʲt]
marcação (f) de estradas	разметка (ж)	[raz'metka]
meio-fio (m)	бардзюр (м)	[bar'dzʉr]
guard-rail (m)	агароджа (ж)	[aɦa'rɔdʒa]
valeta (f)	кювет (м)	[kʉ'vet]
acostamento (m)	узбочына (ж)	[uz'bɔʧina]
poste (m) de luz	слуп (м)	['slup]

dirigir (vt)	весці	['vesʲtsi]
virar (~ para a direita)	паварочваць	[pava'rɔʧvatsʲ]

dar retorno	разварочвацца	[razva'rotʃvatsa]
ré (f)	задні ход (м)	['zadni 'hɔt]
buzinar (vi)	сігналіць	[siɦ'nalitsʲ]
buzina (f)	гукавы сігнал (м)	[ɦuka'vɨ siɦ'nal]
atolar-se (vr)	захраснуць	[zah'rasnutsʲ]
patinar (na lama)	буксаваць	[buksa'vatsʲ]
desligar (vt)	глушыць	[ɦlu'ʃɨtsʲ]
velocidade (f)	хуткасць (ж)	['hutkastsʲ]
exceder a velocidade	перавысіць хуткасць	[pera'visitsʲ 'hutkastsʲ]
multar (vt)	штрафаваць	[ʃtrafa'vatsʲ]
semáforo (m)	святлафор (м)	[svʲatla'fɔr]
carteira (f) de motorista	вадзіцельскія правы (мн)	[va'dzitselʲskiʲa pra'vɨ]
passagem (f) de nível	пераезд (м)	[pera'est]
cruzamento (m)	скрыжаванне (н)	[skriʒa'vanne]
faixa (f)	пешаходны пераход (м)	[peʃa'hɔdni pera'hɔt]
curva (f)	паварот (м)	[pava'rɔt]
zona (f) de pedestres	пешаходная зона (ж)	[peʃa'hɔdnaʲa 'zɔna]

PESSOAS. EVENTOS

Eventos

152. Férias. Evento

festa (f)	свята (н)	['svʲata]
feriado (m) nacional	нацыянальнае свята (н)	[natsʲaˈnalʲnae 'svʲata]
feriado (m)	святочны дзень (м)	[svʲaˈtotʃnɨ 'dzenʲ]
festejar (vt)	святкаваць	[svʲatkaˈvatsʲ]
evento (festa, etc.)	падзея (ж)	[paˈdzeʲa]
evento (banquete, etc.)	мерапрыемства (н)	[merapriˈemstva]
banquete (m)	банкет (м)	[banˈket]
recepção (f)	прыём (м)	['prʲɨom]
festim (m)	бяседа (ж)	[bʲaˈseda]
aniversário (m)	гадавіна (ж)	[ɦadaˈvina]
jubileu (m)	юбілей (м)	[ʉbiˈlej]
celebrar (vt)	адзначыць	[adzˈnatʃɨtsʲ]
Ano (m) Novo	Новы год (м)	['nɔvɨ 'ɦɔt]
Feliz Ano Novo!	З Новым годам!	[z 'nɔvim 'ɦɔdam]
Papai Noel (m)	Дзед Мароз, Санта Клаўс	[dzʲet maˈroz], ['santa 'klaws]
Natal (m)	Каляды (ж мн)	[kaˈlʲadɨ]
Feliz Natal!	Вясёлых Каляд!	[vʲaˈsʲolih kaˈlʲat]
árvore (f) de Natal	Навагодняя ёлка (ж)	[navaˈɦɔdnæʲa 'jolka]
fogos (m pl) de artifício	салют (м)	[saˈlʉt]
casamento (m)	вяселле (н)	[vʲaˈselle]
noivo (m)	жаніх (м)	[ʒaˈnih]
noiva (f)	нявеста (ж)	[nʲaˈvesta]
convidar (vt)	запрашаць	[zapraˈʃatsʲ]
convite (m)	запрашэнне (н)	[zapraˈʃɛnne]
convidado (m)	госць (м)	['ɦɔstsʲ]
visitar (vt)	ісці ў госці	[isˈtsi w 'ɦɔsʲtsi]
receber os convidados	сустракаць гасцей	[sustraˈkatsʲ ɦasˈtsej]
presente (m)	падарунак (м)	[padaˈrunak]
oferecer, dar (vt)	дарыць	[daˈritsʲ]
receber presentes	атрымоўваць падарункі	[atriˈmɔwvatsʲ padaˈrunki]
buquê (m) de flores	букет (м)	[buˈket]
felicitações (f pl)	віншаванне (н)	[vinʃaˈvanne]
felicitar (vt)	віншаваць	[vinʃaˈvatsʲ]
cartão (m) de parabéns	віншавальная паштоўка (ж)	[winʃaˈvalʲnaʲa paʃˈtowka]

enviar um cartão postal	адправіць паштоўку	[at'prawits^j pa'ʃtɔwku]
receber um cartão postal	атрымаць паштоўку	[atri'mats^j pa'ʃtɔwku]

brinde (m)	тост (м)	['tɔst]
oferecer (vt)	частаваць	[tʃasta'vats^j]
champanhe (m)	шампанскае (н)	[ʃam'panskae]

divertir-se (vr)	весяліцца	[ves^ja'litsa]
diversão (f)	весялосць (ж)	[ves^ja'lɔsts^j]
alegria (f)	радасць (ж)	['radasts^j]

dança (f)	танец (м)	['tanets]
dançar (vi)	танцаваць	[tantsa'vats^j]

valsa (f)	вальс (м)	['val^js]
tango (m)	танга (н)	['tanɦa]

153. Funerais. Enterro

cemitério (m)	могілкі (мн)	['mɔɦilki]
sepultura (f), túmulo (m)	магіла (ж)	[ma'ɦila]
cruz (f)	крыж (м)	['kriʃ]
lápide (f)	надмагільны помнік (м)	[nadma'ɦil^jnɨ 'pɔmnik]
cerca (f)	агароджа (ж)	[aɦa'rɔdʒa]
capela (f)	капліца (ж)	[kap'litsa]

morte (f)	смерць (ж)	['smerts^j]
morrer (vi)	памерці	[pa'mertsi]
defunto (m)	нябожчык (м)	[n^ja'bɔʃɕik]
luto (m)	жалоба (ж)	[ʒa'lɔba]

enterrar, sepultar (vt)	хаваць	[ha'vats^j]
funerária (f)	пахавальнае бюро (н)	[paha'val^jnae bʉ'rɔ]
funeral (m)	пахаванне (н)	[paha'vanne]

coroa (f) de flores	вянок (м)	[v^ja'nɔk]
caixão (m)	труна (ж)	[tru'na]
carro (m) funerário	катафалк (м)	[kata'falk]
mortalha (f)	саван (м)	['savan]

procissão (f) funerária	жалобная працэсія	[ʒa'lɔbna^ja pra'tsɛsi^ja]
urna (f) funerária	урна (ж)	['urna]
crematório (m)	крэматорый (м)	[krɛma'tɔrij]

obituário (m), necrologia (f)	некралог (м)	[nekra'lɔɦ]
chorar (vi)	плакаць	['plakats^j]
soluçar (vi)	рыдаць	[ri'dats^j]

154. Guerra. Soldados

pelotão (m)	узвод (м)	[uz'vɔt]
companhia (f)	рота (ж)	['rɔta]

regimento (m)	полк (м)	['polk]
exército (m)	армія (ж)	['armiʲa]
divisão (f)	дывізія (ж)	[di'viziʲa]

esquadrão (m)	атрад (м)	[at'rat]
hoste (f)	войска (н)	['vojska]

soldado (m)	салдат (м)	[sal'dat]
oficial (m)	афіцэр (м)	[afi'tsɛr]

soldado (m) raso	радавы (м)	[rada'vi]
sargento (m)	сяржант (м)	[sʲar'ʒant]
tenente (m)	лейтэнант (м)	[lejtɛ'nant]
capitão (m)	капітан (м)	[kapi'tan]
major (m)	маёр (м)	[ma'ʲor]
coronel (m)	палкоўнік (м)	[pal'kownik]
general (m)	генерал (м)	[ɦene'ral]

marujo (m)	марак (м)	[ma'rak]
capitão (m)	капітан (м)	[kapi'tan]
contramestre (m)	боцман (м)	['botsman]

artilheiro (m)	артылерыст (м)	[artile'rist]
soldado (m) paraquedista	дэсантнік (м)	[dɛ'santnik]
piloto (m)	лётчык (м)	['lʲotʃik]
navegador (m)	штурман (м)	['ʃturman]
mecânico (m)	механік (м)	[me'hanik]

sapador-mineiro (m)	сапёр (м)	[sa'pʲor]
paraquedista (m)	парашутыст (м)	[paraʃu'tist]
explorador (m)	разведчык (м)	[raz'vetʃik]
atirador (m) de tocaia	снайпер (м)	['snajper]

patrulha (f)	патруль (м)	[pat'rulʲ]
patrulhar (vt)	патруляваць	[patrulʲa'vatsʲ]
sentinela (f)	вартавы (м)	[varta'vi]

guerreiro (m)	воін (м)	['voin]
patriota (m)	патрыёт (м)	['patriʲot]

herói (m)	герой (м)	[ɦe'roj]
heroína (f)	гераіня (ж)	[ɦera'inʲa]

traidor (m)	здраднік (м)	['zdradnik]
trair (vt)	здрадзіць	['zdradzitsʲ]

desertor (m)	дэзерцір (м)	[dɛzer'tsir]
desertar (vt)	дэзерціраваць	[dɛzer'tsiravatsʲ]

mercenário (m)	наймiт (м)	['najmit]
recruta (m)	навабранец (м)	[nava'branets]
voluntário (m)	добраахвотнік (м)	[dobraah'votnik]

morto (m)	забіты (м)	[za'biti]
ferido (m)	паранены (м)	[pa'raneni]
prisioneiro (m) de guerra	палонны (м)	[pa'lonni]

155. Guerra. Ações militares. Parte 1

guerra (f)	вайна (ж)	[vaj'na]
guerrear (vt)	ваяваць	[vaʲa'vatsʲ]
guerra (f) civil	грамадзянская вайна (ж)	[ɦrama'dzʲanskaʲa vaj'na]
perfidamente	вераломна	[vera'lɔmna]
declaração (f) de guerra	абвяшчэнне (н)	[abvʲa'ʃɕɛnne]
declarar guerra	абвясціць	[abvʲas'tsitsʲ]
agressão (f)	агрэсія (ж)	[aɦ'rɛsiʲa]
atacar (vt)	нападаць	[napa'datsʲ]
invadir (vt)	захоплiваць	[za'hɔplivatsʲ]
invasor (m)	захопнiк (м)	[za'hɔpnik]
conquistador (m)	заваёўнiк (м)	[zava'ʲownik]
defesa (f)	абарона (ж)	[aba'rɔna]
defender (vt)	абараняць	[abara'nʲatsʲ]
defender-se (vr)	абараняцца	[abara'nʲatsa]
inimigo (m)	вораг (м)	['vɔraɦ]
adversário (m)	супраціўнiк (м)	[supra'tsiwnik]
inimigo (adj)	варожы	[va'rɔʒi]
estratégia (f)	стратэгія (ж)	[stra'tɛɦiʲa]
tática (f)	тактыка (ж)	['taktika]
ordem (f)	загад (м)	[za'ɦat]
comando (m)	каманда (ж)	[ka'manda]
ordenar (vt)	загадваць	[za'ɦadvatsʲ]
missão (f)	заданне (н)	[za'danne]
secreto (adj)	сакрэтны	[sak'rɛtni]
batalha (f)	бітва (ж)	['bitva]
combate (m)	бой (м)	['bɔj]
ataque (m)	атака (ж)	[a'taka]
assalto (m)	штурм (м)	['ʃturm]
assaltar (vt)	штурмаваць	[ʃturma'vatsʲ]
assédio, sítio (m)	аблога (ж)	[ab'lɔɦa]
ofensiva (f)	наступ (м)	['nastup]
tomar à ofensiva	наступаць	[nastu'patsʲ]
retirada (f)	адступленне (н)	[atstup'lenne]
retirar-se (vr)	адступаць	[atstu'patsʲ]
cerco (m)	акружэнне (н)	[akru'ʒɛnne]
cercar (vt)	акружаць	[akru'ʒatsʲ]
bombardeio (m)	бамбёжка (ж)	[bam'bʲoʃka]
lançar uma bomba	скінуць бомбу	['skinutsʲ 'bɔmbu]
bombardear (vt)	бамбіць	[bam'bitsʲ]
explosão (f)	выбух (м)	['vibuh]
tiro (m)	стрэл (м)	['strɛl]

dar um tiro	стрэліць	['strɛlits⁀ʲ]
tiroteio (m)	стральба (ж)	[stralʲ'ba]
apontar para ...	цэліцца	['tsɛlitsa]
apontar (vt)	навесці	[na'vesʲtsi]
acertar (vt)	трапіць	['trapits⁀ʲ]
afundar (~ um navio, etc.)	патапіць	[pata'pits⁀ʲ]
brecha (f)	прабоіна (ж)	[pra'bɔina]
afundar-se (vr)	ісці на дно	[is'tsi na 'dnɔ]
frente (m)	фронт (м)	['frɔnt]
evacuação (f)	эвакуацыя (ж)	[ɛvaku'atsiʲa]
evacuar (vt)	эвакуіраваць	[ɛvaku'iravats⁀ʲ]
trincheira (f)	акоп (м), траншэя (ж)	[a'kɔp], [tran'ʃɛʲa]
arame (m) enfarpado	калючы дрот (м)	[ka'lutʃi 'drɔt]
barreira (f) anti-tanque	загарода (ж)	[zaɦa'rɔda]
torre (f) de vigia	вышка (ж)	['viʃka]
hospital (m) militar	шпіталь (м)	[ʃpi'talʲ]
ferir (vt)	раніць	['ranits⁀ʲ]
ferida (f)	рана (ж)	['rana]
ferido (m)	паранены (м)	[pa'raneni]
ficar ferido	атрымаць раненне	[atri'mats⁀ʲ ra'nenne]
grave (ferida ~)	цяжкі	['tsʲaʃki]

156. Armas

arma (f)	зброя (ж)	['zbrɔʲa]
arma (f) de fogo	агнястрэльная зброя (ж)	[aɦnʲa'strɛlʲnaʲa 'zbrɔʲa]
arma (f) branca	халодная зброя (ж)	[ha'lɔdnaʲa 'zbrɔʲa]
arma (f) química	хімічная зброя (ж)	[hi'mitʃnaʲa 'zbrɔʲa]
nuclear (adj)	ядзерны	['ʲadzerni]
arma (f) nuclear	ядзерная зброя (ж)	['ʲadzernaʲa 'zbrɔʲa]
bomba (f)	бомба (ж)	['bɔmba]
bomba (f) atômica	атамная бомба (ж)	[atamnaʲa 'bɔmba]
pistola (f)	пісталет (м)	[pista'let]
rifle (m)	стрэльба (ж)	['strɛlʲba]
semi-automática (f)	аўтамат (м)	[awta'mat]
metralhadora (f)	кулямёт (м)	[kulʲa'mʲot]
boca (f)	руля (ж)	['rulʲa]
cano (m)	ствол (м)	['stvɔl]
calibre (m)	калібр (м)	[ka'libr]
gatilho (m)	курок (м)	[ku'rɔk]
mira (f)	прыцэл (м)	[pri'tsɛl]
carregador (m)	магазін (м)	[maɦa'zin]
coronha (f)	прыклад (м)	[prik'lat]
granada (f) de mão	граната (ж)	[ɦra'nata]

explosivo (m)	узрыўчатка (ж)	[uzriw'tʃatka]
bala (f)	куля (ж)	['kulʲa]
cartucho (m)	патрон (м)	[pat'rɔn]
carga (f)	зарад (м)	[za'rat]
munições (f pl)	боепрыпасы (мн)	[bɔepri'pasi]

bombardeiro (m)	бамбардзіроўшчык (м)	[bambardzi'rɔwʃɕik]
avião (m) de caça	знішчальнік (м)	[zʲni'ʃɕalʲnik]
helicóptero (m)	верталёт (м)	[verta'lʲot]

canhão (m) antiaéreo	зенітка (ж)	[ze'nitka]
tanque (m)	танк (м)	['tank]
canhão (de um tanque)	пушка (ж)	['puʃka]

artilharia (f)	артылерыя (ж)	[arti'leriʲa]
canhão (m)	гармата (ж)	[ɦar'mata]
fazer a pontaria	навесці	[na'vesʲtsi]

projétil (m)	снарад (м)	[sna'rat]
granada (f) de morteiro	міна (ж)	['mina]
morteiro (m)	мінамёт (м)	[mina'mʲot]
estilhaço (m)	асколак (м)	[as'kɔlak]

submarino (m)	падводная лодка (ж)	[pad'vɔdnaʲa 'lɔtka]
torpedo (m)	тарпеда (ж)	[tar'peda]
míssil (m)	ракета (ж)	[ra'keta]

carregar (uma arma)	зараджаць	[zara'dʒatsʲ]
disparar, atirar (vi)	страляць	[stra'lʲatsʲ]
apontar para …	цэліцца	['tsɛlitsa]
baioneta (f)	штык (м)	['ʃtik]

espada (f)	шпага (ж)	['ʃpaɦa]
sabre (m)	шабля (ж)	['ʃablʲa]
lança (f)	дзіда (ж)	['dzida]
arco (m)	лук (м)	['luk]
flecha (f)	страла (ж)	[stra'la]
mosquete (m)	мушкет (м)	[muʃ'ket]
besta (f)	арбалет (м)	[arba'let]

157. Povos da antiguidade

primitivo (adj)	першабытны	[perʃa'bitnʲ]
pré-histórico (adj)	дагістарычны	[daɦista'ritʃnʲ]
antigo (adj)	старажытны	[stara'ʒitnʲ]

Idade (f) da Pedra	Каменны век (м)	[ka'menni 'vek]
Idade (f) do Bronze	Бронзавы век (м)	[brɔnzavʲ 'vek]
Era (f) do Gelo	ледавіковы перыяд (м)	[ledavi'kɔvʲ pe'riʲat]

tribo (f)	племя (н)	['plemʲa]
canibal (m)	людаед (м)	[lʲuda'et]
caçador (m)	паляўнічы (м)	[palʲaw'nitʃi]
caçar (vi)	паляваць	[palʲa'vatsʲ]

mamute (m)	мамант (м)	['mamant]
caverna (f)	пячора (ж)	[pʲa'tʃɔra]
fogo (m)	агонь (м)	[a'hɔnʲ]
fogueira (f)	вогнішча (н)	['vɔhniʃca]
pintura (f) rupestre	наскальны малюнак (м)	[na'skalʲnɨ ma'lʉnak]

ferramenta (f)	прылада (ж) працы	[pri'lada 'pratsɨ]
lança (f)	дзіда (ж)	['dzida]
machado (m) de pedra	каменная сякера (ж)	[ka'mennaʲa sʲa'kera]
guerrear (vt)	ваяваць	[vaʲa'vatsʲ]
domesticar (vt)	прыручаць	[priru'tʃatsʲ]

ídolo (m)	ідал (м)	['idal]
adorar, venerar (vt)	пакланяцца	[pakla'nʲatsa]
superstição (f)	забабоны (мн)	[zaba'bɔni]
ritual (m)	абрад, рытуал (м)	[ab'rat], [ritu'al]

evolução (f)	эвалюцыя (ж)	[ɛva'lʉtsɨʲa]
desenvolvimento (m)	развіццё (н)	[razʲvi'tsʲo]
extinção (f)	знікненне (н)	[zʲnik'nenne]
adaptar-se (vr)	прыстасоўвацца	[prista'sɔwvatsa]

arqueologia (f)	археалогія (ж)	[arhea'lɔhiʲa]
arqueólogo (m)	археолаг (м)	[arhe'ɔlah]
arqueológico (adj)	археалагічны	[arheala'hitʃni]

escavação (sítio)	раскопкі (ж мн)	[ras'kɔpki]
escavações (f pl)	раскопкі (ж мн)	[ras'kɔpki]
achado (m)	знаходка (ж)	[zna'hɔtka]
fragmento (m)	фрагмент (м)	[frah'ment]

158. Idade média

povo (m)	народ (м)	[na'rɔt]
povos (m pl)	народы (м мн)	[na'rɔdi]
tribo (f)	племя (н)	['plemʲa]
tribos (f pl)	плямёны (н мн)	[plʲa'mʲoni]

bárbaros (pl)	варвары (м мн)	['varvari]
galeses (pl)	галы (м мн)	['hali]
godos (pl)	готы (м мн)	['hɔti]
eslavos (pl)	славяне (м мн)	[sla'vʲane]
viquingues (pl)	вікінгі (м мн)	['vikinhi]

romanos (pl)	рымляне (м мн)	['rimlʲane]
romano (adj)	рымскі	['rimski]

bizantinos (pl)	візантыйцы (м мн)	[vizan'tijtsi]
Bizâncio	Візантыя (ж)	[vizan'tɨʲa]
bizantino (adj)	візантыйскі	[vizan'tijski]

imperador (m)	імператар (м)	[impe'ratar]
líder (m)	правадыр (м)	[prava'dir]
poderoso (adj)	магутны	[ma'hutni]

| rei (m) | кароль (м) | [ka'rɔlʲ] |
| governante (m) | кіраўнік (м) | [kiraw'nik] |

cavaleiro (m)	рыцар (м)	['riʦar]
senhor feudal (m)	феадал (м)	[fea'dal]
feudal (adj)	феадальны	[fea'dalʲnʲ]
vassalo (m)	васал (м)	[va'sal]

duque (m)	герцаг (м)	['ɦerʦaɦ]
conde (m)	граф (м)	['ɦraf]
barão (m)	барон (м)	[ba'rɔn]
bispo (m)	епіскап (м)	[e'piskap]

armadura (f)	даспехі (м мн)	[das'pehi]
escudo (m)	шчыт (м)	['ʃɕit]
espada (f)	меч (м)	['meʧ]
viseira (f)	забрала (н)	[za'brala]
cota (f) de malha	кальчуга (ж)	[kalʲ'ʧuɦa]

| cruzada (f) | крыжовы паход (м) | [kri'ʒɔvɨ pa'hɔt] |
| cruzado (m) | крыжак (м) | [kri'ʒak] |

| território (m) | тэрыторыя (ж) | [tɛri'tɔrʲʲa] |
| atacar (vt) | нападаць | [napa'daʦʲ] |

| conquistar (vt) | заваяваць | [zavaʲa'vaʦʲ] |
| ocupar, invadir (vt) | захапіць | [zaha'piʦʲ] |

assédio, sítio (m)	аблога (ж)	[ab'lɔɦa]
sitiado (adj)	абложаны	[ab'lɔʒanʲ]
assediar, sitiar (vt)	абложваць	[ab'lɔʒvaʦʲ]

inquisição (f)	інквізіцыя (ж)	[inkvi'ziʦʲʲa]
inquisidor (m)	інквізітар (м)	[inkvi'zitar]
tortura (f)	катаванне (н)	[kata'vanne]
cruel (adj)	жорсткі	['ʒɔrstki]

| herege (m) | ерэтык (м) | [erɛ'tik] |
| heresia (f) | ерась (ж) | ['erasʲ] |

navegação (f) marítima	мараплаўства (н)	[mara'plawstva]
pirata (m)	пірат (м)	[pi'rat]
pirataria (f)	пірацтва (н)	[pi'raʦtva]
abordagem (f)	абардаж (м)	[abar'daʃ]

| presa (f), butim (m) | здабыча (ж) | [zda'biʧa] |
| tesouros (m pl) | скарбы (м мн) | ['skarbɨ] |

descobrimento (m)	адкрыццё (н)	[atkri'ʦʲo]
descobrir (novas terras)	адкрыць	[atk'riʦʲ]
expedição (f)	экспедыцыя (ж)	[ɛkspe'diʦʲʲa]

mosqueteiro (m)	мушкецёр (м)	[muʃke'ʦʲor]
cardeal (m)	кардынал (м)	[kardi'nal]
heráldica (f)	геральдыка (ж)	[ɦe'ralʲdika]
heráldico (adj)	геральдычны	[ɦeralʲ'diʧnʲ]

159. Líder. Chefe. Autoridades

rei (m)	кароль (м)	[ka'rɔlʲ]
rainha (f)	каралева (ж)	[kara'leva]
real (adj)	каралеўскі	[kara'lewski]
reino (m)	каралеўства (н)	[kara'lewstva]

| príncipe (m) | прынц (м) | ['prinʦ] |
| princesa (f) | прынцэса (ж) | [prin'ʦɛsa] |

presidente (m)	прэзідэнт (м)	[prɛzi'dɛnt]
vice-presidente (m)	віцэ-прэзідэнт (м)	['viʦɛ prɛzi'dɛnt]
senador (m)	сенатар (м)	[se'natar]

monarca (m)	манарх (м)	[ma'narh]
governante (m)	кіраўнік (м)	[kiraw'nik]
ditador (m)	дыктатар (м)	[dik'tatar]
tirano (m)	тыран (м)	[tiˈran]
magnata (m)	магнат (м)	[maɦ'nat]

diretor (m)	дырэктар (м)	[diˈrɛktar]
chefe (m)	шэф (м)	['ʃɛf]
gerente (m)	загадчык (м)	[za'ɦaʧik]
patrão (m)	бос (м)	['bɔs]
dono (m)	гаспадар (м)	[ɦaspa'dar]

líder (m)	правадыр, лідэр (м)	[prava'dir], ['lidɛr]
chefe (m)	галава (ж)	[ɦala'va]
autoridades (f pl)	улады (ж мн)	[u'ladiʲ]
superiores (m pl)	начальства (н)	[na'ʧalʲstva]

governador (m)	губернатар (м)	[ɦuber'natar]
cônsul (m)	консул (м)	['kɔnsul]
diplomata (m)	дыпламат (м)	[dipla'mat]
Presidente (m) da Câmara	мэр (м)	['mɛr]
xerife (m)	шэрыф (м)	[ʃɛ'rif]

imperador (m)	імператар (м)	[impe'ratar]
czar (m)	цар (м)	['ʦar]
faraó (m)	фараон (м)	[fara'ɔn]
cã, khan (m)	хан (м)	['han]

160. Violação da lei. Criminosos. Parte 1

bandido (m)	бандыт (м)	[ban'dit]
crime (m)	злачынства (н)	[zla'ʧinstva]
criminoso (m)	злачынец (м)	[zla'ʧineʦ]

ladrão (m)	злодзей (м)	['zlɔdzej]
roubar (vt)	красці	['krasʲʦi]
furto, roubo (m)	крадзеж (м)	[kra'dzeʃ]
raptar, sequestrar (vt)	выкрасці	['vikrasʲʦi]
sequestro (m)	выкраданне (н)	[vikra'danne]

sequestrador (m)	выкрадальнік (м)	[vikra'dalʲnik]
resgate (m)	выкуп (м)	['vikup]
pedir resgate	патрабаваць выкуп	[patraba'vatsʲ 'vikup]

roubar (vt)	рабаваць	[raba'vatsʲ]
assalto, roubo (m)	абрабаванне (н)	[abraba'vanne]
assaltante (m)	рабаўнік (м)	[rabaw'nik]

extorquir (vt)	вымагаць	[vima'ɦatsʲ]
extorsionário (m)	вымагальнік (м)	[vima'ɦalʲnik]
extorsão (f)	вымагальніцтва (н)	[vima'ɦalʲnitstva]

matar, assassinar (vt)	забіць	[za'bitsʲ]
homicídio (m)	забойства (н)	[za'bojstva]
homicida, assassino (m)	забойца (м)	[za'bojtsa]

tiro (m)	стрэл (м)	['strɛl]
dar um tiro	стрэліць	['strɛlitsʲ]
matar a tiro	застрэліць	[za'strɛlitsʲ]
disparar, atirar (vi)	страляць	[stra'lʲatsʲ]
tiroteio (m)	стральба (ж)	[stralʲ'ba]
incidente (m)	здарэнне (н)	[zda'rɛnne]
briga (~ de rua)	бойка (ж)	['bojka]
Socorro!	Дапамажыце! Ратуйце!	[dapama'ʒitse!], [ra'tujtse!]
vítima (f)	ахвяра (ж)	[ah'vʲara]

danificar (vt)	пашкодзіць	[paʃ'kɔdzitsʲ]
dano (m)	шкода (ж)	['ʃkɔda]
cadáver (m)	труп (м)	['trup]
grave (adj)	цяжкі	['tsʲaʃki]

atacar (vt)	нападаць	[napa'datsʲ]
bater (espancar)	біць	['bitsʲ]
espancar (vt)	збіць	['zʲbitsʲ]
tirar, roubar (dinheiro)	адабраць	[ada'bratsʲ]
esfaquear (vt)	зарэзаць	[za'rɛzatsʲ]
mutilar (vt)	знявечыць	[znʲa'vetʃitsʲ]
ferir (vt)	раніць	['ranitsʲ]

chantagem (f)	шантаж (м)	[ʃan'taʃ]
chantagear (vt)	шантажыраваць	[ʃanta'ʒiravatsʲ]
chantagista (m)	шантажыст (м)	[ʃanta'ʒist]

extorsão (f)	рэкет (м)	['rɛket]
extorsionário (m)	рэкецір (м)	[rɛke'tsir]
gângster (m)	гангстэр (м)	['ɦanɦstɛr]
máfia (f)	мафія (ж)	['mafiʲa]

punguista (m)	кішэнны зладзюжка (м)	[ki'ʃɛnnɨ zla'dzuʃka]
assaltante, ladrão (m)	узломшчык (м)	[uz'lɔmʃɕik]
contrabando (m)	кантрабанда (ж)	[kantra'banda]
contrabandista (m)	кантрабандыст (м)	[kantraban'dist]

falsificação (f)	падробка (ж)	[pad'rɔpka]
falsificar (vt)	падрабляць	[padrab'lʲatsʲ]
falsificado (adj)	фальшывы	[falʲ'ʃivi]

161. Violação da lei. Criminosos. Parte 2

estupro (m)	згвалтаванне (н)	[zɦvalta'vanne]
estuprar (vt)	згвалтаваць	[zɦvalta'vatsʲ]
estuprador (m)	гвалтаўнік (м)	[ɦvaltaw'nik]
maníaco (m)	маньяк (м)	[ma'nʲak]
prostituta (f)	прастытутка (ж)	[prasti'tutka]
prostituição (f)	прастытуцыя (ж)	[prasti'tutsʲia]
cafetão (m)	сутэнёр (м)	[sutɛ'nʲor]
drogado (m)	наркаман (м)	[narka'man]
traficante (m)	наркагандляр (м)	[narkaɦand'lʲar]
explodir (vt)	узарваць	[uzar'vatsʲ]
explosão (f)	выбух (м)	['vibuh]
incendiar (vt)	падпаліць	[patpa'litsʲ]
incendiário (m)	падпальшчык (м)	[pat'palʲʃɕik]
terrorismo (m)	тэрарызм (м)	[tɛra'rizm]
terrorista (m)	тэрарыст (м)	[tɛra'rist]
refém (m)	заложнік (м)	[za'lɔʒnik]
enganar (vt)	падмануць	[padma'nutsʲ]
engano (m)	падман (м)	[pad'man]
vigarista (m)	махляр (м)	[mah'lʲar]
subornar (vt)	падкупіць	[patku'pitsʲ]
suborno (atividade)	подкуп (м)	['pɔtkup]
suborno (dinheiro)	хабар (м)	['habar]
veneno (m)	яд (м)	[ʲat]
envenenar (vt)	атруціць	[atru'tsitsʲ]
envenenar-se (vr)	атруціцца	[atru'tsitsa]
suicídio (m)	самазабойства (н)	[samaza'bɔjstva]
suicida (m)	самазабойца (м)	[samaza'bɔjtsa]
ameaçar (vt)	пагражаць	[paɦra'ʒatsʲ]
ameaça (f)	пагроза (ж)	[pa'ɦrɔza]
atentar contra a vida de …	замахвацца	[za'mahvatsa]
atentado (m)	замах (м)	[za'mah]
roubar (um carro)	скрасці	['skrasʲtsi]
sequestrar (um avião)	выкрасці	['vikrasʲtsi]
vingança (f)	помста (ж)	['pɔmsta]
vingar (vt)	помсціць	['pɔmsʲtsitsʲ]
torturar (vt)	катаваць	[kata'vatsʲ]
tortura (f)	катаванне (н)	[kata'vanne]
atormentar (vt)	мучыць	['mutʃitsʲ]
pirata (m)	пірат (м)	[pi'rat]
desordeiro (m)	хуліган (м)	[huli'ɦan]

armado (adj)	узброены	[uzb'rɔeni]
violência (f)	гвалт (м)	['ɦvalt]
ilegal (adj)	нелегальны	[nele'ɦalni]

| espionagem (f) | шпіянаж (м) | [ʃpiʲa'naʃ] |
| espionar (vi) | шпіёніць | ['ʃpiʲonitsʲ] |

162. Polícia. Lei. Parte 1

| justiça (sistema de ~) | правасуддзе (н) | [prava'suʤe] |
| tribunal (m) | суд (м) | ['sut] |

juiz (m)	суддзя (м)	[su'ʤʲa]
jurados (m pl)	прысяжныя (м мн)	[pri'sʲaʒniʲa]
tribunal (m) do júri	суд (м) прысяжных	['sut pri'sʲaʒnih]
julgar (vt)	судзіць	[su'ʣitsʲ]

advogado (m)	адвакат (м)	[adva'kat]
réu (m)	падсудны (м)	[pa'tsudni]
banco (m) dos réus	лава (ж) падсудных	['lava pa'tsudnih]

| acusação (f) | абвінавачванне (н) | [abvina'vatʃvanne] |
| acusado (m) | абвінавачваны (м) | [abvina'vatʃvani] |

| sentença (f) | прысуд (м) | [pri'sut] |
| sentenciar (vt) | прысудзіць | [prisu'ʣitsʲ] |

culpado (m)	віноўнік (м)	[wi'nɔwnik]
punir (vt)	пакараць	[paka'ratsʲ]
punição (f)	пакаранне (н)	[paka'ranne]

| multa (f) | штраф (м) | ['ʃtraf] |
| prisão (f) perpétua | пажыццёвае зняволенне (н) | [paʒi'tsʲovae znʲa'volenne] |

pena (f) de morte	смяротная кара (ж)	[smʲa'rotnaʲa 'kara]
cadeira (f) elétrica	электрычнае крэсла (н)	[ɛlekt'ritʃnae 'krɛsla]
forca (f)	шыбеніца (ж)	['ʃibenitsa]

| executar (vt) | караць смерцю | [ka'ratsʲ 'smertsʉ] |
| execução (f) | смяротная кара (ж) | [smʲa'rotnaʲa 'kara] |

| prisão (f) | турма (ж) | [tur'ma] |
| cela (f) de prisão | камера (ж) | ['kamera] |

escolta (f)	канвой (м)	[kan'vɔj]
guarda (m) prisional	наглядчык (м)	[na'ɦlʲatʃik]
preso, prisioneiro (m)	зняволены (м)	[znʲa'voleni]

| algemas (f pl) | наручнікі (м мн) | [na'rutʃniki] |
| algemar (vt) | надзець наручнікі | [na'ʣetsʲ na'rutʃniki] |

fuga, evasão (f)	уцёкі (мн)	[u'tsʲoki]
fugir (vi)	уцячы	[utsʲa'tʃi]
desaparecer (vi)	прапасці	[pra'pasʲtsi]

| soltar, libertar (vt) | вызваліць | ['vizvalitsʲ] |
| anistia (f) | амністыя (ж) | [am'nistiʲa] |

polícia (instituição)	паліцыя (ж)	[pa'litsiʲa]
polícia (m)	паліцэйскі (м)	[pali'tsɛjski]
delegacia (f) de polícia	паліцэйскі ўчастак (м)	[pali'tsɛjski w'tʃastak]
cassetete (m)	гумовая дубінка (ж)	[ɦu'mɔvaʲa du'binka]
megafone (m)	рупар (м)	['rupar]

carro (m) de patrulha	патрульная машына (ж)	[pat'rulʲnaʲa ma'ʃina]
sirene (f)	сірэна (ж)	[si'rɛna]
ligar a sirene	уключыць сірэну	[uklʉ'tʃits ̩ʲ si'rɛnu]
toque (m) da sirene	выццё (н) (сірэны)	[vi'tsʲo si'rɛni]

cena (f) do crime	месца (н) здарэння	['mesʲtsa zda'rɛnnʲa]
testemunha (f)	сведка (м)	['svetka]
liberdade (f)	воля (ж)	['vɔlʲa]
cúmplice (m)	супольнік (м)	[su'pɔlʲnik]
escapar (vi)	схавацца	[sha'vatsa]
traço (não deixar ~s)	след (м)	['slet]

163. Polícia. Lei. Parte 2

procura (f)	вышук (м)	['viʃuk]
procurar (vt)	шукаць	[ʃu'katsʲ]
suspeita (f)	падазрэнне (н)	[pada'zrɛnne]
suspeito (adj)	падазроны	[pada'zrɔni]
parar (veículo, etc.)	спыніць	[spi'nitsʲ]
deter (fazer parar)	затрымаць	[zatri'matsʲ]

caso (~ criminal)	справа (ж)	['sprava]
investigação (f)	следства (н)	['sletstva]
detetive (m)	сышчык (м)	['siʃçik]
investigador (m)	следчы (м)	['sletʃi]
versão (f)	версія (ж)	['versiʲa]

motivo (m)	матыў (м)	[ma'tiw]
interrogatório (m)	допыт (м)	['dɔpit]
interrogar (vt)	дапытваць	[da'pitvatsʲ]
questionar (vt)	апытваць	[a'pitvatsʲ]
verificação (f)	праверка (ж)	[pra'verka]

batida (f) policial	аблава (ж)	[ab'lava]
busca (f)	вобыск (м)	['vɔbisk]
perseguição (f)	пагоня (ж)	[pa'ɦɔnʲa]
perseguir (vt)	пераследаваць	[peras'ledavatsʲ]
seguir, rastrear (vt)	сачыць	[sa'tʃitsʲ]

prisão (f)	арышт (м)	['ariʃt]
prender (vt)	арыштаваць	[ariʃta'vatsʲ]
pegar, capturar (vt)	злавіць	[zla'vitsʲ]
captura (f)	злаўленне (н)	[zlaw'lenne]
documento (m)	дакумент (м)	[daku'ment]
prova (f)	доказ (м)	['dɔkas]

provar (vt)	**даказваць**	[da'kazvatsʲ]
pegada (f)	**след** (м)	['slet]
impressões (f pl) digitais	**адбіткі** (м мн) **пальцаў**	[ad'bitki 'palʲtsaw]
prova (f)	**даказка** (ж)	[da'kaska]

álibi (m)	**алібі** (н)	['alibi]
inocente (adj)	**невінаваты**	[nevina'vati]
injustiça (f)	**несправядлівасць** (ж)	[nespravʲad'livastsʲ]
injusto (adj)	**несправядлівы**	[nespravʲad'livi]

criminal (adj)	**крымінальны**	[krimi'nalʲni]
confiscar (vt)	**канфіскаваць**	[kanfiska'vatsʲ]
droga (f)	**наркотык** (м)	[nar'kɔtik]
arma (f)	**зброя** (ж)	['zbrɔʲa]
desarmar (vt)	**абяззброіць**	[abʲaz'zbrɔitsʲ]
ordenar (vt)	**загадваць**	[za'ɦadvatsʲ]
desaparecer (vi)	**знікнуць**	['zʲniknutsʲ]

lei (f)	**закон** (м)	[za'kɔn]
legal (adj)	**законны**	[za'kɔnni]
ilegal (adj)	**незаконны**	[neza'kɔnni]

responsabilidade (f)	**адказнасць** (ж)	[at'kaznastsʲ]
responsável (adj)	**адказны**	[at'kazni]

NATUREZA

A Terra. Parte 1

164. Espaço sideral

espaço, cosmo (m)	космас (м)	['kɔsmas]
espacial, cósmico (adj)	касмічны	[kas'mitʃni]
espaço (m) cósmico	касмічная прастора (ж)	[kas'mitʃnaʲa pras'tɔra]
mundo (m)	свет (м)	['svet]
universo (m)	сусвет (м)	[sus'vet]
galáxia (f)	галактыка (ж)	[ɦa'laktika]
estrela (f)	зорка (ж)	['zɔrka]
constelação (f)	сузор'е (н)	[su'zɔr'e]
planeta (m)	планета (ж)	[pla'neta]
satélite (m)	спадарожнік (м)	[spada'rɔʒnik]
meteorito (m)	метэарыт (м)	[metɛa'rit]
cometa (m)	камета (ж)	[ka'meta]
asteroide (m)	астэроід (м)	[astɛ'rɔit]
órbita (f)	арбіта (ж)	[ar'bita]
girar (vi)	круціцца	[kru'tsitsa]
atmosfera (f)	атмасфера (ж)	[atma'sfera]
Sol (m)	Сонца (н)	['sɔntsa]
Sistema (m) Solar	Сонечная сістэма (ж)	['sɔnetʃnaʲa sis'tɛma]
eclipse (m) solar	сонечнае зацьменне (н)	['sɔnetʃnae zatsʲ'menne]
Terra (f)	Зямля (ж)	[zʲam'lʲa]
Lua (f)	Месяц (м)	['mesʲats]
Marte (m)	Марс (м)	['mars]
Vênus (m)	Венера (ж)	[ve'nera]
Júpiter (m)	Юпітэр (м)	[ʉ'pitɛr]
Saturno (m)	Сатурн (м)	[sa'turn]
Mercúrio (m)	Меркурый (м)	[mer'kurij]
Urano (m)	Уран (м)	[u'ran]
Netuno (m)	Нептун (м)	[nep'tun]
Plutão (m)	Плутон (м)	[plu'tɔn]
Via Láctea (f)	Млечны Шлях (м)	['mletʃni ʃ'lʲah]
Ursa Maior (f)	Вялікая Мядзведзіца (ж)	[vʲa'likaʲa mʲadzj'vedzitsa]
Estrela Polar (f)	Палярная зорка (ж)	[pa'lʲarnaʲa 'zɔrka]
marciano (m)	марсіянін (м)	[marsiʲanin]
extraterrestre (m)	іншапланецянін (м)	[inʃaplane'tsʲanin]

| alienígena (m) | прышэлец (м) | [pri'ʃɛlets] |
| disco (m) voador | лятаючая талерка (ж) | [lʲa'tautʃaʲa ta'lerka] |

espaçonave (f)	касмічны карабель (м)	[kas'mitʃni kara'belʲ]
estação (f) orbital	арбітальная станцыя (ж)	[arbi'talʲnaʲa 'stantsiʲa]
lançamento (m)	старт (м)	['start]

motor (m)	рухавік (м)	[ruha'vik]
bocal (m)	сапло (н)	[sap'lɔ]
combustível (m)	паліва (н)	['paliva]

cabine (f)	кабіна (ж)	[ka'bina]
antena (f)	антэна (ж)	[an'tɛna]
vigia (f)	ілюмінатар (м)	[ilɪmi'natar]
bateria (f) solar	сонечная батарэя (ж)	['sɔnetʃnaʲa bata'rɛʲa]
traje (m) espacial	скафандр (м)	[ska'fandr]

| imponderabilidade (f) | бязважкасць (ж) | [bʲaz'vaʃkastsʲ] |
| oxigênio (m) | кісларод (м) | [kisla'rɔt] |

| acoplagem (f) | стыкоўка (ж) | [sti'kɔwka] |
| fazer uma acoplagem | выконваць стыкоўку | [vɨ'kɔnvatsʲ sti'kɔwku] |

observatório (m)	абсерваторыя (ж)	[apserva'tɔriʲa]
telescópio (m)	тэлескоп (м)	[tɛle'skɔp]
observar (vt)	назіраць	[nazi'ratsʲ]
explorar (vt)	даследаваць	[da'sledavatsʲ]

165. A Terra

Terra (f)	Зямля (ж)	[zʲam'lʲa]
globo terrestre (Terra)	зямны шар (м)	[zʲam'nɨ 'ʃar]
planeta (m)	планета (ж)	[pla'neta]

atmosfera (f)	атмасфера (ж)	[atma'sfera]
geografia (f)	геаграфія (ж)	[hea'ɦrafiʲa]
natureza (f)	прырода (ж)	[pri'rɔda]

globo (mapa esférico)	глобус (м)	['ɦlɔbus]
mapa (m)	карта (ж)	['karta]
atlas (m)	атлас (м)	[at'las]

| Europa (f) | Еўропа | [ew'rɔpa] |
| Ásia (f) | Азія | ['aziʲa] |

| África (f) | Афрыка | ['afrika] |
| Austrália (f) | Аўстралія | [aw'straliʲa] |

América (f)	Амерыка	[a'merika]
América (f) do Norte	Паўночная Амерыка	[paw'nɔtʃnaʲa a'merika]
América (f) do Sul	Паўднёвая Амерыка	[paw'dnʲovaʲa a'merika]

| Antártida (f) | Антарктыда | [antark'tida] |
| Ártico (m) | Арктыка | ['arktika] |

166. Pontos cardeais

norte (m)	поўнач (ж)	['pɔwnatʃ]
para norte	на поўнач	[na 'pɔwnatʃ]
no norte	на поўначы	[na 'pɔwnatʃi]
do norte (adj)	паўночны	[paw'nɔtʃni]
sul (m)	поўдзень (м)	['pɔwdzenʲ]
para sul	на поўдзень	[na 'pɔwdzenʲ]
no sul	на поўдні	[na 'pɔwdni]
do sul (adj)	паўднёвы	[paw'dnʲovi]
oeste, ocidente (m)	захад (м)	['zahat]
para oeste	на захад	[na 'zahat]
no oeste	на захадзе	[na 'zahadze]
ocidental (adj)	заходні	[za'hɔdni]
leste, oriente (m)	усход (м)	[w'shɔt]
para leste	на ўсход	[na w'shɔt]
no leste	на ўсходзе	[na w'shɔdze]
oriental (adj)	усходні	[us'hɔdni]

167. Mar. Oceano

mar (m)	мора (н)	['mɔra]
oceano (m)	акіян (м)	[akiʲʲan]
golfo (m)	заліў (м)	[za'liw]
estreito (m)	праліў (м)	[pra'liw]
terra (f) firme	зямля, суша (ж)	[zʲam'lʲa], ['suʃa]
continente (m)	мацярык (м)	[matsʲa'rik]
ilha (f)	востраў (м)	['vɔstraw]
península (f)	паўвостраў (м)	[paw'vɔstraw]
arquipélago (m)	архіпелаг (м)	[arhipe'laɦ]
baía (f)	бухта (ж)	['buhta]
porto (m)	гавань (ж)	['ɦavanʲ]
lagoa (f)	лагуна (ж)	[la'ɦuna]
cabo (m)	мыс (м)	['mis]
atol (m)	атол (м)	[a'tɔl]
recife (m)	рыф (м)	['rif]
coral (m)	карал (м)	[ka'ral]
recife (m) de coral	каралавы рыф (м)	[ka'ralavɨ 'rif]
profundo (adj)	глыбокі	[ɦli'bɔki]
profundidade (f)	глыбіня (ж)	[ɦlibi'nʲa]
abismo (m)	бездань (ж)	['bezdanʲ]
fossa (f) oceânica	упадзіна (ж)	[u'padzina]
corrente (f)	плынь (ж)	['plinʲ]
banhar (vt)	абмываць	[abmɨ'vatsʲ]
litoral (m)	бераг (м)	['beraɦ]

costa (f)	узбярэжжа (н)	[uzbʲaˈrɛʑa]
maré (f) alta	прыліў (м)	[priˈliw]
refluxo (m)	адліў (м)	[adˈliw]
restinga (f)	водмель (ж)	[ˈvɔdmelʲ]
fundo (m)	дно (н)	[ˈdnɔ]
onda (f)	хваля (ж)	[ˈhvalʲa]
crista (f) da onda	грэбень (м) хвалі	[ɦrɛbenʲ ˈhvali]
espuma (f)	пена (ж)	[ˈpena]
tempestade (f)	бура (ж)	[ˈbura]
furacão (m)	ураган (м)	[uraˈɦan]
tsunami (m)	цунамі (н)	[tsuˈnami]
calmaria (f)	штыль (м)	[ˈʃtilʲ]
calmo (adj)	спакойны	[spaˈkɔjni]
polo (m)	полюс (м)	[ˈpɔlʉs]
polar (adj)	палярны	[paˈlʲarni]
latitude (f)	шырата (ж)	[ʃiraˈta]
longitude (f)	даўгата (ж)	[dawɦaˈta]
paralela (f)	паралель (ж)	[paraˈlelʲ]
equador (m)	экватар (м)	[ɛkˈvatar]
céu (m)	неба (н)	[ˈneba]
horizonte (m)	гарызонт (м)	[ɦariˈzɔnt]
ar (m)	паветра (н)	[paˈvetra]
farol (m)	маяк (м)	[maˈˡʲak]
mergulhar (vi)	нырацьꞏ	[niˈratsʲ]
afundar-se (vr)	затануць	[zataˈnutsʲ]
tesouros (m pl)	скарбы (м мн)	[ˈskarbi]

168. Montanhas

montanha (f)	гара (ж)	[ɦaˈra]
cordilheira (f)	горны ланцуг (м)	[ˈɦɔrni lanˈtsuɦ]
serra (f)	горны хрыбет (м)	[ˈɦɔrni hriˈbet]
cume (m)	вяршыня (ж)	[vʲarˈʃinʲa]
pico (m)	пік (м)	[ˈpik]
pé (m)	падножжа (н)	[padˈnɔʑa]
declive (m)	схіл (м)	[ˈshil]
vulcão (m)	вулкан (м)	[vulˈkan]
vulcão (m) ativo	дзеючы вулкан (м)	[ˈdzeʉʧi vulˈkan]
vulcão (m) extinto	патухлы вулкан (м)	[paˈtuhli vulˈkan]
erupção (f)	вывяржэнне (н)	[vivʲarˈʒɛnne]
cratera (f)	кратэр (м)	[ˈkratɛr]
magma (m)	магма (ж)	[ˈmaɦma]
lava (f)	лава (ж)	[ˈlava]
fundido (lava ~a)	распалены	[rasˈpaleni]
cânion, desfiladeiro (m)	каньён (м)	[kaˈnjɔn]

garganta (f)	цясніна (ж)	[ʦʲas'nina]
fenda (f)	цясніна (ж)	[ʦʲas'nina]
precipício (m)	прорва (ж), абрыў (м)	['prorva], [ab'riw]
passo, colo (m)	перавал (м)	[pera'val]
planalto (m)	плато (н)	[pla'tɔ]
falésia (f)	скала (ж)	[ska'la]
colina (f)	узгорак (м)	[uz'ɦɔrak]
geleira (f)	ледавік (м)	[leda'vik]
cachoeira (f)	вадаспад (м)	[vada'spat]
gêiser (m)	гейзер (м)	['ɦejzer]
lago (m)	возера (н)	['vɔzera]
planície (f)	раўніна (ж)	[raw'nina]
paisagem (f)	краявід (м)	[kra'ʲa'vit]
eco (m)	рэха (н)	['rɛha]
alpinista (m)	альпініст (м)	[alʲpi'nist]
escalador (m)	скалалаз (м)	[skala'las]
conquistar (vt)	авалодваць	[ava'lɔdvaʦʲ]
subida, escalada (f)	узыходжанне (н)	[uzi'ɦɔʤanne]

169. Rios

rio (m)	рака (ж)	[ra'ka]
fonte, nascente (f)	крыніца (ж)	[krɨ'niʦa]
leito (m) de rio	рэчышча (н)	['rɛʧɨʃʧa]
bacia (f)	басейн (м)	[ba'sejn]
desaguar no ...	упадаць у ...	[upa'daʦʲ u ...]
afluente (m)	прыток (м)	[prɨ'tɔk]
margem (do rio)	бераг (м)	['beraɦ]
corrente (f)	плынь (ж)	['plɨnʲ]
rio abaixo	уніз па цячэнню	[u'nis pa ʦʲa'ʧɛnnʉ]
rio acima	уверх па цячэнню	[u'vɛrh pa ʦʲa'ʧɛnnʉ]
inundação (f)	паводка (ж)	[pa'vɔtka]
cheia (f)	разводдзе (н)	[raz'vɔdze]
transbordar (vi)	разлівацца	[razʲli'vatsa]
inundar (vt)	затапляць	[zata'plʲaʦʲ]
banco (m) de areia	мель (ж)	['melʲ]
corredeira (f)	парог (м)	[pa'rɔɦ]
barragem (f)	плаціна (ж)	[pla'ʦina]
canal (m)	канал (м)	[ka'nal]
reservatório (m) de água	вадасховішча (н)	[vadas'hɔviʃʧa]
eclusa (f)	шлюз (м)	['ʃlʉs]
corpo (m) de água	вадаём (м)	[vada'ʲom]
pântano (m)	балота (н)	[ba'lɔta]
lamaçal (m)	багна (ж)	['baɦna]

redemoinho (m)	вір (м)	['vir]
riacho (m)	ручай (м)	[ru'tʃaj]
potável (adj)	пітны	[pit'ni]
doce (água)	прэсны	['prɛsni]
gelo (m)	лёд (м)	['lʲot]
congelar-se (vr)	замерзнуць	[za'merznutsʲ]

170. Floresta

floresta (f), bosque (m)	лес (м)	['les]
florestal (adj)	лясны	[lʲas'ni]
mata (f) fechada	гушчар (м)	[ɦu'ʃɕar]
arvoredo (m)	гай (м)	['ɦaj]
clareira (f)	паляна (ж)	[pa'lʲana]
matagal (m)	зараснікі (м мн)	['zarasniki]
mato (m), caatinga (f)	хмызняк (м)	[hmiz'nʲak]
pequena trilha (f)	сцяжынка (ж)	[stsʲa'ʒinka]
ravina (f)	яр (м)	[ʲar]
árvore (f)	дрэва (н)	['drɛva]
folha (f)	ліст (м)	['list]
folhagem (f)	лістота (ж)	[lis'tɔta]
queda (f) das folhas	лістапад (м)	[lista'pat]
cair (vi)	ападаць	[apa'datsʲ]
topo (m)	верхавіна (ж)	[verha'vina]
ramo (m)	галіна (ж)	[ɦali'na]
galho (m)	сук (м)	['suk]
botão (m)	пупышка (ж)	[pu'piʃka]
agulha (f)	шыпулька (ж)	[ʃi'pulʲka]
pinha (f)	шышка (ж)	['ʃiʃka]
buraco (m) de árvore	дупло (н)	[dup'lɔ]
ninho (m)	гняздо (н)	[ɦnʲaz'dɔ]
toca (f)	нара (ж)	[na'ra]
tronco (m)	ствол (м)	['stvɔl]
raiz (f)	корань (м)	['kɔranʲ]
casca (f) de árvore	кара (ж)	[ka'ra]
musgo (m)	мох (м)	['mɔh]
arrancar pela raiz	карчаваць	[kartʃa'vatsʲ]
cortar (vt)	сячы	[sʲa'tʃi]
desflorestar (vt)	высякаць	[visʲa'katsʲ]
toco, cepo (m)	пень (м)	['penʲ]
fogueira (f)	вогнішча (н)	['vɔɦniʃɕa]
incêndio (m) florestal	пажар (м)	[pa'ʒar]
apagar (vt)	тушыць	[tu'ʃitsʲ]

guarda-parque (m)	ляснік (м)	[lʲas'nik]
proteção (f)	ахова (ж)	[a'hɔva]
proteger (a natureza)	ахоўваць	[a'hɔwvatsʲ]
caçador (m) furtivo	браканьер (м)	[braka'njer]
armadilha (f)	пастка (ж)	['pastka]
colher (cogumelos, bagas)	збіраць	[zʲbi'ratsʲ]
perder-se (vr)	заблудзіць	[zablu'dzitsʲ]

171. Recursos naturais

recursos (m pl) naturais	прыродныя рэсурсы (м мн)	[pri'rɔdnʲʲa rɛ'sursi]
minerais (m pl)	карысныя выкапні (м мн)	[ka'risnʲʲa 'vikapni]
depósitos (m pl)	паклады (м мн)	[pa'kladi]
jazida (f)	радовішча (н)	[ra'dɔviʃca]
extrair (vt)	здабываць	[zdabi'vatsʲ]
extração (f)	здабыча (ж)	[zda'bitʃa]
minério (m)	руда (ж)	[ru'da]
mina (f)	руднік (м)	[rud'nik]
poço (m) de mina	шахта (ж)	['ʃahta]
mineiro (m)	шахцёр (м)	[ʃah'tsʲor]
gás (m)	газ (м)	['ɦas]
gasoduto (m)	газаправод (м)	[ɦazapra'vɔt]
petróleo (m)	нафта (ж)	['nafta]
oleoduto (m)	нафтаправод (м)	[naftapra'vɔt]
poço (m) de petróleo	нафтавая вышка (ж)	['naftavaʲa 'viʃka]
torre (f) petrolífera	буравая вышка (ж)	[bura'vaʲa 'viʃka]
petroleiro (m)	танкер (м)	['tanker]
areia (f)	пясок (м)	[pʲa'sɔk]
calcário (m)	вапняк (м)	[vap'nʲak]
cascalho (m)	жвір (м)	['ʒvir]
turfa (f)	торф (м)	['tɔrf]
argila (f)	гліна (ж)	['ɦlina]
carvão (m)	вугаль (м)	['vuɦalʲ]
ferro (m)	жалеза (н)	[ʒa'leza]
ouro (m)	золата (н)	['zɔlata]
prata (f)	срэбра (н)	['srɛbra]
níquel (m)	нікель (м)	['nikelʲ]
cobre (m)	медзь (ж)	['medzʲ]
zinco (m)	цынк (м)	['tsink]
manganês (m)	марганец (м)	['marɦanets]
mercúrio (m)	ртуць (ж)	['rtutsʲ]
chumbo (m)	свінец (м)	[svi'nets]
mineral (m)	мінерал (м)	[mine'ral]
cristal (m)	крышталь (м)	[kriʃ'talʲ]
mármore (m)	мармур (м)	['marmur]
urânio (m)	уран (м)	[u'ran]

A Terra. Parte 2

172. Tempo

tempo (m)	надвор'е (н)	[na'dvɔrʲe]
previsão (f) do tempo	прагноз (м) надвор'я	[prah'nɔs nad'vɔrʲia]
temperatura (f)	тэмпература (ж)	[tɛmpera'tura]
termômetro (m)	тэрмометр (м)	[tɛr'mɔmetr]
barômetro (m)	барометр (м)	[ba'rɔmetr]
úmido (adj)	вільготны	[vilʲ'hɔtni]
umidade (f)	вільготнасць (ж)	[vilʲ'hɔtnastsʲ]
calor (m)	гарачыня (ж)	[haratʃiˈnʲa]
tórrido (adj)	гарачы	[ha'ratʃi]
está muito calor	горача	['hɔratʃa]
está calor	цёпла	['tsʲopla]
quente (morno)	цёплы	['tsʲopli]
está frio	холадна	['hɔladna]
frio (adj)	халодны	[ha'lɔdni]
sol (m)	сонца (н)	['sɔntsa]
brilhar (vi)	свяціць	[svʲa'tsitsʲ]
de sol, ensolarado	сонечны	['sɔnetʃni]
nascer (vi)	узысці	[uzis'tsi]
pôr-se (vr)	сесці	['sesʲtsi]
nuvem (f)	воблака (н)	['vɔblaka]
nublado (adj)	воблатчны	['vɔblatʃni]
nuvem (f) preta	хмара (ж)	['hmara]
escuro, cinzento (adj)	пахмурны	[pah'murni]
chuva (f)	дождж (м)	['dɔʃdʒ]
está a chover	ідзе дождж	[i'dze 'dɔʃdʒ]
chuvoso (adj)	дажджлівы	[daʒdʒ'livi]
chuviscar (vi)	імжыць	[im'ʒitsʲ]
chuva (f) torrencial	праліўны дождж (м)	[praliw'ni 'dɔʃdʒ]
aguaceiro (m)	лівень (м)	['livenʲ]
forte (chuva, etc.)	моцны	['mɔtsni]
poça (f)	лужына (ж)	['luʒina]
molhar-se (vr)	мокнуць	['mɔknutsʲ]
nevoeiro (m)	туман (м)	[tu'man]
de nevoeiro	туманны	[tu'manni]
neve (f)	снег (м)	['sneɦ]
está nevando	ідзе снег	[i'dze 'sneɦ]

173. Tempo extremo. Catástrofes naturais

trovoada (f)	навальніца (ж)	[navalʲˈnitsa]
relâmpago (m)	маланка (ж)	[maˈlanka]
relampejar (vi)	бліскаць	[ˈbliskatsʲ]
trovão (m)	гром (м)	[ˈɦrɔm]
trovejar (vi)	грымець	[ɦriˈmetsʲ]
está trovejando	грыміць гром	[ɦriˈmitsʲ ˈɦrɔm]
granizo (m)	град (м)	[ˈɦrat]
está caindo granizo	ідзе град	[iˈdze ˈɦrat]
inundar (vt)	затапіць	[zataˈpitsʲ]
inundação (f)	паводка (ж)	[paˈvɔtka]
terremoto (m)	землятрус (м)	[zemlʲaˈtrus]
abalo, tremor (m)	штуршок (м)	[ʃturˈʃɔk]
epicentro (m)	эпіцэнтр (м)	[ɛpiˈtsɛntr]
erupção (f)	вывяржэнне (н)	[vivʲarˈʒɛnne]
lava (f)	лава (ж)	[ˈlava]
tornado (m)	смерч (м)	[ˈsmertʃ]
tornado (m)	тарнада (м)	[tarˈnada]
tufão (m)	тайфун (м)	[tajˈfun]
furacão (m)	ураган (м)	[uraˈɦan]
tempestade (f)	бура (ж)	[ˈbura]
tsunami (m)	цунамі (н)	[tsuˈnami]
ciclone (m)	цыклон (м)	[tsikˈlɔn]
mau tempo (m)	непагадзь (ж)	[ˈnepaɦatsʲ]
incêndio (m)	пажар (м)	[paˈʒar]
catástrofe (f)	катастрофа (ж)	[kataˈstrofa]
meteorito (m)	метэарыт (м)	[metɛaˈrit]
avalanche (f)	лавіна (ж)	[laˈvina]
deslizamento (m) de neve	абвал (м)	[abˈval]
nevasca (f)	мяцеліца (ж)	[mʲaˈtselitsa]
tempestade (f) de neve	завіруха (ж)	[zaviˈruha]

Fauna

174. Mamíferos. Predadores

predador (m)	драпежнік (м)	[dra'peʒnik]
tigre (m)	тыгр (м)	['tiɦr]
leão (m)	леў (м)	['lew]
lobo (m)	воўк (м)	['vɔwk]
raposa (f)	ліса (ж)	['lisa]
jaguar (m)	ягуар (м)	[ˡaɦu'ar]
leopardo (m)	леапард (м)	[lea'part]
chita (f)	гепард (м)	[ɦe'part]
pantera (f)	пантэра (ж)	[pan'tɛra]
puma (m)	пума (ж)	['puma]
leopardo-das-neves (m)	снежны барс (м)	['sneʒnɨ 'bars]
lince (m)	рысь (ж)	['risʲ]
coiote (m)	каёт (м)	[kaˡʲot]
chacal (m)	шакал (м)	[ʃa'kal]
hiena (f)	гіена (ж)	[ɦi'ena]

175. Animais selvagens

animal (m)	жывёліна (ж)	[ʒɨ'vʲolina]
besta (f)	звер (м)	['zʲver]
esquilo (m)	вавёрка (ж)	[va'vʲorka]
ouriço (m)	вожык (м)	['vɔʒɨk]
lebre (f)	заяц (м)	['zaʲaʦ]
coelho (m)	трус (м)	['trus]
texugo (m)	барсук (м)	[bar'suk]
guaxinim (m)	янот (м)	[ˡʲa'nɔt]
hamster (m)	хамяк (м)	[ha'mʲak]
marmota (f)	сурок (м)	[su'rɔk]
toupeira (f)	крот (м)	['krɔt]
rato (m)	мыш (ж)	['mɨʃ]
ratazana (f)	пацук (м)	[pa'ʦuk]
morcego (m)	кажан (м)	[ka'ʒan]
arminho (m)	гарнастай (м)	[ɦarna'staj]
zibelina (f)	собаль (м)	['sɔbalʲ]
marta (f)	куніца (ж)	[ku'niʦa]
doninha (f)	ласка (ж)	['laska]
visom (m)	норка (ж)	['nɔrka]

| castor (m) | бабёр (м) | [ba'bʲor] |
| lontra (f) | выдра (ж) | ['vidra] |

cavalo (m)	конь (м)	['konʲ]
alce (m)	лось (м)	['losʲ]
veado (m)	алень (м)	[a'lenʲ]
camelo (m)	вярблюд (м)	[vʲar'blʉt]

bisão (m)	бізон (м)	[bi'zon]
auroque (m)	зубр (м)	['zubr]
búfalo (m)	буйвал (м)	['bujval]

zebra (f)	зебра (ж)	['zebra]
antílope (m)	антылопа (ж)	[anti'lopa]
corça (f)	казуля (ж)	[ka'zulʲa]
gamo (m)	лань (ж)	['lanʲ]
camurça (f)	сарна (ж)	['sarna]
javali (m)	дзік (м)	['dzik]

baleia (f)	кіт (м)	['kit]
foca (f)	цюлень (м)	[tsʉ'lenʲ]
morsa (f)	морж (м)	['morʃ]
urso-marinho (m)	коцік (м)	['kotsik]
golfinho (m)	дэльфін (м)	[dɛlʲ'fin]

urso (m)	мядзведзь (м)	[mʲadz'vedzʲ]
urso (m) polar	белы мядзведзь (м)	['beli mʲadz'vedzʲ]
panda (m)	панда (ж)	['panda]

macaco (m)	малпа (ж)	['malpa]
chimpanzé (m)	шымпанзэ (м)	[ʃimpan'zɛ]
orangotango (m)	арангутанг (м)	[aranɦu'tanɦ]
gorila (m)	гарыла (ж)	[ɦa'rila]
macaco (m)	макака (ж)	[ma'kaka]
gibão (m)	гібон (м)	[ɦi'bon]

elefante (m)	слон (м)	['slon]
rinoceronte (m)	насарог (м)	[nasa'roɦ]
girafa (f)	жырафа (ж)	[ʒiˈrafa]
hipopótamo (m)	бегемот (м)	[beɦe'mot]

| canguru (m) | кенгуру (м) | [kenɦu'ru] |
| coala (m) | каала (ж) | [ka'ala] |

mangusto (m)	мангуст (м)	[man'ɦust]
chinchila (f)	шыншыла (ж)	[ʃin'ʃila]
cangambá (f)	скунс (м)	['skuns]
porco-espinho (m)	дзікабраз (м)	[dzikab'ras]

176. Animais domésticos

gata (f)	кошка (ж)	['koʃka]
gato (m) macho	кот (м)	['kot]
cão (m)	сабака (м)	[sa'baka]

cavalo (m)	конь (м)	['konʲ]
garanhão (m)	жарабец (м)	[ʒara'bets]
égua (f)	кабыла (ж)	[ka'biɫa]

vaca (f)	карова (ж)	[ka'rɔva]
touro (m)	бык (м)	['bik]
boi (m)	вол (м)	['vɔl]

ovelha (f)	авечка (ж)	[a'vetʃka]
carneiro (m)	баран (м)	[ba'ran]
cabra (f)	каза (ж)	[ka'za]
bode (m)	казёл (м)	[ka'zʲol]

| burro (m) | асёл (м) | [a'sʲol] |
| mula (f) | мул (м) | ['mul] |

porco (m)	свіння (ж)	[svi'nnʲa]
leitão (m)	парася (н)	[para'sʲa]
coelho (m)	трус (м)	['trus]

| galinha (f) | курыца (ж) | ['kuritsa] |
| galo (m) | певень (м) | ['pevenʲ] |

pata (f), pato (m)	качка (ж)	['katʃka]
pato (m)	качар (м)	['katʃar]
ganso (m)	гусь (ж)	['ɦusʲ]

| peru (m) | індык (м) | [in'dik] |
| perua (f) | індычка (ж) | [in'ditʃka] |

animais (m pl) domésticos	свойская жывёла (ж)	[svɔjskaʲa ʒi'vʲola]
domesticado (adj)	ручны	[rutʃ'ni]
domesticar (vt)	прыручаць	[priru'tʃatsʲ]
criar (vt)	выгадоўваць	[viɦa'dowvatsʲ]

fazenda (f)	ферма (ж)	['ferma]
aves (f pl) domésticas	свойская птушка (ж)	['svɔjskaʲa 'ptuʃka]
gado (m)	жывёла (ж)	[ʒi'vʲola]
rebanho (m), manada (f)	статак (м)	['statak]

estábulo (m)	стайня (ж)	['stajnʲa]
chiqueiro (m)	свінарнік (м)	[svi'narnik]
estábulo (m)	кароўнік (м)	[ka'rownik]
coelheira (f)	трусятнік (м)	[tru'sʲatnik]
galinheiro (m)	куратнік (м)	[ku'ratnik]

177. Cães. Raças de cães

cão (m)	сабака (м)	[sa'baka]
cão pastor (m)	аўчарка (ж)	[aw'tʃarka]
pastor-alemão (m)	нямецкая аўчарка (ж)	[nʲa'metskaʲa aw'tʃarka]
poodle (m)	пудзель (м)	['pudzelʲ]
linguicinha (m)	такса (ж)	['taksa]
buldogue (m)	бульдог (м)	[bulʲ'dɔɦ]

boxer (m)	баксёр (м)	[bak'sʲor]
mastim (m)	мастыф (м)	[mas'tif]
rottweiler (m)	ратвейлер (м)	[rat'vejler]
dóberman (m)	даберман (м)	[daber'man]

basset (m)	басэт (м)	['basɛt]
pastor inglês (m)	бабтэйл (м)	[bap'tɛjl]
dálmata (m)	далмацінец (м)	[dalma'tsinets]
cocker spaniel (m)	кокер-спаніэль (м)	['kɔker spani'ɛlʲ]

| terra-nova (m) | ньюфаўндленд (м) | [njʉ'fawndlent] |
| são-bernardo (m) | сенбернар (м) | [senber'nar] |

husky (m) siberiano	хаскі (м)	['haski]
Chow-chow (m)	чау-чау (м)	[ʧau'ʧau]
spitz alemão (m)	шпіц (м)	['ʃpits]
pug (m)	мопс (м)	['mɔps]

178. Sons produzidos pelos animais

latido (m)	брэх (м)	['brɛh]
latir (vi)	брахаць	[bra'hatsʲ]
miar (vi)	мяўкаць	['mʲawkatsʲ]
ronronar (vi)	муркаць	['murkatsʲ]

mugir (vaca)	мыкаць	['mikatsʲ]
bramir (touro)	раўці	[raw'tsi]
rosnar (vi)	рыкаць	[ri'katsʲ]

uivo (m)	выццё (н)	[vi'tsʲo]
uivar (vi)	выць	['vitsʲ]
ganir (vi)	скуголіць	[sku'holitsʲ]

balir (vi)	бляяць	[blæ'ʲatsʲ]
grunhir (vi)	рохкаць	['rohkatsʲ]
guinchar (vi)	вішчаць	[vi'ʃɕatsʲ]

coaxar (sapo)	квакаць	['kvakatsʲ]
zumbir (inseto)	гудзець	[ɦu'dzetsʲ]
ziziar (vi)	стракатаць	[straka'tatsʲ]

179. Pássaros

pássaro (m), ave (f)	птушка (ж)	['ptuʃka]
pombo (m)	голуб (м)	['hɔlup]
pardal (m)	верабей (м)	[vera'bej]
chapim-real (m)	сініца (ж)	[si'nitsa]
pega-rabuda (f)	сарока (ж)	[sa'rɔka]

corvo (m)	крумкач (м)	[krum'kaʧ]
gralha-cinzenta (f)	варона (ж)	[va'rɔna]
gralha-de-nuca-cinzenta (f)	галка (ж)	['halka]

gralha-calva (f)	грак (м)	['ɦrak]
pato (m)	качка (ж)	['katʃka]
ganso (m)	гусь (ж)	['ɦusʲ]
faisão (m)	фазан (м)	[fa'zan]

águia (f)	арол (м)	[a'rɔl]
açor (m)	ястраб (м)	[ˈʲastrap]
falcão (m)	сокал (м)	['sɔkal]

| abutre (m) | грыф (м) | ['ɦrif] |
| condor (m) | кондар (м) | ['kɔndar] |

cisne (m)	лебедзь (м)	['lebetsʲ]
grou (m)	журавель (м)	[ʒura'velʲ]
cegonha (f)	бусел (м)	['busel]

papagaio (m)	папугай (м)	[papu'ɦaj]
beija-flor (m)	калібры (м)	[ka'libri]
pavão (m)	паўлін (м)	[paw'lin]

| avestruz (m) | страус (м) | ['straus] |
| garça (f) | чапля (ж) | ['tʃaplʲa] |

| flamingo (m) | фламінга (м) | [fla'minɦa] |
| pelicano (m) | пелікан (м) | [peli'kan] |

| rouxinol (m) | салавей (м) | [sala'vej] |
| andorinha (f) | ластаўка (ж) | ['lastawka] |

tordo-zornal (m)	дрозд (м)	['drɔst]
tordo-músico (m)	пеўчы дрозд (м)	['pewtʃi 'drɔst]
melro-preto (m)	чорны дрозд (м)	['tʃɔrnɨ 'drɔst]

andorinhão (m)	стрыж (м)	['striʃ]
cotovia (f)	жаваранак (м)	['ʒavaranak]
codorna (f)	перапёлка (ж)	[pera'pʲolka]

pica-pau (m)	дзяцел (м)	['dzʲatsel]
cuco (m)	зязюля (ж)	[zʲa'zʲulʲa]
coruja (f)	сава (ж)	[sa'va]
bufo-real (m)	пугач (м)	[pu'ɦatʃ]
tetraz-grande (m)	глушэц (м)	[ɦlu'ʃɛts]

| tetraz-lira (m) | цецярук (м) | [tsetsʲa'ruk] |
| perdiz-cinzenta (f) | курапатка (ж) | [kura'patka] |

estorninho (m)	шпак (м)	['ʃpak]
canário (m)	канарэйка (ж)	[kana'rɛjka]
galinha-do-mato (f)	рабчык (м)	['raptʃik]

| tentilhão (m) | зяблік (м) | ['zʲablik] |
| dom-fafe (m) | гіль (м) | ['ɦilʲ] |

gaivota (f)	чайка (ж)	['tʃajka]
albatroz (m)	альбатрос (м)	[alʲbat'rɔs]
pinguim (m)	пінгвін (м)	[pinɦ'vin]

180. Pássaros. Canto e sons

cantar (vi)	пець	['petsʲ]
gritar, chamar (vi)	крычаць	[kri'tʃatsʲ]
cantar (o galo)	кукарэкаць	[kuka'rɛkatsʲ]
cocorocó (m)	кукарэку	[kuka'rɛku]
cacarejar (vi)	кудахтаць	[ku'dahtatsʲ]
crocitar (vi)	каркаць	['karkatsʲ]
grasnar (vi)	кракаць	['krakatsʲ]
piar (vi)	пішчаць	[pi'ʃɕatsʲ]
chilrear, gorjear (vi)	цвыркаць	['tsvirkatsʲ]

181. Peixes. Animais marinhos

brema (f)	лешч (м)	['leʃɕ]
carpa (f)	карп (м)	['karp]
perca (f)	акунь (м)	[a'kunʲ]
siluro (m)	сом (м)	['sɔm]
lúcio (m)	шчупак (м)	[ʃɕu'pak]
salmão (m)	ласось (м)	[la'sɔsʲ]
esturjão (m)	асетр (м)	[a'setr]
arenque (m)	селядзец (м)	[selʲa'dzets]
salmão (m) do Atlântico	сёмга (ж)	['sʲomɦa]
cavala, sarda (f)	скумбрыя (ж)	['skumbriʲa]
solha (f), linguado (m)	камбала (ж)	['kambala]
lúcio perca (m)	судак (м)	[su'dak]
bacalhau (m)	траска (ж)	[tras'ka]
atum (m)	тунец (м)	[tu'nets]
truta (f)	стронга (ж)	['strɔnɦa]
enguia (f)	вугор (м)	[vu'ɦɔr]
raia (f) elétrica	электрычны скат (м)	[ɛlekt'ritʃni 'skat]
moreia (f)	мурэна (ж)	[mu'rɛna]
piranha (f)	пірання (ж)	[pi'rannʲa]
tubarão (m)	акула (ж)	[a'kula]
golfinho (m)	дэльфін (м)	[dɛlʲ'fin]
baleia (f)	кіт (м)	['kit]
caranguejo (m)	краб (м)	['krap]
água-viva (f)	медуза (ж)	[me'duza]
polvo (m)	васьміног (м)	[vasʲmi'nɔɦ]
estrela-do-mar (f)	марская зорка (ж)	[mar'skaʲa 'zɔrka]
ouriço-do-mar (m)	марскі вожык (м)	[mar'ski 'vɔʒik]
cavalo-marinho (m)	марскі конік (м)	[mar'ski 'kɔnik]
ostra (f)	вустрыца (ж)	['vustritsa]
camarão (m)	крэветка (ж)	[krɛ'vetka]

lagosta (f)	амар (м)	[a'mar]
lagosta (f)	лангуст (м)	[lan'ɦust]

182. Anfíbios. Répteis

cobra (f)	змяя (ж)	[zmæ'ʲa]
venenoso (adj)	ядавіты	[ʲada'viti]

víbora (f)	гадзюка (ж)	[ɦa'dzɨka]
naja (f)	кобра (ж)	['kɔbra]
píton (m)	пітон (м)	[pi'tɔn]
jiboia (f)	удаў (м)	[u'daw]

cobra-de-água (f)	вуж (м)	['vuʃ]
cascavel (f)	грымучая змяя (ж)	[ɦri'mutʃaʲa zmæ'ʲa]
anaconda (f)	анаконда (ж)	[ana'kɔnda]

lagarto (m)	яшчарка (ж)	[ʲaʃɕarka]
iguana (f)	ігуана (ж)	[iɦu'ana]
varano (m)	варан (м)	[va'ran]
salamandra (f)	саламандра (ж)	[sala'mandra]
camaleão (m)	хамелеон (м)	[hamele'ɔn]
escorpião (m)	скарпіён (м)	[skarpi'ʲon]

tartaruga (f)	чарапаха (ж)	[tʃara'paha]
rã (f)	жаба (ж)	['ʒaba]
sapo (m)	рапуха (ж)	[ra'puha]
crocodilo (m)	кракадзіл (м)	[kraka'dzil]

183. Insetos

inseto (m)	насякомае (н)	[nasʲa'kɔmae]
borboleta (f)	матылёк (м)	[mati'lʲok]
formiga (f)	мурашка (ж)	[mu'raʃka]
mosca (f)	муха (ж)	['muha]
mosquito (m)	камар (м)	[ka'mar]
escaravelho (m)	жук (м)	['ʒuk]

vespa (f)	аса (ж)	[a'sa]
abelha (f)	пчала (ж)	[ptʃa'la]
mamangaba (f)	чмель (м)	['tʃmelʲ]
moscardo (m)	авадзень (м)	[ava'dzenʲ]

aranha (f)	павук (м)	[pa'vuk]
teia (f) de aranha	павуціна (ж)	[pavu'tsina]

libélula (f)	страказа (ж)	[straka'za]
gafanhoto (m)	конік (м)	['kɔnik]
traça (f)	матыль (м)	[ma'tilʲ]

barata (f)	таракан (м)	[tara'kan]
carrapato (m)	клешч (м)	['kleʃɕ]

pulga (f)	блыха (ж)	[bli'ha]
borrachudo (m)	мошка (ж)	['moʃka]

gafanhoto (m)	саранча (ж)	[saran'tʃa]
caracol (m)	слімак (м)	[sli'mak]
grilo (m)	цвыркун (м)	[tsvir'kun]
pirilampo, vaga-lume (m)	светлячок (м)	[svetlʲa'tʃok]
joaninha (f)	божая кароўка (ж)	[boʒaʲa ka'rɔwka]
besouro (m)	хрушч (м)	['hruʃc]

sanguessuga (f)	п'яўка (ж)	['pʲʲawka]
lagarta (f)	вусень (м)	['vusenʲ]
minhoca (f)	чарвяк (м)	[tʃar'vʲak]
larva (f)	чарвяк (м)	[tʃar'vʲak]

184. Animais. Partes do corpo

bico (m)	дзюба (ж)	['dzʉba]
asas (f pl)	крылы (н мн)	['kriłi]
pata (f)	лапа (ж)	['lapa]
plumagem (f)	апярэнне (н)	[apʲa'rɛnne]
pena, pluma (f)	пяро (н)	[pʲa'rɔ]
crista (f)	чубок (м)	[tʃu'bɔk]

brânquias, guelras (f pl)	жабры (ж мн)	['ʒabri]
ovas (f pl)	ікра (ж)	[ik'ra]
larva (f)	лічынка (ж)	[li'tʃinka]
barbatana (f)	плаўнік (м)	[plaw'nik]
escama (f)	луска (ж)	[lus'ka]

presa (f)	ікол (м)	[i'kɔl]
pata (f)	лапа (ж)	['lapa]
focinho (m)	пыса (ж)	['pisa]
boca (f)	пашча (ж)	['paʃca]
cauda (f), rabo (m)	хвост (м)	['hvɔst]
bigodes (m pl)	вусы (м мн)	['vusi]

casco (m)	капыт (м)	[ka'pit]
corno (m)	рог (м)	['rɔɦ]

carapaça (f)	панцыр (м)	['pantsir]
concha (f)	ракавінка (ж)	['rakavinka]
casca (f) de ovo	шкарлупіна (ж)	[ʃkarlu'pina]

pelo (m)	шэрсць (ж)	['ʃɛrstsʲ]
pele (f), couro (m)	шкура (ж)	['ʃkura]

185. Animais. Habitats

hábitat (m)	асяроддзе (н) пражыванне	[asʲa'rɔdze praʒi'vannʲa]
migração (f)	міграцыя (ж)	[miɦ'ratsiʲa]
montanha (f)	гара (ж)	[ɦa'ra]

recife (m)	рыф (м)	['rif]
falésia (f)	скала (ж)	[ska'la]
floresta (f)	лес (м)	['les]
selva (f)	джунглі (мн)	['dʒunɦli]
savana (f)	саванна (ж)	[sa'vanna]
tundra (f)	тундра (ж)	['tundra]
estepe (f)	стэп (м)	['stɛp]
deserto (m)	пустыня (ж)	[pus'tinʲa]
oásis (m)	аазіс (м)	[a'azis]
mar (m)	мора (н)	['mɔra]
lago (m)	возера (н)	['vɔzera]
oceano (m)	акіян (м)	[akiʲʲan]
pântano (m)	балота (н)	[ba'lɔta]
de água doce	прэснаводны	[prɛsna'vɔdnʲ]
lagoa (f)	сажалка (ж)	['saʒalka]
rio (m)	рака (ж)	[ra'ka]
toca (f) do urso	бярлог (м)	[bʲar'lɔɦ]
ninho (m)	гняздо (н)	[ɦnʲaz'dɔ]
buraco (m) de árvore	дупло (н)	[dup'lɔ]
toca (f)	нара (ж)	[na'ra]
formigueiro (m)	мурашнік (м)	[mu'raʃnik]

Flora

186. Árvores

árvore (f)	дрэва (н)	['drɛva]
decídua (adj)	ліставое	[lista'vɔe]
conífera (adj)	хвойнае	['hvɔjnae]
perene (adj)	вечназялёнае	[vetʃnazʲa'lʲonae]

macieira (f)	яблыня (ж)	['ʲablinʲa]
pereira (f)	груша (ж)	['hruʃa]
cerejeira (f)	чарэшня (ж)	[tʃa'rɛʃnʲa]
ginjeira (f)	вішня (ж)	['viʃnʲa]
ameixeira (f)	сліва (ж)	['sliva]

bétula (f)	бяроза (ж)	[bʲa'rɔza]
carvalho (m)	дуб (м)	['dup]
tília (f)	ліпа (ж)	['lipa]
choupo-tremedor (m)	асіна (ж)	[a'sina]
bordo (m)	клён (м)	['klʲon]
espruce (m)	елка (ж)	['elka]
pinheiro (m)	сасна (ж)	[sas'na]
alerce, lariço (m)	лістоўніца (ж)	[lis'tɔwnitsa]
abeto (m)	піхта (ж)	['pihta]
cedro (m)	кедр (м)	['kedr]

choupo, álamo (m)	таполя (ж)	[ta'pɔlʲa]
tramazeira (f)	рабіна (ж)	[ra'bina]
salgueiro (m)	вярба (ж)	[vʲar'ba]
amieiro (m)	вольха (ж)	['vɔlʲha]
faia (f)	бук (м)	['buk]
ulmeiro, olmo (m)	вяз (м)	['vʲas]
freixo (m)	ясень (м)	['ʲasenʲ]
castanheiro (m)	каштан (м)	[kaʃ'tan]

magnólia (f)	магнолія (ж)	[mah'nɔlʲa]
palmeira (f)	пальма (ж)	['palʲma]
cipreste (m)	кіпарыс (м)	[kipa'ris]

mangue (m)	манграваe дрэва (н)	['manhravae 'drɛva]
embondeiro, baobá (m)	баабаб (м)	[baa'bap]
eucalipto (m)	эўкаліпт (м)	[ɛwka'lipt]
sequoia (f)	секвоя (ж)	[sek'vɔʲa]

187. Arbustos

| arbusto (m) | куст (м) | ['kust] |
| arbusto (m), moita (f) | хмызняк (м) | [hmiz'nʲak] |

| videira (f) | вінаград (м) | [vina'ɦrat] |
| vinhedo (m) | вінаграднік (м) | [vina'ɦradnik] |

framboeseira (f)	маліны (ж мн)	[ma'lini]
groselheira-negra (f)	чорная парэчка (ж)	['ʧornaʲa pa'rɛʧka]
groselheira-vermelha (f)	чырвоная парэчка (ж)	[ʧir'vonaʲa pa'rɛʧka]
groselheira (f) espinhosa	агрэст (м)	[aɦ'rɛst]

acácia (f)	акацыя (ж)	[a'katsʲʲa]
bérberis (f)	барбарыс (м)	[barba'ris]
jasmim (m)	язмін (м)	[ʲaz'min]

junípero (m)	ядловец (м)	[ʲad'lovets]
roseira (f)	ружавы куст (м)	['ruʒavɨ kust]
roseira (f) brava	шыпшына (ж)	[ʃip'ʃina]

188. Cogumelos

cogumelo (m)	грыб (м)	['ɦrip]
cogumelo (m) comestível	ядомы грыб (м)	[ʲa'domɨ 'ɦrip]
cogumelo (m) venenoso	атрутны грыб (м)	[a'trutnɨ 'ɦrip]
chapéu (m)	шапачка (ж)	['ʃapaʧka]
pé, caule (m)	ножка (ж)	['noʃka]

boleto, porcino (m)	баравік (м)	[bara'vik]
boleto (m) alaranjado	падасінавік (м)	[pada'sinavik]
boleto (m) de bétula	падбярозавік (м)	[padbʲa'rozavik]
cantarelo (m)	лісічка (ж)	[li'siʧka]
rússula (f)	сыраежка (ж)	[sira'eʃka]

morchella (f)	смаржок (м)	[smar'ʒok]
agário-das-moscas (m)	мухамор (м)	[muha'mor]
cicuta (f) verde	паганка (ж)	[pa'ɦanka]

189. Frutos. Bagas

fruta (f)	фрукт, плод (м)	['frukt], [plot]
frutas (f pl)	садавіна (ж)	[sada'vina]
maçã (f)	яблык (м)	['ʲablɨk]
pera (f)	груша (ж)	['ɦruʃa]
ameixa (f)	сліва (ж)	['sliva]

morango (m)	клубніцы (ж мн)	[klub'nitsɨ]
ginja (f)	вішня (ж)	['viʃnʲa]
cereja (f)	чарэшня (ж)	[ʧa'rɛʃnʲa]
uva (f)	вінаград (м)	[vina'ɦrat]

framboesa (f)	маліны (ж мн)	[ma'lini]
groselha (f) negra	чорныя парэчкі (ж мн)	['ʧornɨʲa pa'rɛʧki]
groselha (f) vermelha	чырвоныя парэчкі (ж мн)	[ʧir'vonɨʲa pa'rɛʧki]
groselha (f) espinhosa	агрэст (м)	[aɦ'rɛst]
oxicoco (m)	журавіны (ж мн)	[ʒura'vini]

laranja (f)	апельсін (м)	[apelʲ'sin]
tangerina (f)	мандарын (м)	[manda'rin]
abacaxi (m)	ананас (м)	[ana'nas]
banana (f)	банан (м)	[ba'nan]
tâmara (f)	фінік (м)	['finik]

limão (m)	лімон (м)	[li'mɔn]
damasco (m)	абрыкос (м)	[abri'kɔs]
pêssego (m)	персік (м)	['persik]
quiuí (m)	ківі (м)	['kivi]
toranja (f)	грэйпфрут (м)	[ɦrɛjp'frut]

baga (f)	ягада (ж)	['ʲaɦada]
bagas (f pl)	ягады (ж мн)	['ʲaɦadi]
arando (m) vermelho	брусніцы (ж мн)	[brus'nitsi]
morango-silvestre (m)	суніцы (ж мн)	[su'nitsi]
mirtilo (m)	чарніцы (ж мн)	[tʃar'nitsi]

190. Flores. Plantas

flor (f)	кветка (ж)	['kvetka]
buquê (m) de flores	букет (м)	[bu'ket]

rosa (f)	ружа (ж)	['ruʒa]
tulipa (f)	цюльпан (м)	[tsʉlʲ'pan]
cravo (m)	гваздзік (м)	[ɦvazʲ'dzik]
gladíolo (m)	гладыёлус (м)	[ɦladiʲolus]

centáurea (f)	валошка (ж)	[va'lɔʃka]
campainha (f)	званочак (м)	[zva'notʃak]
dente-de-leão (m)	дзьмухавец (м)	[tsʲmuha'vets]
camomila (f)	рамонак (м)	[ra'mɔnak]

aloé (m)	альяс (м)	[a'lʲas]
cacto (m)	кактус (м)	['kaktus]
fícus (m)	фікус (м)	['fikus]

lírio (m)	лілея (ж)	[li'leʲa]
gerânio (m)	герань (ж)	[ɦe'ranʲ]
jacinto (m)	гіяцынт (м)	[ɦiʲa'tsint]

mimosa (f)	мімоза (ж)	[mi'mɔza]
narciso (m)	нарцыс (м)	[nar'tsis]
capuchinha (f)	настурка (ж)	[na'sturka]

orquídea (f)	архідэя (ж)	[arhi'dɛʲa]
peônia (f)	півоня (ж)	[pi'vɔnʲa]
violeta (f)	фіялка (ж)	[fi'ʲalka]

amor-perfeito (m)	браткі (мн)	['bratki]
não-me-esqueças (m)	незабудка (ж)	[neza'butka]
margarida (f)	маргарытка (ж)	[marɦa'ritka]
papoula (f)	мак (м)	['mak]
cânhamo (m)	каноплі (мн)	[ka'nɔpli]

hortelã, menta (f)	мята (ж)	['mʲata]
lírio-do-vale (m)	ландыш (м)	['landiʃ]
campânula-branca (f)	падснежнік (м)	[pat'sneʒnik]

urtiga (f)	крапіва (ж)	[krapi'va]
azedinha (f)	шчаўе (н)	['ʃɕawe]
nenúfar (m)	гарлачык (м)	[ɦar'latʃik]
samambaia (f)	папараць (ж)	['paparatsʲ]
líquen (m)	лішайнік (м)	[li'ʃajnik]

estufa (f)	аранжарэя (ж)	[aranʒa'rɛʲa]
gramado (m)	газон (м)	[ɦa'zɔn]
canteiro (m) de flores	клумба (ж)	['klumba]

planta (f)	расліна (ж)	[ras'lina]
grama (f)	трава (ж)	[tra'va]
folha (f) de grama	травінка (ж)	[tra'vinka]

folha (f)	ліст (м)	['list]
pétala (f)	пялёстак (м)	[pʲa'lʲostak]
talo (m)	сцябло (н)	[stsʲab'lɔ]
tubérculo (m)	клубень (м)	['klubenʲ]

broto, rebento (m)	расток (м)	[ras'tɔk]
espinho (m)	калючка (ж)	[ka'lʉtʃka]

florescer (vi)	цвісці	[tsʲvisʲ'tsi]
murchar (vi)	вянуць	['vʲanutsʲ]
cheiro (m)	пах (м)	['pah]
cortar (flores)	зразаць	[zra'zatsʲ]
colher (uma flor)	сарваць	[sar'vatsʲ]

191. Cereais, grãos

grão (m)	зерне (н)	['zerne]
cereais (plantas)	зерневыя расліны (ж мн)	[zernevʲⁱa ra'slini]
espiga (f)	колас (м)	['kɔlas]

trigo (m)	пшаніца (ж)	[pʃa'nitsa]
centeio (m)	жыта (н)	['ʒita]
aveia (f)	авёс (м)	[a'vʲos]

painço (m)	проса (н)	['prɔsa]
cevada (f)	ячмень (м)	[ʲatʃ'menʲ]

milho (m)	кукуруза (ж)	[kuku'ruza]
arroz (m)	рыс (м)	['ris]
trigo-sarraceno (m)	грэчка (ж)	['ɦrɛtʃka]

ervilha (f)	гарох (м)	[ɦa'rɔh]
feijão (m) roxo	фасоля (ж)	[fa'sɔlʲa]
soja (f)	соя (ж)	['sɔʲa]
lentilha (f)	сачавіца (ж)	[satʃa'vitsa]
feijão (m)	боб (м)	['bɔp]

GEOGRAFIA REGIONAL

Países. Nacionalidades

192. Política. Governo. Parte 1

política (f)	палітыка (ж)	[pa'litika]
político (adj)	палітычны	[pali'titʃni]
político (m)	палітык (м)	[pa'litik]
estado (m)	дзяржава (ж)	[dzʲar'ʒava]
cidadão (m)	грамадзянін (м)	[ɦramadzʲa'nin]
cidadania (f)	грамадзянства (н)	[ɦrama'dzʲanstva]
brasão (m) de armas	герб (м) нацыянальны	['ɦerp natsʲia'nalʲni]
hino (m) nacional	дзяржаўны гімн (м)	[dzʲar'ʒawni 'ɦimn]
governo (m)	урад (м)	[u'rat]
Chefe (m) de Estado	кіраўнік (м) краіны	[kiraw'nik kra'ini]
parlamento (m)	парламент (м)	[par'lament]
partido (m)	партыя (ж)	['partiʲa]
capitalismo (m)	капіталізм (м)	[kapita'lizm]
capitalista (adj)	капіталістычны	[kapitalis'titʃni]
socialismo (m)	сацыялізм (м)	[satsʲia'lizm]
socialista (adj)	сацыялістычны	[satsʲialis'titʃni]
comunismo (m)	камунізм (м)	[kamu'nizm]
comunista (adj)	камуністычны	[kamunis'titʃni]
comunista (m)	камуніст (м)	[kamu'nist]
democracia (f)	дэмакратыя (ж)	[dɛma'kratiʲa]
democrata (m)	дэмакрат (м)	[dɛma'krat]
democrático (adj)	дэмакратычны	[dɛmakra'titʃni]
Partido (m) Democrático	дэмакратычная партыя (ж)	[dɛmakra'titʃnaʲa 'partiʲa]
liberal (m)	ліберал (м)	[libe'ral]
liberal (adj)	ліберальны	[libe'ralʲni]
conservador (m)	кансерватар (м)	[kanser'vatar]
conservador (adj)	кансерватыўны	[kanserva'tiwni]
república (f)	рэспубліка (ж)	[rɛs'publika]
republicano (m)	рэспубліканец (м)	[rɛspubli'kanets]
Partido (m) Republicano	рэспубліканская партыя (ж)	[rɛspubli'kanskaʲa 'partiʲa]
eleições (f pl)	выбары (мн)	['vibari]
eleger (vt)	выбіраць	[vibi'ratsʲ]

| eleitor (m) | выбаршчык (м) | ['vɨbarʃcik] |
| campanha (f) eleitoral | выбарчая кампанія (ж) | ['vɨbartʃaʲa kam'paniʲa] |

votação (f)	галасаванне (н)	[ɦalasa'vanne]
votar (vi)	галасаваць	[ɦalasa'vatsʲ]
sufrágio (m)	права (н) голасу	['prava 'ɦɔlasu]

candidato (m)	кандыдат (м)	[kandɨ'dat]
candidatar-se (vi)	балаціравацца	[bala'tsiravatsa]
campanha (f)	кампанія (ж)	[kam'paniʲa]

| da oposição | апазіцыйны | [apazi'tsijnɨ] |
| oposição (f) | апазіцыя (ж) | [apa'zitsiʲa] |

visita (f)	візіт (м)	[vi'zit]
visita (f) oficial	афіцыйны візіт (м)	[afi'tsijnɨ vi'zit]
internacional (adj)	міжнародны	[miʒna'rɔdni]

| negociações (f pl) | перамовы (мн) | [pera'mɔvɨ] |
| negociar (vi) | весці перамовы | ['vesʲtsi pera'mɔvɨ] |

193. Política. Governo. Parte 2

sociedade (f)	грамадства (н)	[ɦra'matstva]
constituição (f)	канстытуцыя (ж)	[kansti'tutsiʲa]
poder (ir para o ~)	улада (ж)	[u'lada]
corrupção (f)	карупцыя (ж)	[ka'ruptsiʲa]

| lei (f) | закон (м) | [za'kɔn] |
| legal (adj) | законны | [za'kɔnnɨ] |

| justeza (f) | справядлівасць (ж) | [spravʲad'livastsʲ] |
| justo (adj) | справядлівы | [spravʲad'livɨ] |

comitê (m)	камітэт (м)	[kami'tɛt]
projeto-lei (m)	законапраект (м)	[zakɔnapra'ekt]
orçamento (m)	бюджэт (м)	[bʉ'dʒɛt]
política (f)	палітыка (ж)	[pa'litika]
reforma (f)	рэформа (ж)	[rɛ'fɔrma]
radical (adj)	радыкальны	[radɨ'kalʲni]

força (f)	моц (ж)	['mɔts]
poderoso (adj)	магутны	[ma'ɦutnɨ]
partidário (m)	прыхільнік (м)	[prɨ'hilʲnik]
influência (f)	уплыў (м)	[up'lɨw]

regime (m)	рэжым (м)	[rɛ'ʒɨm]
conflito (m)	канфлікт (м)	[kan'flikt]
conspiração (f)	змова (ж)	['zmɔva]
provocação (f)	правакацыя (ж)	[prava'katsiʲa]

derrubar (vt)	зрынуць	['zrɨnutsʲ]
derrube (m), queda (f)	звяржэнне (н)	[zvʲar'ʒɛnne]
revolução (f)	рэвалюцыя (ж)	[rɛva'lʉtsiʲa]

golpe (m) de Estado	пераварот (м)	[perava'rɔt]
golpe (m) militar	ваенны пераварот (м)	[va'ennɨ perava'rɔt]
crise (f)	крызіс (м)	['krizis]
recessão (f) econômica	эканамічны спад (м)	[ɛkana'mitʃnɨ 'spat]
manifestante (m)	дэманстрант (м)	[dɛman'strant]
manifestação (f)	дэманстрацыя (ж)	[dɛman'stratsʲa]
lei (f) marcial	ваеннае становішча (н)	[va'ennae sta'nɔviʃca]
base (f) militar	ваенная база (ж)	[va'ennaʲa 'baza]
estabilidade (f)	стабільнасць (ж)	[sta'bilʲnastsʲ]
estável (adj)	стабільны	[sta'bilʲnɨ]
exploração (f)	эксплуатацыя (ж)	[ɛksplua'tatsʲa]
explorar (vt)	эксплуатаваць	[ɛkspluata'vatsʲ]
racismo (m)	расізм (м)	[ra'sizm]
racista (m)	расіст (м)	[ra'sist]
fascismo (m)	фашызм (м)	[fa'ʃizm]
fascista (m)	фашыст (м)	[fa'ʃist]

194. Países. Diversos

estrangeiro (m)	замежнік (м)	[za'meʒnik]
estrangeiro (adj)	замежны	[za'meʒnɨ]
no estrangeiro	за мяжой	[za mʲa'ʒɔj]
emigrante (m)	эмігрант (м)	[ɛmi'ɦrant]
emigração (f)	эміграцыя (ж)	[ɛmi'ɦratsʲa]
emigrar (vi)	эмігрыраваць	[ɛmi'ɦriravatsʲ]
Ocidente (m)	Захад	['zahat]
Oriente (m)	Усход	[us'hɔt]
Extremo Oriente (m)	Далёкі Усход	[da'lʲoki w'shɔt]
civilização (f)	цывілізацыя (ж)	[tsivili'zatsʲa]
humanidade (f)	чалавецтва (н)	[tʃala'vetstva]
mundo (m)	свет (м)	['svet]
paz (f)	мір (м)	['mir]
mundial (adj)	сусветны	[sus'vetnɨ]
pátria (f)	радзіма (ж)	[ra'dzima]
povo (população)	народ (м)	[na'rɔt]
população (f)	насельніцтва (н)	[na'selʲnitstva]
gente (f)	людзі (мн)	['lʉdzi]
nação (f)	нацыя (ж)	['natsʲa]
geração (f)	пакаленне (н)	[paka'lenne]
território (m)	тэрыторыя (ж)	[tɛri'tɔriʲa]
região (f)	рэгіён (м)	[rɛɦiʲon]
estado (m)	штат (м)	['ʃtat]
tradição (f)	традыцыя (ж)	[tra'dɨtsʲa]
costume (m)	звычай (м)	['zvɨtʃaj]

ecologia (f)	экалогія (ж)	[ɛka'lɔɦiˑa]
índio (m)	індзеец (м)	[in'dzeets]
cigano (m)	цыган (м)	[tsɨ'ɦan]
cigana (f)	цыганка (ж)	[tsɨ'ɦanka]
cigano (adj)	цыганскі	[tsɨ'ɦanski]
império (m)	імперыя (ж)	[im'perɨˑa]
colônia (f)	калонія (ж)	[ka'lɔniˑa]
escravidão (f)	рабства (н)	['rapstva]
invasão (f)	нашэсце (н)	[na'ʃɛsˑtse]
fome (f)	голад (м)	['ɦɔlat]

195. Grupos religiosos mais importantes. Confissões

religião (f)	рэлігія (ж)	[rɛ'liɦiˑa]
religioso (adj)	рэлігійны	[rɛ'liɦijnɨ]
crença (f)	вера (ж)	['vera]
crer (vt)	верыць	['veritsˑ]
crente (m)	вернік (м)	['vernik]
ateísmo (m)	атэізм (м)	[atɛ'izm]
ateu (m)	атэіст (м)	[atɛ'ist]
cristianismo (m)	хрысціянства (н)	[hrisˑtsiˑanstva]
cristão (m)	хрысціянін (м)	[hrisˑtsiˑanin]
cristão (adj)	хрысціянскі	[hrisˑtsiˑanski]
catolicismo (m)	каталіцызм (м)	[katali'tsizm]
católico (m)	каталік (м)	[kata'lik]
católico (adj)	каталіцкі	[kata'litski]
protestantismo (m)	пратэстанцтва (н)	[pratɛs'tantstva]
Igreja (f) Protestante	пратэстанцкая царква (ж)	[pratɛs'tantskaˑa tsar'kva]
protestante (m)	пратэстант (м)	[pratɛs'tant]
ortodoxia (f)	праваслаўе (н)	[prava'slawe]
Igreja (f) Ortodoxa	праваслаўная царква (ж)	[prava'slawnaˑa tsark'va]
ortodoxo (m)	праваслаўны	[prava'slawnɨ]
presbiterianismo (m)	прэсвітэрыянства (н)	[prɛsvitɛriˑanstva]
Igreja (f) Presbiteriana	прэсвітэрыянская царква (ж)	[prɛsvitɛriˑanskaˑa tsark'va]
presbiteriano (m)	прэсвітэрыянін (м)	[prɛsvitɛriˑanin]
luteranismo (m)	лютэранская царква (ж)	[lʉtɛ'ranskaˑa tsark'va]
luterano (m)	лютэранін (м)	[lʉtɛ'ranin]
Igreja (f) Batista	баптызм (м)	[bap'tizm]
batista (m)	баптыст (м)	[bap'tist]
Igreja (f) Anglicana	англіканская царква (ж)	[anɦli'kanskaˑa tsark'va]
anglicano (m)	англіканец (м)	[anɦli'kanets]
mormonismo (m)	мармонства (н)	[mar'mɔnstva]

mórmon (m)	мармон (м)	[mar'mɔn]
Judaísmo (m)	іудаізм (м)	[iuda'izm]
judeu (m)	іудзей (м)	[iu'dzej]

| budismo (m) | будызм (м) | [bu'dizm] |
| budista (m) | будыст (м) | [bu'dist] |

| hinduísmo (m) | індуізм (м) | [indu'izm] |
| hindu (m) | індуіст (м) | [indu'ist] |

Islã (m)	іслам (м)	[is'lam]
muçulmano (m)	мусульманін (м)	[musulʲ'manin]
muçulmano (adj)	мусульманскі	[musulʲ'manski]

| xiismo (m) | шыізм (м) | [ʃi'izm] |
| xiita (m) | шыіт (м) | [ʃi'it] |

| sunismo (m) | сунізм (м) | [su'nizm] |
| sunita (m) | суніт (м) | [su'nit] |

196. Religiões. Padres

| padre (m) | святар (м) | [svʲa'tar] |
| Papa (m) | Папа (м) Рымскі | ['papa 'rimski] |

monge (m)	манах (м)	[ma'nah]
freira (f)	манашка (ж)	[ma'naʃka]
pastor (m)	пастар (м)	['pastar]

abade (m)	абат (м)	[a'bat]
vigário (m)	вікарый (м)	[vi'karij]
bispo (m)	епіскап (м)	[e'piskap]
cardeal (m)	кардынал (м)	[kardɨ'nal]

pregador (m)	прапаведнік (м)	[prapa'vednik]
sermão (m)	пропаведзь (ж)	['prɔpavetsʲ]
paroquianos (pl)	прыхаджане (м мн)	[priha'dʒane]

| crente (m) | вернік (м) | ['vernik] |
| ateu (m) | атэіст (м) | [atɛ'ist] |

197. Fé. Cristianismo. Islão

| Adão | Адам | [a'dam] |
| Eva | Ева | ['eva] |

Deus (m)	Бог (м)	['bɔh]
Senhor (m)	Госпад (м)	['hɔspat]
Todo Poderoso (m)	Усёмагутны (м)	[usʲoma'hutni]

| pecado (m) | грэх (м) | ['hrɛh] |
| pecar (vi) | грашыць | [hra'ʃitsʲ] |

pecador (m)	грэшнік (м)	['ɦrɛʃnik]
pecadora (f)	грэшніца (ж)	['ɦrɛʃnitsa]
inferno (m)	пекла (н)	['pekla]
paraíso (m)	рай (м)	['raj]
Jesus	Ісус	[i'sus]
Jesus Cristo	Ісус Хрыстос	[i'sus hris'tɔs]
Espírito (m) Santo	Святы Дух (м)	[svʲa'tɨ 'duh]
Salvador (m)	Збаўца (м)	['zbawtsa]
Virgem Maria (f)	Багародзіца (ж)	[baɦa'rɔdzitsa]
Diabo (m)	Д'ябал (м)	['dʲabal]
diabólico (adj)	д'ябальскі	['dʲabalʲski]
Satanás (m)	Сатана (м)	[sata'na]
satânico (adj)	сатанінскі	[sata'ninski]
anjo (m)	анёл (м)	[a'nʲol]
anjo (m) da guarda	анёл-ахоўнік (м)	[a'nʲol a'ɦownik]
angelical	анёльскі	[a'nʲolʲski]
apóstolo (m)	апостал (м)	[a'pɔstal]
arcanjo (m)	архангел (м)	[ar'ɦanɦel]
anticristo (m)	антыхрыст (м)	[an'tɨhrist]
Igreja (f)	Царква (ж)	[tsark'va]
Bíblia (f)	Біблія (ж)	['bibliʲa]
bíblico (adj)	біблейскі	[bib'lejski]
Velho Testamento (m)	Стары Запавет (м)	[sta'rɨ zapa'vet]
Novo Testamento (m)	Новы Запавет (м)	['nɔvɨ zapa'vet]
Evangelho (m)	Евангелле (н)	[e'vanɦelle]
Sagradas Escrituras (f pl)	Святое Пісанне (н)	[svʲa'tɔe pi'sanne]
Céu (sete céus)	Царства (н) Нябеснае	['tsarstva nʲa'besnae]
mandamento (m)	запаведзь (ж)	['zapavetsʲ]
profeta (m)	прарок (м)	[pra'rɔk]
profecia (f)	прароцтва (н)	[pra'rɔtstva]
Alá (m)	Алах (м)	[a'lah]
Maomé (m)	Магамет	[maɦa'met]
Alcorão (m)	Каран (м)	[ka'ran]
mesquita (f)	мячэць (ж)	[mʲa'tʃɛtsʲ]
mulá (m)	мула (м)	[mu'la]
oração (f)	малітва (ж)	[ma'litva]
rezar, orar (vi)	маліцца	[ma'litsa]
peregrinação (f)	паломніцтва (н)	[pa'lɔmnitstva]
peregrino (m)	паломнік (м)	[pa'lɔmnik]
Meca (f)	Мека	['meka]
igreja (f)	царква (ж)	[tsark'va]
templo (m)	храм (м)	['hram]
catedral (f)	сабор (м)	[sa'bɔr]

gótico (adj)	гатычны	[ɦaˈtiʧni]
sinagoga (f)	сінагога (ж)	[sinaˈɦɔɦa]
mesquita (f)	мячэць (ж)	[mʲaˈʧɛʦʲ]

capela (f)	капліца (ж)	[kapˈlitsa]
abadia (f)	абацтва (н)	[aˈbatstva]
convento (m)	манастыр (м)	[manasˈtir]
monastério (m)	манастыр (м)	[manasˈtir]

sino (m)	звон (м)	[ˈzvɔn]
campanário (m)	званіца (ж)	[zvaˈnitsa]
repicar (vi)	званіць	[zvaˈnitsʲ]

cruz (f)	крыж (м)	[ˈkriʃ]
cúpula (f)	купал (м)	[ˈkupal]
ícone (m)	абраз (м)	[abˈras]

alma (f)	душа (ж)	[duˈʃa]
destino (m)	лёс (м)	[ˈlʲos]
mal (m)	зло (н)	[ˈzlɔ]
bem (m)	дабро (н)	[daˈbrɔ]

vampiro (m)	вампір (м)	[vamˈpir]
bruxa (f)	ведзьма (ж)	[ˈvedzʲma]
demônio (m)	дэман (м)	[ˈdɛman]
espírito (m)	дух (м)	[ˈduh]

| redenção (f) | адкупленне (н) | [atkuˈplenne] |
| redimir (vt) | адкупіць | [atkuˈpitsʲ] |

missa (f)	служба (ж)	[ˈsluʒba]
celebrar a missa	служыць	[sluˈʒitsʲ]
confissão (f)	споведзь (ж)	[ˈspɔvetsʲ]
confessar-se (vr)	спавядацца	[spavʲaˈdatsa]

santo (m)	святы (м)	[svʲaˈti]
sagrado (adj)	свяшчэнны	[svʲaˈʃʨɛnni]
água (f) benta	святая вада (ж)	[svʲaˈtaʲa vaˈda]

ritual (m)	рытуал (м)	[rituˈal]
ritual (adj)	рытуальны	[rituˈalʲni]
sacrifício (m)	ахвярапрынашэнне (н)	[ahvʲaraprinaˈʃɛnne]

superstição (f)	забабоны (мн)	[zabaˈbɔni]
supersticioso (adj)	забабонны	[zabaˈbɔnni]
vida (f) após a morte	замагільнае жыццё (н)	[zamaˈɦilʲnae ʒiˈtsʲo]
vida (f) eterna	вечнае жыццё (н)	[ˈvetʃnae ʒiˈtsʲo]

TEMAS DIVERSOS

198. Várias palavras úteis

ajuda (f)	дапамога (ж)	[dapa'mɔɦa]
barreira (f)	перашкода (ж)	[pera'ʃkɔda]
base (f)	база (ж)	['baza]
categoria (f)	катэгорыя (ж)	[katɛ'ɦɔrиᵁa]
causa (f)	прычына (ж)	[pri'tʃina]

coincidência (f)	супадзенне (н)	[supa'dzenne]
coisa (f)	рэч (ж)	['rɛtʃ]
começo, início (m)	пачатак (м)	[pa'tʃatak]
cômodo (ex. poltrona ~a)	зручны	['zrutʃnи]
comparação (f)	параўнанне (н)	[paraw'nanne]

compensação (f)	кампенсацыя (ж)	[kampen'satsиᵁa]
crescimento (m)	рост (м)	['rɔst]
desenvolvimento (m)	развіццё (н)	[razᶦvi'tsᶦo]
diferença (f)	адрознення (н)	[ad'rɔzᶦnenne]
efeito (m)	эфект (м)	[ɛ'fekt]

elemento (m)	элемент (м)	[ɛle'ment]
equilíbrio (m)	баланс (м)	[ba'lans]
erro (m)	памылка (ж)	[pa'miɫka]
esforço (m)	намаганне (н)	[nama'ɦanne]
estilo (m)	стыль (м)	['stиɫᶦ]

exemplo (m)	прыклад (м)	['priklat]
fato (m)	факт (м)	['fakt]
fim (m)	канец (м)	[ka'nets]
forma (f)	форма (ж)	['fɔrma]

frequente (adj)	часты	['tʃasti]
fundo (ex. ~ verde)	фон (м)	['fɔn]
gênero (tipo)	від (м)	['vit]
grau (m)	ступень (ж)	[stu'penᶦ]
ideal (m)	ідэал (м)	[idɛ'al]

labirinto (m)	лабірынт (м)	[labi'rint]
modo (m)	спосаб (м)	['spɔsap]
momento (m)	момант (м)	['mɔmant]
objeto (m)	аб'ект (м)	[ab"ekt]
obstáculo (m)	перашкода (ж)	[pera'ʃkɔda]

original (m)	арыгінал (м)	[arиɦi'naɫ]
padrão (adj)	стандартны	[stan'dartnи]
padrão (m)	стандарт (м)	[stan'dart]
paragem (pausa)	перапынак (м)	[pera'pинak]
parte (f)	частка (ж)	['tʃastka]

partícula (f)	часцінка (ж)	[ʧas'ʦinka]
pausa (f)	паўза (ж)	['pawza]
posição (f)	пазіцыя (ж)	[pa'zitsiʲa]
princípio (m)	прынцып (м)	['printsip]
problema (m)	праблема (ж)	[prab'lema]
processo (m)	працэс (м)	[pra'ʦɛs]
progresso (m)	прагрэс (м)	[praɦ'rɛs]
propriedade (qualidade)	уласцівасць (ж)	[ulas'ʦivasʦʲ]
reação (f)	рэакцыя (ж)	[rɛ'akʦiʲa]
risco (m)	рызыка (ж)	['rizika]
ritmo (m)	тэмп (м)	['tɛmp]
segredo (m)	таямніца (ж)	[taʲam'niʦa]
série (f)	серыя (ж)	['seriʲa]
sistema (m)	сістэма (ж)	[sis'tɛma]
situação (f)	сітуацыя (ж)	[situ'aʦiʲa]
solução (f)	рашэнне (н)	[ra'ʃɛnne]
tabela (f)	табліца (ж)	[tab'liʦa]
termo (ex. ~ técnico)	тэрмін (м)	['tɛrmin]
tipo (m)	тып (м)	['tip]
urgente (adj)	тэрміновы	[tɛrmi'nɔvi]
urgentemente	тэрмінова	[tɛrmi'nɔva]
utilidade (f)	карысць (ж)	[ka'risʦʲ]
variante (f)	варыянт (м)	[vari'ʲant]
variedade (f)	выбар (м)	['vibar]
verdade (f)	ісціна (ж)	['isʲʦina]
vez (f)	чарга (ж)	[ʧar'ɦa]
zona (f)	зона (ж)	['zɔna]